CAROLA RAMSAUER

„Schatz, wir müssen reden", sagt dein Körper

Eine Therapeutin erzählt, wozu Symptome
wichtig sind - das Mut-mach-Buch

novum pro

Dieses Buch ist auch als
e-book
erhältlich.

www.novumverlag.com

Bibliografische Information
der Deutschen Nationalbibliothek:

Die Deutsche Nationalbibliothek
verzeichnet diese Publikation in
der Deutschen Nationalbibliografie.
Detaillierte bibliografische Daten
sind im Internet über
http://www.d-nb.de abrufbar.

Gedruckt in der Europäischen Union
auf umweltfreundlichem, chlor- und
säurefrei gebleichtem Papier.

© 2024 novum Verlag

ISBN 978-3-99146-201-9
Lektorat: Sandra Pichler
Umschlag- & Innenabbildungen:
Carola Ramsauer
Umschlaggestaltung, Layout & Satz:
novum Verlag
Autorenfoto: Carola Ramsauer

Die vom Autor zur Verfügung ge-
stellten Abbildungen wurden in der
bestmöglichen Qualität gedruckt.

www.novumverlag.com

Druckprodukt mit finanziellem
Klimabeitrag
ClimatePartner.com/16547-2311-1001

Inhaltsverzeichnis

Danksagung

Allem voraus danke ich meinen beiden Kindern, Paula und Richard, für ihre Geduld mit mir.

Dankeschön an all die besonderen Anleiter und Lehrer, Menschen, die mein Denken erweiterten. Ausbildungen und Einweihungen erlaubten mir, den menschlichen Körper in seiner Sprache verstehen zu lernen. Diese Erkenntnisse darf ich nur durch grundlegendes Wissen meiner Vorgänger und darauf aufbauender eigener Forschungen teilen. Ich danke allen Patienten und Ärzten, die mir ihr Vertrauen schenken.

Danke an alle, die mir Mut machten, dieses Buch fertigzustellen und allen Lesern.
Danke Helmut Kinon, meinem außergewöhnlichen Lehrer in Cranio-Sacral-Therapie, Dr. Ines Oberscheid, Franz Renggli, Anne Elfriede Gruhn, dem Autor Jürgen Seibold, Thomas Schmidt und allen, die mit mir ihr Wissen teilen.

Hochachtungsvoll
Carola Ramsauer

Liebe Leserin, lieber Leser.

Wo kämen wir denn hin, wenn jeder sagen würde: „Wo kämen wir denn hin?" Und keiner ginge, um zu sehen, wohin wir denn kämen, wenn wir gingen.

Wie geht es dir gerade jetzt, heute und überhaupt?

Was hast du zu erzählen?

Jetzt haben wir Zeit für eine Pause und Zeit für eine Be-Sinnung.

Schön, dass wir uns treffen.

Wo zwickt es denn?"

Du zeigst vielleicht mit einer großen Armbewegung rund um dich herum.

„Eigentlich überall."

„Das ist gut. Hören wir diesem Zwicken doch mal genau zu."

Dieses Buch entstand in und aus meiner Praxis.

Vorwort

Wenn wir unseren Körper verstehen, ist das der Beginn einer wundervollen Freundschaft.

„Schatz, wir müssen reden", sagt dein Körper, wenn es zwickt.

Dein Körper ist die beste Wahrsagerin. Keine Kartenlegerin oder gar ein Medium schafft es, eine so ehrliche, konkrete Aussage über deine Ängste, Nöte und Möglichkeiten zu verraten. Vertraue deinem Freund, dem Körper, und du läufst einem leichteren und lebendigeren Leben direkt in die Arme.

Mit dem besseren Verstehen deines eigenen Körpers kannst du die Zukunft einfacher und sinnvoller gestalten. Eine anerzogene Sichtweise veranlasste uns, bisweilen Angst vor dem eigenen Körper zu haben. Doch diese Angst ist unbegründet.

Wir betrachten in diesem Buch verschiedene Aspekte unseres Lebens, vor allem Aspekte von Krankheitssymptomen aus der Sicht unseres Körpers. Sie lassen uns erkennen, dass wir einfach perfekt sind. Wenn wir wissen, warum wir krank sind, werden wir schneller gesund.

Die Sprache deines Körpers ist eine Liebeserklärung an dich

Lassen wir uns so beginnen: Ich spreche im Namen unseres Körpers, der zwar oft auf sich aufmerksam macht, aber manchmal nicht wirklich gehört und verstanden wird.

Denn nicht selten werden die Lebenszeichen, die unser Körper von sich gibt, falsch gedeutet oder sofort unterdrückt. Das liegt daran, dass manchmal die Angst im Vordergrund unseres Denkens steht und uns daran hindert, den Signalen des Körpers überhaupt Aufmerksamkeit schenken zu wollen: Angst vor Mangel, Angst vor Schmerz und ganz allgemein Angst vor Krankheit.

Viel zu oft verschwindet das Geschenk, das uns der eigene, wunderbare Körper in Form eines Symptoms macht, unausgepackt und mit bunten Pillen als Beigabe in einer Schublade, wo es sich entweder auflöst oder hart und unschön wird.

Es ist eine wertvolle Erfahrung, die Angst vor dem eigenen Körper zu verlieren. Wir dürfen lauschen und neugierig auf die Hinweise unseres Körpers achten, seiner Sprache zuhören und unserem Inneren vertrauen.

Freilich sind die Neuerungen der Pharmaindustrie eine wertvolle Bereicherung. Und doch ist es möglich, sich fast schon freudig von der Angst vor dem eigenen Körper zu verabschieden und mit Humor die Sprache unseres Körpers zu verstehen. Dann verlieren wir die Panik und Unsicherheit. Es entstehen dadurch neuartige Gespräche mit unserem Körper, unserer wirklichen Heimat.

Ich möchte in diesem Buch aus meiner täglichen Praxis erzählen. Oft entdecken hier Menschen, dass noch mehr hinter ihren

Beschwerden steckt, als sie auf den ersten Blick denken würden. Diese Erfahrungen sind sehr individuell, denn jedes Krankheitssymptom hat eine eigene Geschichte, und kein Schmerz ist wirklich mit dem anderen vergleichbar. Jeder Köper spricht in seiner ganz speziellen Sprache. Kein Lexikon der Welt und keine Internetseite wird uns die vielen kleinen Aufmerksamkeiten unseres Körpers einzeln aufgliedern, aufmalen oder zeigen können. Das ist auch nicht Ziel unserer Begegnung. Jeder Mensch ist ein kleines Universum für sich und jeder Körper ist einzigartig. Die Beispiele im Buch können einen Einblick in die Schönheit unseres Körpers bieten – und eine Idee von den wirklichen Ursachen und dem „Wozu" von sogenannten Symptomen und Schmerzregionen bieten.

Unser Körper ist genial. Auch wenn wir ihn leider oft beschimpfen und seine Funktionen als unzureichend einordnen, meint es unser Körper immer und zu jeder Sekunde gut mit uns. Wie ein kleines Tierbaby versucht unser Körper einfach zu überleben, mithalten zu können, beim Rudel bleiben zu dürfen. Dafür tut unser Körper sein Menschenmöglichstes und möchte uns eine hilfreiche Stütze in unserem physischen Leben sein. Er gibt uns konkrete Hinweise darauf, was wir wirklich brauchen.

Hast du dich schon mit der Einzigartigkeit, der wundervollen Sinnhaftigkeit deines Körpers bekannt gemacht? Beachte einmal, wie stabil und gleichzeitig weich der strategisch gigantische Aufbau der Knochen ist und wie genial die hochkomplizierten und fast undurchschaubaren Stoffwechselvorgänge sind. Schau dir das lenkende und reagierende Hormonsystem an. Das wundervoll denkende Gehirn, das zielsichere Bauchgefühl. Füße, die uns durch unser Leben tragen. Hände, mit denen wir unser Leben begreifen und formen – jeden Tag aufs Neue. Arme, die halten, tragen, wegschubsen und stemmen können. Beine, die rennen, gehen und uns zum Sitzen bringen. Unser wundervoller Bauch, der alles schluckt, verdaut, für Energie sorgt. Blut, welches uns in Schuss hält. Ein Herz, das pumpt, liebt und brechen kann.

Die kleinen Unebenheiten, Unvollkommenheiten, Bögen und Dellen, alles ist an seinem Platz und so, wie wir es brauchen. Kein Körperteil eines Menschen reagiert zufällig mit Symptomen, Aussehen, Formung und Übersensibilität. Unfälle mit entsprechenden Risswunden oder Frakturen passieren nicht zufällig an genau dieser nun „demolierten" Stelle. Damit sich jemand einen Knochen an einer bestimmten Körperregion brechen kann, müssen Voraussetzungen vorhanden sein. In einem passenden Bereich gibt es eine ganz bestimmte Weichheit, Härte, poröse Stelle, die freilich vor dem Unfall nicht diagnostiziert wurde. Warum auch? Sogenannte Unfälle sind häufig dumme Zufälle, eher Kleinigkeiten; wie von der zweiten Stufe einer Leiter zu stürzen. Nur wenn unser Körper einen Grund hat, sich zu verletzen, kommt es beim Stolpern oder Ausrutschen auch zu einer entsprechenden Wunde, Störung oder, wie wir es dann nennen, einer Krankheit.

Ist dann das Symptom erst einmal da, ist der erste Reflex, es so schnell wie möglich loswerden zu wollen. Strategien zur Vermeidung von Schmerz gibt es so viele wie Sandkörner am Strand. Menschen sind sehr erprobt darin, Schmerz nicht als Chance wahrnehmen zu wollen oder als Erfahrung, die es zu durchleben gilt. Unangenehm ist es sicher, das bezweifelt niemand. Sich die Situation schönzureden, meine ich auch nicht. Sondern im Hier und Jetzt dem Körper Be-Achtung und nicht VER-Achtung zu schenken. Ja, ich weiß, leicht ist es nicht, aber wertvoll und hilfreich für die jetzige Lebenssituation.

Natürlich ist es einfach, wenn es zwickt oder zwackt, eine erprobte Tablette einzuwerfen. Viel trinken, kurz abwarten – schon ist der Schmerz weg. Die neusten medizinischen Forschungen und Entwicklungen erlauben uns, trotz Wehwehchen schnell weiterzumachen. Und die Werbung suggeriert dem modernen Menschen, dass wir gut gelaunt ins Kino gehen können, obwohl wir wegen lästiger Kopfschmerzen schon kurz davor waren, dem Freund abzusagen. Wir müssen nur die Kopfschmerztablette schlucken, schon ist alles beim Alten. Aber Angstgedanken ziehen Krankheit an. Und Angst macht krank. Krankheit ist nur eine Reaktion des Lebens.

Unsere moderne Medizin ist inzwischen so weit fortgeschritten, dass es sogar verbreitet ist, Gesunde als asymptomatisch Kranke zu definieren.

Der Wunsch, Leidende wirklich von Krankheit zu heilen, ist so alt wie die Menschheit selbst und war der Antrieb für unzählige Entdeckungen und Errungenschaften. Angeblich schädliche Bakterien können vernichtet, Lepra geheilt, Frakturen verdrahtet werden. Großen Dank an alle Denker, die nächtelang, zunächst höchst verborgen und zum Teil in Selbstversuchen, alles getan haben, um der Menschheit große Hilfe zu leisten. Großen Dank und Hochachtung an alle Notfallmediziner, Hebammen, Kardiologen, Internisten, Allgemeinärzte, Chirurgen, Anästhesisten. Nicht zu vergessen – dem wundervollen Pflegepersonal, welches meist über die menschlichen Grenzen hinaus für das Wohl der Patienten sorgt. Dank an alle Therapeuten, Psychologen, Rehabilitationseinrichtungen für ihre Geduld, Kraft und ihren Einsatz. Ihnen allen verdanken Millionen Menschen ihr Leben. Ein verändertes Bewusstsein zum eigenen Körper, zum Heilsein, zum eigenen Leben macht jedoch die Gesundung unter Behandlung viel leichter und schneller möglich.

Zuerst frage dich doch einmal, was dein Körper für dich bedeutet. Ich persönlich sehe meinen Körper als mein Haus, mein Fahrgestell, meinen Fühler, Seher, Hörer, mein Aktionspotenzial. Mit meinem Körper kann ich lesen, schreiben, nachdenken, ich kann Geld verdienen, mir einen Partner suchen und überhaupt alles Erdenkliche tun.

Beim Besuch der Ausstellung „Körperwelten" höre ich gern anderen Besuchern zu, wie sie die dort ausgestellten Präparate kommentieren:

„Wie war das nochmal? ... Ist das die Leber? ... Wie groß ist die eigentlich? ... Wo liegt die Milz, links oder rechts? ...

Ist links jetzt in meinem Körper oder wird das nicht immer in Draufsicht dokumentiert, wie wenn der Arzt jetzt mir gegenübersteht? ... Was und wo ist der Meniskus? Da wurde ich doch schon operiert. ... Ach, so sieht eine Hand von innen aus. Wie interessant! ... Und die Ursprünge der Fingermuskulatur sind zum großen Teil im Unterarm? Darum heißt mein Handtrainer also Unterarm-Trainer?!"

Auch in meiner Praxis befinden sich mehrere Modelle und Skelette vom menschlichen Körper. Wenn meine Patienten diese ansehen, weise ich sehr deutlich darauf hin, dass die Figuren die Originalgröße sind. „So ein Modell bist genau genommen du selbst. He, das bist du, so siehst du von innen aus, das ist nicht irgendetwas Fremdes, Eigenartiges, das bist du!"

Manchmal erschrecken dann die Menschen, weil dadurch der Bezug zu einer möglichen Zerbrechlichkeit, Verletzung und Veränderung näher in den Fokus rückt. Plötzlich wird klar, dass alles auch endlich ist. Ganz direkt wird das Skelett Bestandteil der eigenen Körperwahrnehmung.

Derselbe Effekt ist oft beim Betrachten von detaillierten Anatomie-Bildern in allen Variationen und Darstellungen zu spüren. Sich dem eigenen Innenleben zu nähern, scheint viele noch zu ängstigen. Die meisten Menschen haben das Kochbuch und die Steuerregeln griffbereit, ein Anatomie-Atlas ist eher seltener anzutreffen. Dabei wäre das doch ein ganz wichtiges Buch in jedem Haushalt. Es lohnt sich, einmal im Internet nach Bildern von Faszien oder einzelnen Organen zu stöbern.

Wie wäre es mit einem kleinen Telefonat mit unserem Körper? Wenn ein Freund uns braucht, rufen wir öfter an, um zu zeigen, dass wir an ihn denken. Manchmal unternehmen wir etwas gemeinsam oder machen dem Vertrauten mit kleinen Geschenken eine Freude. Unsere Beine sind zum Beispiel solch treue Freunde. Sie tragen uns seit vielen Jahren. Immer genau so, wie wir es möchten, und genau dorthin, wohin wir wollen. Also klingeln wir doch mal bei unseren Beinen an. Erst bei dem einen, dann horchen wir in das andere hinein. Wie geht es gerade jetzt unseren Beinen?

„Hallo, liebes Bein, wie groß bist du? Wie stark bist du? Vielleicht schon mehr oder weniger ruiniert oder ramponiert? Vielleicht bist du dick, dünn, mit Krampfadern, hast also einen Klotz an dir hängen oder bist ganz fein und dünnhäutig. Du, mein liebes Bein, erlaubst mir zu sitzen, zu stehen, zu laufen, zu kriechen, zu hüpfen, zu joggen, Kinder auf den Schoß zu setzen. Danke, dass du immer für mich da bist."

Ups, da ist noch sehr viel, was unsere Beine alles leisten. Wenn's mal nicht alles wie geschmiert läuft, merken wir das sofort. Wenn nichts schmerzt, vergessen wir sie aber auch oft. Schenken wir unserem Körper doch regelmäßig unsere ganz ungeteilte Aufmerksamkeit, wie es sich unter besten Freunden gehört.

Durch ihn und nur mit ihm, werden uns viele Gelegenheiten und sinnliche Freundlichkeiten ermöglicht. Es kann lustig sein, sich in diesem Zusammenhang nochmal Otto Waalkes Sketch „Der menschliche Körper" anzusehen: „Milz an Auge: Ich sehe was, was du nicht siehst. Auge an Milz: Das glaubst du doch selber nicht, du blinde Nuss!"

Tausende Male erzählen mir Patienten, dass es ihnen nicht klar war, wie groß die Einschränkungen im Alltag sind, wenn dieses oder jenes Körperteil nicht mehr funktioniert.

Doch wollen wir tatsächlich die Möglichkeit außer Acht lassen, an schmerzhaften Erlebnissen zu wachsen? Ist es überhaupt so, dass der Mensch nur durch Leid lernen kann?

Jede Kleinigkeit im Alltag ist speziell und wird dann Zufall genannt. Dir fällt nur etwas zu, wenn du es brauchst. Klar, wir haben alle unsere Wissensgebiete und Vorlieben. Mit dem menschlichen Körper befassen sich wenige, außer wenn sie beruflich damit zu tun haben.

Eine Operation ist nicht nur eine Reparatur oder ein Austausch einer Funktionseinheit. Am Ende braucht der Körper Zeit zum Ausheilen, Fließenlassen und Gedeihen. Wir benötigen Pflege, Liebe, Geduld und Zuwendung zum eigenen Ich.

Übernimmt der Patient ein Stück der Verantwortung für sich selbst, wird die Heilung des Körpers erheblich erleichtert.

Gespräche mit deinem Herzen: ein erster Versuch, sich selbst näher zu kommen

Hast du schon einmal mit deinem Herzen gesprochen? Versuch es doch mal so:

„Wie siehst du aus, mein Herz? Wie groß bist du? Du, liebes Herz, schlägst schon so lange, Sekunde für Sekunde für mich. Hältst alles in Schwung, unermüdlich, egal, ob ich wache oder schlafe, traurig oder fröhlich bin. Du, liebes Herz, schlägst immer. Eigentlich gehört dir mindestens ein Managergehalt, zusätzlich Weihnachtsgeld und das 14. Monatsgehalt, weil du niemals Urlaub machst."

Umarme liebevoll und ehrlich gedanklich dein Herz! Oder lausche für ein paar Minuten dem Herzschlag deines Partners oder deines Kindes – Ohr auflegen und zuhören. Dieser Ton, diese Gleichmäßigkeit lässt Demut in uns entstehen. Mit dem Herz sprechen ist so wichtig: „Hey, wie geht es dir? Was brauchst du?"

Antoine de Saint-Exupéry hat das Geheimnis am besten auf den Punkt gebracht:
„Man sieht nur mit dem Herzen gut. Das Wesentliche ist für die Augen unsichtbar."

Unser Herz beginnt am 20. Tag nach Einnistung der befruchteten Zelle im Mutterleib zu schlagen.
Hier lege ich mich nicht auf den Tag genau fest, denn zum einen werden in den Recherchen unterschiedliche Zahlen genannt, zum anderen sind diese Fakten auf Laboruntersuchungen zurückzuführen. Das Pulsieren des Herzens entsteht durch

eine rhythmische Abgabe von Elektroimpulsen. Später übernimmt der Sinusknoten diese Funktion und bringt, ebenfalls über Elektroimpulse, den Rhythmus des Herzens in Schwung. Darum halte ich es, nebenbei bemerkt, für sehr unklug, die Handys in der linken Brusttasche zu tragen. Im zarten Alter von 3 Wochen entscheiden wir uns definitiv dafür, hier auf Erden leben zu wollen.

Das sagt unser Herz. Mit zunehmendem Alter gerät das kleine Herz dann in Vergessenheit; es wird zum Organ, zur Maßeinheit, zum Messen der sogenannten Körperbefindlichkeit herangezogen. Letzen Endes sterben wir dann alle an Herzversagen, egal, was dem Ganzen vorausging.

Unser Herz ist weitaus mehr als nur die Pumpe, die unser Blut durch die Adern befördert und irgendwann aufhört zu schlagen. Joe Dispenza schreibt in seinem Buch „Werde übernatürlich": „1991 zeigt J. Andrew Armour, dass das Herz im wahrsten Sinne des Wortes seinen eigenen Geist hat. Es verfügt über ein Nervensystem aus bis zu 40 000 Neuronen, das unabhängig vom Gehirn funktioniert und als Herzgehirn bezeichnet wird. Heute gibt es das Wissenschaftsgebiet Neurokardiologie."[1]

Unser Herz bestimmt die Denkweisen in unserer Kindheit; wir weinen, lachen und spielen aus ganzem Herzen. Mit kindlicher Herzlichkeit rühren wir die großen Menschen. Auch Vergebung kann einzig und allein aus dem Herzen geschehen. Mit unserem Verstand sind wir in die Lage versetzt, Geschehnisse aus der Vergangenheit zu überdenken und zu akzeptieren. Wirkliches Verzeihen aber kann ich nur über das versöhnte Herz in Gang bringen.

Manchmal sitze ich vor Menschen und kann mit den Erzählungen dieser Menschen nicht sofort mitfühlen oder verste-

---

1 Werde übernatürlich, Dr. Joe Dispenza.

hen. Ich habe mir angewöhnt, folgenden Satz zu denken: „Ich hab' dich so lieb."

Kaum ist der Satz gedacht, entsteht wie von Geisterhand geführt augenblicklich ein neues, liebevolles Gefühl gegenüber meinem Gesprächspartner.

Probiere das doch einmal aus:

Du sprichst mit einem anderen Menschen und kannst seiner Meinung verstandesmäßig nicht ganz zustimmen. Dann denkst du dir diesen Satz: „Ich hab' dich so lieb."

Und schwupp, wirst du leibhaftig erleben, dass sich dein Gefühl sofort ändert und du Mitgefühl aus dem Herzen entwickelt hast.

Höre im Zweifelsfall auf dein Herz, nicht auf das Gehirn. Es ist ja eine uralte Weisheit, dass das Herz immer den richtigen Weg weiß.

Neulich erzählte mir eine Freundin, sie hätte zufällig ihren Blutdruck gemessen und der Messwert wäre schulmedizinisch und nach Skala eingeteilt zu hoch. Symptome oder Schmerzen hatte sie keine. Aber sie war beunruhigt, weil die Quantität laut Tabelle eben hoch sei. Beim Nachfragen, was denn gerade los ist, was sie benötigt, um überhaupt noch in „Schwung bleiben" zu können, erzählte sie, dass die Arbeitsstelle so ätzend sei, dass sie am liebsten tot umfallen möchte. Na, da sagt das Herz freilich: „Meine Liebe, so geht das nicht, wir haben noch ganz viel vor, wir werden gebraucht. Also, bevor du jetzt in die Leblosigkeit verfällst, bringe ich als Herz kurz Schwung in den Laden und pumpe etwas schneller, fester und mit etwas mehr Druck, denn so können wir das Gesamtsystem unseres Körpers prima erhalten."

Was machte meine Freundin aber schon in ihrer erlernten Angst? Sie googelte nach Herzmedikamenten bis hin zu Betablockern. Stellen wir uns das jetzt aus Sicht des Körpers vor!

Das Herz ermöglicht ihr gerade, die jetzige Situation glimpflich zu meistern, und sie sucht in alter Gewohnheit nach Medikamenten, um das Notfallprogramm ihres Herzens zu stoppen. Die Angst kann sich in so einem Fall hochschaukeln. Haben wir erst einmal Furcht vor Schlaganfall, Hirnschlag und darüber hinaus eine große Auswahl an Wahnvorstellungen verschiedenster Krankheitsbilder, reagiert unser Herz mit all seiner liebevollen Herzlichkeit und pumpt feste weiter dagegen an, bis der Besitzer vielleicht versteht und begreift, dass der ganze Zinnober nur vorübergehend und doch eigentlich alles im Lot ist.

Das Herz weiß ja nichts davon, dass es bei Google und Co. alles Mögliche an Schreckensutopien gibt, die der Mensch als einzige Wahrheit versteht.

In meiner Praxiserfahrung hat sich gezeigt, dass Probleme mit dem Herzen sehr oft mit dem Thema Herzlichkeit und Revierabgrenzung zu tun haben.

Fragen wie „Wer tritt auf meiner Persönlichkeit herum?" oder „Wer überschreitet gerade massiv meine Grenzen?" sollten hier zugelassen werden. Wir sprechen von Herzensangelegenheiten, überbringen herzliche Grüße, unser Herz bricht bei Liebeskummer. Wenn jemand bedrückt aussieht, hat er etwas auf dem Herzen.

Möchte jemand über seine Gefühle sprechen, schüttet er uns sein Herz aus. Wenn jemand geradeheraus sagt, was er denkt, trägt er das Herz auf der Zunge. Wenn jemand Angst bekommt, rutscht ihm das Herz in die Hose. Ist jemand erleichtert, fällt ihm ein Stein vom Herzen. Jemand kann ein Herz aus Gold, Stein oder ein Herz für Tiere haben. Unser Wortschatz ist voll von Redewendungen, die eine Verbindung von Gefühl und Herz beschreiben. Auch klinisch ist inzwischen anerkannt, dass ein Gebrochenes-Herz-Syndrom veränderte Herzstromkurven im EKG zeigt.

Alles, was uns am Herzen liegt, machen wir mit Freude und Schwung. Damit ist unser Herz unser intimster Vertrauter. Wir hören auf unseren Herzensweg und sollten unserem Herzen gegenüber auch ein gebender Freund sein.

Was uns krank machen kann

Wir unterliegen inzwischen der Massensuggestion, dass Krankheit normal sei. Es wurde uns über Jahrhunderte beigebracht und eingeredet, dass wir selbst unseren Körper nicht beeinflussen können. Gesundheit ist jedoch der Normalzustand unseres Körpers.

Wenn du dieses Buch in den Händen hältst, bist du wahrscheinlich jemand, der neugierig ist. Jemand, der Zusammenhänge verstehen will und der vermutet, dass hinter Schmerzen und Beschwerden mehr stecken könnte als nur ein isoliertes Symptom.

Wenn du zurückschaust, wie würdest du das Verhältnis zu deinem Körper in der letzten Zeit beschreiben? Hast du ihn als Freund wahrgenommen? Auch wenn er an manchen Stellen schon ein wenig abgenutzt ist? Liebst du ihn so, wie er ist? Und bekommt er ab und zu eine Extraportion Beachtung, Pflege und ungeteilte Aufmerksamkeit?

Wünschenswert ist, dass aus einer reinen Nutzung – aus einer Vernunftsbekanntschaft – eine innige Beziehung zu deinem Körper entsteht, voller Freude, Leichtigkeit und Achtsamkeit.

Wie gehst du mit meinem Buch um? Den ersten Teil kannst du dir wie ein großes Puzzle vorstellen.

Jeder Abschnitt, jeder Bereich und Teilbereich ist ein Puzzleteil. Puzzlestücke, die ich in den 58 Jahren meines Lebens und meiner 30-jährigen Berufserfahrung gesammelt und als Schatz verwahrt habe. Manche Teile bestehen aus Erfahrungen, manche aus Erlerntem. Einige Stücke sind das Wissen, das schon immer da war, und dazwischen gibt es das, was ich als Erkenntnisstücke bezeichnen möchte.

Wie beim echten Puzzle bastele ich zuerst einmal an einem bestimmten Punkt, dann vervollständige ich eine andere Stelle. Anschließend fange ich mit der Himmelslinie an. Danach entdecke ich ein Puzzleteil, das zum linken Rand gehört. Und so arbeite ich mich Stück für Stück vorwärts und nach innen, bis zum letzten freien Puzzlefeld.

Zusammen ergibt es das große Ganze. Das letzte Stück, das ich in die Lücke gesetzt habe, ist meine Erkenntnis, meine Essenz: *Dein Körper liebt dich von ganzem Herzen.*

Du kannst das Buch als Einladung verstehen, sich mit mir auf eine Entdeckungsreise zu begeben. Das geschieht wie beim Puzzeln: Auf einmal hast du das richtige, passende Stück in der Hand. Wir üben uns im Beob-Achten. Wenn du dich durch den ersten Teil des Lesebuchs gearbeitet hast, bin ich mir sicher, dass wir die gleiche Erkenntnis teilen werden. Jeder kann von sich sagen: Mein Körper liebt mich!

Im zweiten Teil des Buches schildere ich Symptom-Geschichten, die ich in meinem Praxisalltag erlebe. Ich habe diesen Abschnitt „Plaudereien aus dem Nähkästchen" genannt. Die Beobachtungen eignen sich zum Stöbern und zum Nachschlagen und können so ein im Alltag erprobtes Potpourri sein, das dir viel Gelegenheit zum Schmunzeln geben wird. Du wirst in Gedanken ganz oft „Aaahaaa" sagen können.

Darf ich vorstellen:
dein Körper

Wenn du dich ganz offen und mit neuem Blick daran machst, deinen Körper kennenzulernen, erlebst du ihn aus einer völlig neuen Perspektive. Du machst Bekanntschaft mit einem Körper, der dir neuartig und wundersam erscheinen wird. Vielleicht wird es dir vorkommen, als dürftest du einen Menschen neu kennenlernen, der dir täglich spannende und interessante Geschichten erzählt. Und in den du dich immer mehr verliebst, manchmal auch auf den ersten Blick.

Es kann auch sein, dass du deinen Körper ganz anders erlebst. Vielleicht wie eine liebevolle Mutter. Eine Mutter, die alles für ihr Kind gibt, die über ihr Kind wacht, es unterstützt, stärkt und mit allen ihr zur Verfügung stehenden Kräften beschützt.

Oder dein Körper kommt dir vor wie eine Landschaft, durch die du in Gedanken reisen kannst. Mit Hügeln und Schluchten, warmen und kühleren Regionen, schwierigen, vielleicht schmerzhaften Gegenden und anderen, die sich einfach nur gut anfühlen.

Interessant ist, dass viele Vorstellungen über unseren Körper eigentlich von außen kommen und gar nicht von uns selbst erfühlt worden sind. Zum Thema *Umdenken* und *neue Sichtweisen einnehmen* gibt es eine schöne Geschichte, die mich sehr inspiriert hat:

Der Wettkampf der Frösche
Drei Frösche treten gegeneinander an. Sie möchten um die Wette auf einen Berg hüpfen.

Das gesammelte Volk der Frösche trifft sich, um dem Spektakel zuzusehen. Es jubelt und feuert die Frösche vorab an. Aber immer wieder werden Rufe laut: „Diese Wette ist nicht zu schaffen. Der Aufstieg ist zu schwer für Frösche. Ihr werdet sehen, das schafft keiner." Der Wettbewerb startet am nächsten Morgen, und die drei Frösche erklimmen den Bergfuß.

Ihr Weg wird steiler und damit mühsamer. Am Mittag gibt der erste Frosch auf, er ist zu schwach geworden und hüpft wieder abwärts. „Oh, oho", sagen die Zuschauer. „Du hast es gut gemacht, aber wir haben es ja gleich gewusst, das ist zu schwer für Frösche." Eine Stunde später gibt der zweite Frosch auf.

Das Volk hat nichts anderes erwartet, denn dieses Unterfangen ist einfach nicht zu schaffen, und es spendet auch dem zweiten absteigenden Frosch lautstark anerkennenden Applaus. Dem dritten Frosch rufen alle zu: „Komm runter, hör auf zu hüpfen, es ist zu schwierig, du schaffst das sowieso nicht!"

Doch der dritte Frosch klettert und klettert und ist voller Kraft und Mut, bis er ganz oben am Berg ankommt und dem Fröschevolk zuwinkt. Die Zuschauer sind sprachlos.

Dann macht auch er sich an den Abstieg und als er unten wieder ankommt, fragen sich die anderen: „Warum ist er weiter geklettert? Warum hat er nicht beachtet, dass wir geschrien haben, er solle aufhören?"

Da stellt sich heraus, dass der Frosch taub ist und die Rufe und Ängste des Volkes gar nicht gehört hat.

Fazit: Höre als Erstes auf deine eigenen Empfindungen und nicht so sehr auf die Meinung anderer.

Wie ein Chamäleon müssen wir uns schon als Kind an unsere Umwelt anpassen – eine Überlebensstrategie. Wir übernehmen die Gefühle, Gewohnheiten, die Kleidung, Haltung, Charaktere der Menschen, die uns umgeben. Täglich wechseln wir auch als Erwachsene die Farben, je nachdem, bei wem und in welcher Situation wir uns gerade befinden. Ein Mischmasch an Farben entsteht so. Das meiste davon gehört nicht einmal zu uns.

Wen wundert es da, dass viele Menschen mit steigender Belastung in Beruf und Privatleben an Grenzen geraten? Irgendwann melden die Organe, der Rücken oder der Körper: „Stopp!"

Ob Stoffwechselstörung, Allergie, Organschwäche, sogenannte Hyperaktivität oder Leistungseinschränkungen beim Rechnen oder Schreiben – alles hat einen Sinn für uns. Finden wir den wahren Grund des Verhaltens bzw. der Erkrankung, kann sofort ein Umdenken, ein Umfühlen beginnen, was eine große Erleichterung für uns in unserem Leben darstellt.

Wenn Krankheit anders hieße

Gedanken haben einen viel größeren Einfluss auf unsere Gesundheit, als wir uns bisher vorstellen können.

Unser Normalzustand ist Gesundheit.

Wenn Krankheit nicht sofort Angst machen soll, brauchen wir zunächst eine andere Bezeichnung für das, was unser Körper grade macht. Was wäre, wenn wir das Wort *Krankheit* anders benennen würden? Wenn Krankheit einfach *Weisheit* genannt würde?

Das mittelhochdeutsche „krancheit" bedeutet ursprünglich: Schwäche oder Schwachheit; der Wortstamm „kranc" = kraftlos, hinfällig. Beim althochdeutschen „chrancholōn" und dem angelsächsischen „cringan" wird es noch interessanter: *straucheln, sich winden, im Kampf niederstürzen, hinfällig sein* und *ringeln*.

Genaues Nachfragen hilft, der wirklichen Ursache des Krankseins auf den Grund zu kommen. Deutlich wird das, wenn wir zum Beispiel den Gebrauch des Wortes Stress einmal unter die Lupe nehmen.

Auch das Wort Stress kann viele Bedeutungen haben. Oftmals fühlen wir uns gestresst und müde, weil wir im Moment zu viel um die Ohren haben. Wenn Menschen erzählen, sie sind gestresst, ist meine erste Frage immer nach der genauen Bezeichnung des Stresses.

Ich frage beispielsweise:

- „Bist du in Zeitnot?"
- „Hast du Sorgen um die Familie?"
- „Hast du zu viel Unerledigtes auf dem Schreibtisch?"
- „Bist du in finanziellen Nöten?"
- „Wie wirkt sich deine Unzufriedenheit auf deine Familie und andere Teams aus?"

Zunächst ist der Eingrenzung deiner Beschwerden große Bedeutung zuzumessen.

Was genau ist los? Der Körper gibt uns spezielle Details zur derzeitigen Situation. Angenommen, deine Beschwerde basiert scheinbar darauf, dass du im Job eine unzufriedene Chefin hast, aber der Körper zeigt dir Symptome in der linken Hand.

In diesem Fall würde ich eher noch mal überlegen, ob du dir vielleicht gerade Sorgen um deine Tochter machst und ob diese Sorgen vielleicht ein viel belastenderes Problem darstellen. Das wäre nur ein Beispiel für die genauere Lokalisation der Ursache.

Wenn wir die Ursache unseres Ungleichgewichtes schon wüssten und Lösungen bereit hätten, würde unser Körper keine Symptome und keine Schmerzen zeigen. Nur wenn wir falsche Lösungsversuche unternehmen, warnt uns unser Körper in Form von Schmerzen und Verletzungen.

Wir haben Krankheit bisher als Mangel angesehen. Die Frage ist nun: Sind wir in der Lage, ein neues, anderes Denken zuzulassen und Symptome als Gewinn und wertvollen Rat unseres Körpers anzuerkennen?

Lass uns einmal über das WOZU nachdenken.

Unsere Praktiken von Krankheit und Gesundheit

Stell dir vor, du gehst zum Arzt und sagst: „Guten Tag, Herr Doktor, mein Körper macht mir gerade Rückenschmerzen und eine dicke Leber. Was, Herr Doktor, möchte mir die Weisheit meines Körpers sagen? Ich verstehe das gerade nicht prompt, bitte lassen Sie uns gemeinsam schauen, was da gerade gebraucht wird!"

Der Arzt würde uns vielleicht etwas seltsam angucken. Vielleicht weil er gewohnt ist, dass Patienten eher mit einer Konsumenten-Mentalität zu ihm kommen und Symptome und Schmerzen so schnell wie möglich mit einem Medikament aus dem Weg räumen wollen.

Wenn der Arzt allerdings einen ganzheitlichen Ansatz verfolgt, wird er uns zustimmen.

Denn der Körper gibt uns alles, was wir gerade am dringendsten brauchen, und manchmal zeigt er uns mit einer sogenannten Krankheit, was wichtig und notwendig ist.

Leider interpretieren wir die Signale unseres Körpers wieder und wieder falsch. Uns wurde von Kindheit an beigebracht, dass Krankheit etwas Schlimmes sei, was schleunigst ausgemerzt werden muss.

Vor etwa tausend Jahren begann man, den menschlichen Körper zu sezieren, um die einzelnen Organe zu inspizieren. Den menschlichen Körper zu untersuchen, war für die damalige Zeit eine fortschrittliche Maßnahme, denn beim Zerlegen von Tieren, die man zur Nahrung brauchte, hatte man bereits so manches interessante Detail entdeckt. Damit waren die Voraussetzungen geschaffen worden, auch den menschlichen Körper zu begreifen.

Doch die wirklich weiterführenden Erkenntnisse ließen noch auf sich warten, weil die einzelnen Bestandteile des Körpers mit ihren genialen Funktionen und Verbindungen zu benachbarten Organen vollkommen isoliert voneinander betrachtet wurden. Leider sind wir Menschen auch heute noch erst am Anfang des Verstehens. Wie grandios wäre es, die Zusammenhänge vom Scheitel bis zur Sohle wirklich sehen und erfassen zu können.

Wir operieren an einem einzelnen Organ und wundern uns, wenn dann andere Organe reagieren und die Krankheit immer noch vorhanden ist. Diese wird anschließend mit Medikamenten unterdrückt. Was, wenn also die Krankheit umbenannt würde?

Krankheit impliziert automatisch in unseren Köpfen: Das muss schnell weg! Das ist ungut! Das ist falsch, und ein anderer, sprich ein Arzt, muss mir helfen, das zu beseitigen. Einige meiner Patienten haben kaum noch Zeit für sich, für Reisen und Hobbys, weil fast täglich Arzttermine vorgesehen sind. Wie krank ist das denn? In den Köpfen der „Geiz-ist-geil-Gesellschaft" ist außerdem fest verankert, dass die bisher eingezahlten hohen Krankenkassenbeiträge ja schließlich nun auch ausgenutzt werden müssen.

Ähnlich wie bei einer Lebensversicherungspolice, die dann nach vielen Jahren Einzahlung auch irgendwann eine Ausschüttung der Beiträge verspricht.

Was nun, wenn wir diese Beiträge mal locker als Sozialabgabe abbuchen und uns dem Eigentlichen zuwenden: der Sprache und der Weisheit des Körpers? Krankheit im Sinne des Sozialversicherungsrechts ist eine „Störung des körperlichen oder seelischen Wohlbefindens". Bei Wikipedia heißt es: „Krankheit […] ist ein Zustand verminderter Leistungsfähigkeit, der auf Funktionsstörungen von einem oder mehreren Organen […] beruht."

Die Herkunft und die ursprünglichen Bedeutungen des Wortes „krancheit" gehen einer wirklichen Ursache doch besser auf den Grund als ein Röntgenbild. Denn das Röntgenbild zeigt das Ergebnis der Erkrankung und nicht dessen Ursache. Daraus ergibt sich die Frage: „Wo bin ich gestrauchelt? Wo fühle ich mich besiegt? Wozu brauche ich jetzt die herbeigesehnte Bettruhe und was kann ich mit meiner jetzigen Pause erreichen? Was ist der Hinter-Grund, der Unter-Grund meines Daniederliegens? Kann ich meinem Körper, also mir selbst, vertrauen?"

Jetzt weißt du: Der Moment ist gekommen für ein ehrliches Gespräch mit deinem Körper.

Unsere ganz persönliche Entwicklung

Unser Gehirn ist bereits sehr alt. Direkt zum Einstieg ein paar Fakten und Zahlen.

Unsere Erde ist ungefähr 4,5 Milliarden Jahre alt, erste Bakterienkolonien entstanden vor ca. 3,7 Milliarden Jahren.

Man nimmt heute an, dass die Menschwerdung vor etwa 8 bis 5 Millionen Jahren begann. Vor ungefähr 2 Millionen Jahren entstanden erste Formen des Menschen mit „menschlichem Gehirn", der sogenannte Urmensch.

Es liegen Millionen Jahre der Entwicklung und Anpassung im generationsübergreifenden menschlichen Leben. MILLIONEN!

Die ersten Arten des Homo habiens, des geschickten Menschen, lebten in Ostafrika. Die bislang bekannten Funde von Menschen wurden auf ein Alter von ca. 2,1 bis 1,5 Millionen Jahren datiert.[2] Unser Vorfahr Homo sapiens hatte alle anatomischen Merkmale des modernen Menschen (lateinisch *homo sapiens*: Verstehender, verständiger Mensch). Der sogenannte Frühmensch lebte vor ca. 40.000 Jahren – also vor 160.000 Generationen, wenn für eine Generation ca. 25 Jahre angesetzt werden. Erst spätere Arten wurden als Jäger und Sammler bezeichnet.

Wir sprechen hier also von einem Zeitabschnitt von mehreren Millionen Jahren.

Die Zeitangaben werden in der Wissenschaft sehr verschieden gehandhabt. Hier gibt es noch unzählige Ungereimtheiten. Für uns ist nur wichtig, ein Verständnis zu entwickeln, mit welch riesigen Zeitabständen wir es hier zu tun haben, bis aus simp-

---

2 Friedemann Schrenk, Ottmar Kullmer und Timothy Bromage: The Earliest Putative Homo Fossils. Kapitel 9 in: Winfried Henke und Ian Tattersall: Handbook of Paleoanthropology. Springer Verlag, Berlin und Heidelberg 2007, S. 1611–1631.

leren Nervensystemen der Organismen die wohl komplexeste Struktur im Universum wurde: das Gehirn.

Auch wenn die Technologie sehr schnell fortgeschritten ist, sind wir in unserer Körperphysiologie noch lange nicht an die heutige hochtechnisierte und schnelllebige Zeit mit ihren vielen Informationen angepasst. Evolution braucht Zeit. Biologische Anpassungen an die Umweltgegebenheiten entwickeln sich sehr langsam. Diese Zeit haben wir in den letzten Jahren nicht irgendwie wundersam eingeholt.

Seit dem Beginn unserer Zeitrechnung sind im Moment 2023 Jahre vergangen. Bei der folgenden Betrachtung von Zeitabschnitten möchte ich mich nicht an Zahlen festhalten, sondern vielmehr Augen und Ohren für die Relationen öffnen und ein Bewusstsein dafür schaffen, in was für einem kurzen Zeitraum wir doch eigentlich erst schalten und walten.

Wenn wir uns die Entwicklung der Erde bis hin zum heutigen Menschen im Zeitstrahl eines Jahres vorstellen, ergeben sich interessante Vergleichsparameter.

Etwa im Oktober lebten die Saurier. Wir Menschen entstanden am 31. Dezember um die Mittagszeit. Auf ein Jahr gerechnet, in einem solchen Zeitstrahl gemessen, sind wir also gerade einmal einen halben Tag alt.

Zum besseren Verständnis rechnen wir häufig in Generationen: Bisher wurde eine Generation von der Geburt eines Elternteils bis zur Geburt seines Kindes mit 25 Jahren berechnet. Inzwischen wird die Generationsspanne für heutige Verhältnisse mit dem Faktor 31,7 berechnet. Wir bleiben hier der Einfachheit halber bei 25 Jahren. Die Beispiele an sich sind beeindruckend genug.

All diese Zahlen sind grob über den Daumen gepeilt, weil der Schwerpunkt der Betrachtung hier nicht auf den Zahlen liegen soll, die je nach Quelle und Studie variieren können. Vielmehr soll die zeitliche Einordnung zu einem besseren Verständnis für unseren eigenen, jetzt lebenden Körper und seine Sprache gehen.

Vor fünf Generationen, also vor 125 Jahren, lebte ein Großteil der Menschen von der Landwirtschaft. Der Tageslauf wurde durch die Arbeit in der Natur bestimmt. So ging man nach der Feldarbeit und dem Abendessen zur Ruhe.

Im Winter beschäftigte man sich mit handwerklichen Notwendigkeiten, wie Besen binden, flicken, nähen, Kleidung oder Bänder stricken, Strohsäcke stopfen.

Man unterhielt sich am Abend, löste gesprochene Rätsel, machte selbst Musik, sang und tanzte.

Die Zeit des Zubettgehens war im Sommer um 7 Uhr abends, denn man stand um 3 Uhr wieder auf. Im Winter gingen die Menschen etwa um 23 Uhr zu Bett und standen um 6 Uhr wieder auf.

Man ging sehr viel zu Fuß, fuhr ein Fuhrwerk oder ritt auf Pferden. Die Fortbewegung war insgesamt beschwerlicher. Zumeist wurden die Ehepartner vermittelt und es wurde nicht unbedingt eine Liebesheirat erwartet.

Und die Kinder?

Die Kinder kamen offiziell aus dem Kindlesbrunnen. Na, so einfach war das auch damals nicht. Die Wöchnerinnen gingen sofort nach der Geburt ihres Babys wieder auf das Feld oder bekamen ihre Kinder gleich auf dem Feld. Damals unterstützten sich allerdings die Frauen noch gegenseitig. Eine feste Rollenverteilung war überlebensnotwendig und alltäglich.

Jede Frau war gleichzeitig Hausärztin, Krankenpflegerin, Arbeiterin und Mutter und wusste über Heilkräuter, Verbände, Wickel und verschiedene Heilmittel Bescheid. Die Frauen hatten die Aufgabe, ihre Familie, also das eigene Rudel, zusammenzuhalten und dafür zu sorgen, dass alle gesund blieben. Sie sorgten für Geborgenheit, den Zusammenhalt und das Überleben der Familie.

Vor nur vier Generationen, also vor nur knapp 100 Jahren, hatten unsere Vorfahren, die wir leicht im Stammbaum finden können, nicht regelmäßig Strom.

Die meisten Familien lebten mit dem Licht des Tagesablaufes und des Feuers und sorgten mit Öllampen und Kerzen für Beleuchtung.

Erst nach dem Ersten Weltkrieg begann die Industrialisierung im großen Stil. Kriegsversehrte prägten das Bild der Gesellschaften und Familien. Notwendig war durch den Krieg die schnelle Entwicklung einer medizinischen Versorgung auch außerhalb der Familien.

Durch die Industrialisierung waren plötzlich große Teile der Bevölkerung gezwungen, außerhalb ihres dörflichen Umfeldes in Fabriken zu arbeiten. Es entstanden künstlich herbeigeführte Trennungen von Lebensbereichen. Landwirtschafts- und Handwerksbetriebe wurden oft als Familienunternehmen über mehrere Generationen geführt. Die Familie wohnte meist zusammen auf den Höfen. Das wurde nun anders.

Die Industrialisierung und die maschinelle Fertigung von Massenprodukten zwang die Menschen, sich räumlich für die Zeit der Fabrikarbeit zu trennen. Es entstand ein Gegensatzpaar: Arbeit versus Freizeit. Die stärker hervortretende Unterscheidung zwischen Arbeit und Freizeit erweckte außerdem das zusätzliche Bedürfnis nach noch mehr Konsum und Urlaub, was wiederum die Wirtschaft ankurbelte.

Die Nachrichtenübermittlung war im Gegensatz zu heute überschaubar. Mit der Tageszeitung kam maximal einmal am Tag das Neuste aus Gesellschaft, Politik und Wirtschaft auf den Frühstückstisch. Die Papierzeitung wurde nicht selten im Schein einer Kerze gelesen, denn die meisten Haushalte mussten noch ohne Stromversorgung auskommen: Erst zwischen 1925 und 1930 stieg die Zahl der mit Strom versorgten Haushalte von ca. 27 % auf 76 % an.

Warum ich das erzähle?

Weil wir Menschen immer davon ausgehen, dass wir der heutigen Technik und damit dem veränderten Tagesablauf auch nur annähernd angepasst sind oder sein müssen. Das ist mitnichten so. Wir haben das Handy immer in der Jeanstasche, sind rund um die Uhr erreichbar, machen zur Stressbewältigung Achtsamkeitstraining und Yoga, lesen Zitate von Konfuzius und glauben tatsächlich, dass wir unseren Arbeitsalltag wuppen, wenn wir nur genügend „Work-Life-Balance" einhalten.

Doch um einer kollektiven Erkrankung der Gesellschaft entgegenzuwirken, sollte ein Bewusstsein dafür geschaffen werden, welche Zeitabschnitte nötig sind, um sich an neue Gegebenheiten anzupassen. Die Menschheitsentwicklung erstreckte sich über Millionen Jahre, und nun glauben wir tatsächlich, dass wir uns in weniger als 150 Jahren an neue Technologien auch körperlich vollends angepasst haben?

Hier, mein lieber Leser, darf ich etwas ent-täuschen.

Rein entwicklungstechnisch und physiologisch sind wir noch Steinzeitmenschen. Unser Körper ist auch nach heutigem Stand der Evolution noch immer im Einklang mit dem Naturgesetz, und dafür möchte ich ein Verständnis erwecken. Wir sind normal, wenn unser Körper mit Unregelmäßigkeiten zur Anpassung an einen ganz neuen technologisierten Alltag reagiert. Heute nennen wir diese Veränderung und Regulierung oder das Leiden an den Umständen allerdings Krankheit.

Ich möchte gern dazu beitragen, dass wir unseren Körper verstehen lernen. Das bedeutet, mit ihm zu arbeiten und nicht dauernd auf ihm herumzuhacken und Veränderungen als Mangel zu bezeichnen.

Die Errungenschaften der einzelnen Wissensgebiete zusammenzuführen und gleichzeitig die Genialität unseres Körpers zu verstehen, ist ein wertvolles, gesundendes und hilfreiches Ziel unserer Begegnung mit uns selbst.

Schauen wir uns nun das Mittelstück unseres Lebenspuzzles einmal näher an.

Unser Gehirn

Ich möchte dieses Kapitel bewusst ganz einfach halten. Unser Gehirn ist so genial wie unser gesamter Körper. Hier soll es nur um ein ganz grobes Verständnis der Zusammenhänge zwischen Gedanken und Körper gehen.

Unser Gehirn verfügt, einfach gesagt, über zwei deutlich voneinander getrennte Gehirnareale oder -zentren.

Zum einen das unbewusste Reagieren und zum zweiten das bewusste, gesteuerte Denken. Nur 10 % unseres Handelns läuft bewusst ab.

Das lässt sich so veranschaulichen: In einer angenommenen Wegstrecke von 1000 m denken wir nur 50 m bewusst. Das heißt, 950 m laufen in unserem Kopf unbewusst ab.

Der Teil des Gehirns, der für die 50 m bewussten Gedankenschritte verantwortlich ist, heißt Neocortex oder Großhirnrinde. Das ist das Gebiet des freien Willens, der Willenskraft, der aktiven Bestimmung von Handeln, der Überlegung von perspektivischen Situationen und gezielten, „überdachten" Taten und des bewussten Handelns. Hier können wir willentlich Bilder hervorrufen, bewusst atmen und motorische Handlungen gezielt ausführen.

Wir können unser Bewusstsein vorübergehend verlieren, wenn der Neocortex ausgeschaltet wird. Ich lebe noch, atme, bin aber nicht im Hier und Jetzt. Der Neocortex ist evolutionär nach dem Mittelhirn entstanden. Durch Konzentration erreichen wir unsere fokussierte Gedankenwelt im Neocortex.

Die Großhirnrinde – unser in der Menschheitsentwicklung neu hinzugekommenes Gehirnareal – steuert das bewusste Denken, die Vorherplanung und komplexe Denkprozesse. Der damit verbundene Verstand gehört somit auch zu unserer ausgereiften Persönlichkeit. Ohne die Arbeit des Neocortex sind wir bewusstlos.

Fließend sprechen, lesen, rechnen, Gehörtes einordnen, in unserer bewussten Bildwahrnehmung Bekanntes mit Unbekanntem vergleichen und etwas strukturieren – das ermöglicht der Neocortex. Weil der „neue" Gehirnteil erst zuletzt dazu gekommen ist, gebrauchen wir es noch sehr wenig. Es braucht eben Zeit, bis ein neuer Entwicklungsschritt vollständig integriert ist: Viele Tausend Jahre müssen vergehen, bis neu dazu gewonnene Gehirnanteile eingebettet sind und in vollem Umfang genutzt werden können.

Das Zentralhirn, Kleinhirn und der Hirnstamm

Diese Regionen regieren das Unterbewusstsein und entsprechen damit den 950 m aus unserem Beispiel.

Hier wird unser Körper in seinen Überlebensfunktionen gesteuert. Diese Hirnbereiche sind beim Menschen im Verhältnis zu anderen Säugetieren gleich groß wie bei allen Säugetieren. Also im Grunde ticken wir zu großen Teilen genau so wie unser Hund.

Das Mittelhirn ist evolutionär viele Millionen Jahre älter als die Großhirnrinde.

Dieses zentrale Nervensystem besteht im Groben aus den topographisch unteren Gehirnstrukturen. Es reicht also vom Kopf über das Rückenmark in der Wirbelsäule und ist zuständig für das Senden und Empfangen von Impulsen.

Um angemessen und sofort reagieren zu können, benötigt das zentrale Hirn also Informationen vom Körper, welche über ein riesig verbreitetes Nervengeflecht eingesammelt und nach oben geschickt werden.

Einfach ausgedrückt: Die gefühlten Fakten über den derzeitigen Zustand unseres Körpers werden als Botschaft vom äußeren zum inneren Nervensystem nach oben geleitet.

Beispielsweise: „Mir ist kalt."

Diese Mitteilung wird sensorisch vom Körper wahrgenommen und nach oben zum Hirn gesendet, damit der Körper entsprechende regulierende Anweisungen erhält. Für eine körperliche Reaktion benötigt der Impulsgeber Gehirn also die verschiedenen Informationen vom Körper. Sofort werden Muskeln und Organe in Gang gesetzt, damit unser Überleben sichergestellt werden kann.

Vom Mittelhirn und den unteren Hirnstrukturen wird nun über eine entsprechende Chemie und verschiedenste Impulse eine Reaktion im Körper ausgelöst und gesteuert. Der Begriff „untere Strukturen" bedeutet, dass diese Strukturen anatomisch unter dem Großhirn liegen und nicht, dass sie weniger wert sind.

Diese ganze Reaktionskette geschieht einfach so, von alleine, unbewusst. Und das ist auch sinnvoll, denn würden wir ständig über die Chemie unseres Körpers nachdenken, wären wir handlungsunfähig. Unbewusste Körpervorgänge sind beispielsweise unser Herzschlag, unsere Verdauung, unsere selbstständige Atmung und die reflexartige Steuerung unserer Enzyme und Hormone.

Jedoch können wir über eine bewusst gesteuerte Regulierung des Atems und der Motorik auch Einfluss auf Herzschlag und Verdauung nehmen. Durch Visualisieren, Meditieren und Selbsthypnose können neben Bewegung und Körperhaltung die sogenannten Lebensfunktionen zusätzlich bewusst beeinflusst werden.

Diesen sehr großen und wichtigen Teil des Gehirns – das Mittelhirn – haben alle Säugetiere.

Wir reagieren bei Alltagsschwierigkeiten, die als Gefahr wahrgenommen werden, ebenso gleich und unbewusst wie Tiere im Rudel. Das Unbewusste ist einfach unendlich schneller als die Logik. Bei körperlichen und sensorischen Wahrnehmungen, die als Bedrohung wahrgenommen werden, reagieren wir immer lebenserhaltend und für einen Rudelzusammenhalt. Wenn ich also eine Gefahr sehe, höre oder fühle, reagiere ich sofort und blitzartig unbewusst.

Das Mittelhirn ist sozusagen unser Gefühlshirn und hat großen Einfluss auf unser Verhalten. Weil dieses Gebiet so lebenswichtig ist und auch noch ein selbstregulierendes Kontrollsystem des Körpers bildet, ist es praktischerweise noch zusätzlich unterteilt.

Auch hier die Kurzversion: Es gibt das sympathische und das parasympathische Nervensystem.

Sympathisch reagieren wir automatisch auf eine Notfallsituation. Der Körper wird für Gefahrensituationen sofort auf Flucht, Aktivität, Hochleistung, Kampf, Aggression oder auch auf den Totstellreflex, das Erstarren vorbereitet. Diese Energie bleibt länger im Körper erhalten.

Ein Beispiel für das Wirken des Sympathikus: Wenn ein vermeintlicher Gewalttäter hinter dir her ist, wird dein Körper ruckzuck auf Flucht programmiert. Beine und Arme werden sofort durchblutet, die Muskeln aktiviert. So kannst du schneller als üblich rennen. Dazu steigt der Blutdruck, die Atmung wird schneller und das Labor im Hirn stellt unter anderem eine große Portion Adrenalin zur Verfügung. Dieser Cocktail beschleunigt den Körper massiv und verringert die Schmerzwahrnehmung.

Das parasympathische Nervensystem ist als Gegenspieler zu sehen. Es sorgt für Ruhe, Schlaf, Verdauung, Regeneration und Fortpflanzung. Wir speichern mithilfe des parasympathischen Nervensystems Vorräte (für die nächste Attacke), regenerieren, wachsen und gesunden. Wenn wir Menschenwesen sicher einem Angriff entkommen sind, unsere Flucht also gelungen ist, benötigt unser Körper Regeneration, Ruhe und Wachstum. Dafür sorgt unser parasympathisches System.

Unser heutiger Alltag ist allerdings durch das Maß an Technik, mit dem er durchdrungen ist, ein ganz anderer als der, auf den uns die Evolution in Jahrmillionen vorbereitet hat. Durch die Flut an nie endenden Informationen, die oft einfach nur virtuell auf uns einprasseln, wird unser Körper permanent in Alarmzustand versetzt und gerät in einen Flucht- und Kampfmodus, aus dem er gar nicht mehr aussteigen kann – außer wir geben ihm aktiv seine wohlverdienten Ruhepausen.

Die sozialen Medien schüren besonders bei Jugendlichen, aber auch bei vielen Erwachsenen den Leistungsdruck, Konkurrenzkampf und Anpassungszwang.

Der kleine Bildschirm der Smartphones, in dessen begrenztem Rahmen sich das gesamte Leben abzuspielen und widerzuspiegeln scheint, strapaziert die Konzentration, die Nackenmuskulatur und den Sehnerv, der direkt mit dem zentralen Nervensystem gekoppelt ist.

Damit steht unser Körper überwiegend unter einem erhöhten Adrenalinpegel. Nutzen wir digitale Technologien zum Beispiel wie die sogenannten „digitalen Nomaden" rund um die Uhr und spartenübergreifend – nämlich für private Kommunikation, Beruf, Unterhaltung und Nachrichten – überflutet ein künstlicher Hormonausstoß fast nonstop unsere Zellen und sorgt so für eine neurohormonale Dauerstressreaktion.

Die pausenlose Anspannung des sympathischen Nervensystems wiederum gibt dann wenig Raum für Gesundung, Regeneration, Wachstum und Zellerneuerung. Im Gegenteil, die Überbeanspruchung schädigt sogar Gefäße, Zellen und Immunsystem und macht uns auf Dauer schwach und krankheitsanfällig.

Wenn man sich klarmacht, welche großen Auswirkungen bewusste oder auch unbewusste Gedanken auf unser gesamtes Sein haben, wird es interessant.

Es geht in diesem Kapitel um die Wichtigkeit unserer unbewussten Gedanken, welche in der Eile vom Neocortex noch nicht ausreichend geprüft und strukturiert werden konnten.

Den Großteil unseres Lebensalltages gestalten wir tatsächlich noch immer ohne den Einsatz des Großhirns. Somit liegt die Zentrale unserer hauptsächlichen Handlungsstrategien im täglichen Verhalten noch immer im Mittelhirn. Blitzschnell werden im Alltag die gegebenen Situationen mit alten Erfahrungen, Erlebnissen, Überlebensstrategien und dem Bedürfnis nach Geborgenheit und Frieden vom unteren Hirnareal regiert.

Oft wird das menschliche Denken und Handeln auch mit einem Eisberg verglichen, von dem nur die obere Spitze sichtbar ist und der unter Wasser liegende erst seine wahre Größe entfaltet. Der größte Teil des Eisbergs unter Wasser steht in diesem bildlichen Vergleich für das Unterbewusstsein. Das Bewusste dagegen macht nur 5 % aus. 95 % des Tagesgeschehens wird durch einen völlig unbewusst gesteuerten Chemiecocktail im Gehirn ausgelöst. Dieser bestimmt, welche Gefühle wir fühlen und wie unser Körper darauf reagiert.

Ein Überbleibsel aus unserer Evolution ist das sogenannte Aushaken. Meist völlig unpassend und wenig gewinnbringend hakt sich unser Großhirn manchmal vom Mittelhirn ab. Bei übergroßen Gefühlen wie Wut, Hass, Angst oder auch Verliebtheit hakt sich das Großhirn aus. Wir kennen den Spruch: „Ich glaube, bei dir (oder bei mir) hakt es aus." Jawohl, das ist tatsächlich so.

Was bei Fluchttieren noch absolut überlebensnotwendig ist, kommt uns Neuzeitmenschen heute nicht immer wirklich zugute. Denn dann sind wir nur noch vom Gefühlshirn gesteuert und haben wegen der Unverbundenheit zum Großhirn keinen Zugang zu überlegten und diplomatischen Handlungen. In so einem Fall reagieren wir nur noch – aus heutiger Sicht – ohne Sinn und Ziel. Dieses Handeln und Aushaken war jedoch für unsere Vorfahren noch dringend zum Überleben notwendig.

Praktisches Beispiel:

Schon allein bei dem konkreten Gedanken: „Schade, meine Freundin kommt mich heute nicht wie geplant besuchen", wird sofort ein Chemie-Cocktail gemischt, und du fühlst dich traurig. Deine Körperhaltung passt sich diesem Zustand in Sekundenschnelle an, du lässt die Schultern hängen, der Kopf ist ein wenig nach unten gebeugt. Du lässt „die Ohren hängen". Dir ist vielleicht kalt und du fühlst dich kraftlos. Kommt plötzlich die Nachricht, dass die Freundin heute doch noch kommt, wird ein neuer Cocktail gemischt. Sofort fühlst du dich erleichtert und fröhlich, dein Körper ist beschwingt und fühlt sich lockerer und flexibler an.

Dieser Zusammenhang eröffnet dir die Möglichkeit, deinen Körper aktiv zu beeinflussen und zu überlisten. Wie? Probiere einmal Folgendes aus: Verändere ungefähr für eine Minute deine Mimik absichtlich zu einem Lächeln. Lass deine Mundwinkel einfach nach oben wandern, auch wenn du keinen Grund verspürst, wirklich zu lächeln. Selbst wenn du das Lachen nur vortäuschst und das Ergebnis eher einer Grimasse gleicht, löst du durch die Anspannung der Muskeln im Gesicht einen Druck auf den fünften Hirnnerv aus, den Nervus trigeminus. Damit denkt das Gehirn nach 60 Sekunden, du wärst glücklich. Und was passiert? Du fühlst dich tatsächlich deutlich wohler. Probiere es bitte einfach einmal aus. Morgens eine Minute absichtlich lächeln, das Gesicht entsprechend formen und schon reduziert sich die Anspannung im Körper und du kannst entspannter in den Tag starten. Ein freundliches „Guten Morgen" in den Spiegel verstärkt die gute Laune.

Praktisches Beispiel:

Du gehst am Strand spazieren und siehst, dass in den Dünen zwischen dem schönen Seegras Müll herumliegt. Wie reagierst du?
Du kannst dich ganz dem Ärger hingeben und dich über den Müll aufregen, ihn einsammeln, deinen Spaziergang abbrechen und dich an der Hotelrezeption beschweren.
Oder du konzentrierst dich trotz des flatternden Papiers auf das Schöne des Augenblicks:
Den Sand, das Wasser, die Muscheln, den Wind in deinem Haar und die wunderbare Küstenlandschaft. Wenn du deinen Fokus auf die ursprüngliche Schönheit der Natur lenkst, wird das Chemielabor in dir sofort reagieren. Vielleicht wirst du das Papier aufsammeln, aber du wirst voller Dankbarkeit die Fülle der Natur genießen können, die dich umgibt.

Unsere unbewussten Gedanken steuern unser Leben täglich und rufen mit kurz- und langfristig Reaktionen im Körper Gewohnheiten und Körperhaltungen hervor. Wenn wir uns täglich darauf konzentrieren, Gefahren im Leben zu erwarten, werden wir auch viele Gefahrenquellen finden und unser Körper ist ständig in Habachtstellung. Dazu benötigt der Körper allerhand Adrenalin im Chemiecocktail. Auf Dauer wird es anstrengend und wir werden schneller krank. Ist meine Aufmerksamkeit auf schöne Dinge konzentriert, wird mir häufiger etwas auffallen, das mich freut. Ich nehme ein Glücksgefühl wahr und habe damit eine völlig andere Körperchemie und Körperhaltung, die wiederum mein Immunsystem stärkt, weil ich mich im Frieden und in Geborgenheit fühle.

Denn wir haben noch einen besonderen Teil im Hirn – das Frontalhirn – direkt hinter der Stirn, mit dem wir in der Lage sind, unser Bewusstsein aktiv zu steuern. Damit können wir bewusst und gezielt unsere Gedanken beeinflussen und sogar kreativ sein. In diesem Zusammenhang finde ich den Begriff „engstirnig" sehr interessant. Wer nicht gut umdenken kann und wenig kreativ ist, wird engstirnig genannt. Hier ist das Frontalhirn beengt.

Nach bisheriger Erkenntnis unterscheidet uns genau dieser Aspekt, kreative Lösungen bewusst zu erdenken, von den Tieren. Ich glaube jedoch, dass wir Tiere unterschätzen. Unser bewusstes neues Denken löst die entsprechende Chemie im Gehirn aus. Diese wiederum reguliert unseren Körper in seiner gesamten Struktur, in seiner Chemie, in seinem Wirken.

Wir können über den Körper unsere Gedanken ändern. Stell dir vor, du bist abgeschlafft und müde und nimmst dadurch eine entsprechende Körperhaltung ein. Das passiert wie von selbst, denn dein Körper hört auf dich und fühlt, was du fühlst. Die Schultern hängen herunter, dein Kopf senkt sich nach unten, du sitzt zusammengekauert mit entsprechender Mimik auf einem Stuhl. Deine Augen wirken glanzlos, die Wangen sind blass, deine Mundwinkel bewegen sich in Richtung Kinn oder Knie. „Ich bin ja sooo müde ..."

Nun richte einmal bewusst und absichtlich deinen Körper auf, stell dich trotz Müdigkeit aufrecht hin, nimm die Schultern nach hinten, Bauch rein, Po raus. Dein Gesicht bringst du zu einem Leuchten, du strahlst, lächelst. Stell dir vor, du stehst auf einer Bühne und wirst bejubelt! Halte diese Stellung fünf Minuten lang, gib alles! Einfach so, nur um es auszuprobieren, obwohl du jetzt gerade müde bist. Probiere es einmal dir selbst zuliebe aus: Was passiert?

Sofort werden entsprechende Hormone ausgeschüttet, dein Chemiecocktail im Gehirn und damit im Blut angepasst und du fühlst dich deutlich wohler. Mit dem Gefühl eines beachteten Siegers oder eines stolzen Menschen kannst du einfach schlechter abgeschlafft, lasch und lustlos sein.

Fazit: Auch durch eine aktiv gesteuerte Veränderung der Motorik, einem bewussten Wechsel deiner Körperhaltung und Muskelspannung, mit einer Korrektur deiner Mimik kannst du eine Regulierung im Gehirn und damit in deiner Chemie in Gang setzen. Wir können also unsere Aufmerksamkeit, unsere Gedanken und damit unsere Gefühle bewusst verändern und lenken. Was wir denken wollen, können wir uns ausdenken. Denn wir sind nicht ferngesteuert von Körper und Geist, wir haben die Wahl, unsere Aufmerksamkeit zu kontrollieren, wir geben den Ton an.

Ein anderes Beispiel: Du triffst jemanden, der dir überhaupt nicht liegt, und siehst im Moment in diesem Menschen nur seine derzeitige missliche Verfassung. Nun gut, dieser Mensch ist heute unerträglich, gereizt und vielleicht sogar aggressiv. Eigentlich möchtest du einen großen Bogen um ihn machen, davonlaufen, ihm die Meinung sagen, weil dein Bedürfnis nach Eigenschutz selbstverständlich ist. Wenn du dich dann aber einfach einmal auf eine andere Einstellung konzentrierst, dich in diesem spannenden Moment an die liebevollen Charakterzüge dieses Menschen erinnerst, wird sich deine Haltung ihm gegenüber sofort verändern. Einatmen, ausatmen und liebevoll denken. Eine hohe Kunst zugegeben, aber es wirkt beruhigend.

Hast du zum Beispiel grade pubertierende Kinder zu Hause? Dann kennst du dich eigentlich schon bestens mit dieser Technik aus. Es kann Zeiten geben, in denen wir fassungslos denken: *Ich wusste gar nicht, dass ich die Atemübungen, die ich für die Geburt erlernen musste, erst 14 Jahre später wirklich brauche!* In einer solch angespannten Situation erinnern wir uns besser an das kleine Kind, das der Teenie einmal war, an seine kleinen Hände in unseren Händen und all die schönen Momente des Aufwachsens. Wir fühlen die Dankbarkeit und die Liebe zu unserem Kind. Sofort werden wir ganz weich und sind in der Lage, das Geschehen aus einem anderen Blickwinkel zu sehen. Wenn wir uns in die Lage versetzen, unseren Geist aktiv auf den unerschöpflichen Schatz des Positiven zu lenken, können wir unser ganzes Leben verändern und auch die Beziehung zu unserer Familie und Freunden wird direkt davon beeinflusst.

Durch die eigene persönliche Entscheidung, was wir denken wollen – wohin wir unsere Aufmerksamkeit lenken möchten –, verändern wir unser tägliches Leben, unseren gesamten Seinszustand, unsere Körperchemie und damit unseren Gefühlszustand. Sogar die Beschaffenheit und Form unseres Körpers wird vornehmlich durch unser Denken gesteuert. Mit unserem richtigen Verhalten wird unser Immunsystem gestärkt und wir werden weniger krank.

Diese gezielte Selbststeuerung beginnt damit, dass wir unseren Körper und unsere Gedanken beobachten und kennenlernen. Horche in dich hinein. Wie fühlt sich der Oberkörper an? Wie der Bauch? Spürst du, wie deine Füße vom Boden getragen werden?

Halte mehrmals am Tag inne und tritt mit dem Körper in bewussten Kontakt. Probiere aus, wie es sich anfühlt, selbst über deinen Körper zu philosophieren.

Bin ich sehr dünn, möchte ich vielleicht unbewusst nicht gesehen werden, mich dünn machen. Brauche ich permanent einen Schutzmantel und starken Kontakt zur Erde, also eine Erdung, um auf dem Boden der jetzigen Tatsachen haften zu bleiben, wird sich mein Körper dem liebevoll anpassen. Wollen meine Augen manche Dinge in meinem Umfeld nicht mehr sehen und reagieren deshalb durch eine zunehmende Kurzsichtigkeit? Ist mir eine Laus über die Leber gelaufen und verursacht mir Schmerzen? Oder zeigen mir Magenprobleme, dass ich mehr auf mein Bauchgefühl hören sollte? Du kannst munter drauf los interpretieren, denn hier gibt es kein Richtig oder Falsch. Es geht darum, erst einmal deinem Körper wieder zuzuhören und dich intensiv mit ihm zu beschäftigen.

Es ist sehr interessant, wie wir durch gezielte Gedanken Einfluss auf unseren Körper nehmen können. Sogar unsere Schmerzwahrnehmung wird durch unsere Aufmerksamkeit gelenkt. Habe ich mir den Zeh gestoßen, tut das höllisch weh, das kennen wir. Nun kann ich meine ganze Aufmerksamkeit auf den Zeh lenken, stundenlang nachfühlen, ob es immer noch so wehtut, und überlegen, ob ich zum Arzt muss. Ich kann mich in den Schmerz hineinsteigern – vielleicht ist der Zeh gebrochen? Und ich kann ständig nachsehen, ob der Zeh nun anschwillt oder nicht.

Die überlegenere Alternative besteht häufig darin, kurz zu fluchen und den Alltag nach dieser Misere einfach wieder aufzunehmen. Natürlich spüre ich den Schmerz beim Laufen, aber meine Beachtung und Aufmerksamkeit bleiben nicht am Zeh hängen, sondern richten sich weiterhin auf das Alltagsgeschehen. Das verändert die Quantität des Schmerzes massiv, weil ich meinen Fokus – und somit meinen Gefühlscocktail – steuern kann. Wenn der Zeh gebrochen ist, wird sich mein Körper schon melden, keine Sorge. Allerdings helfen unserem Körper vorauseilende Angst und Panik hier nicht.

Wir alle kennen die Sorte Mensch, die Hypochonder genannt wird. Personen, die sich unaufhörlich einbilden krank zu sein.

Jedes Zipperlein wird ernst genommen, verschiedenste Krankheitsentwürfe werden durchgespielt. Bei Bedarf kann noch nachrecherchiert werden, welche Krankheitsbilder möglicherweise in der entsprechenden Region auftauchen könnten. Das kann dazu führen, dass diese Menschen tatsächlich Symptome einer Krankheit herstellen, weil die Aufmerksamkeit auf Schmerz und Krankheit gelenkt ist. Wir müssen nicht jedem auftauchenden Gedanken glauben. Manche Ideen sind einfach Unsinn, und manchmal folgen diese Gedanken nur einer anerzogenen Gewohnheit.

Wir verfügen mit unserem frisch dazu gekommenen Frontallappen im Gehirn über die großartige Möglichkeit der kreativen Entscheidung und Planung. Ein Grund mehr, unser Denken gezielt zu steuern. Damit verändern wir unser Verhalten im Leben bewusst. Also gewusst, wie. Die positiven Aspekte dieser Wunderwaffe dürfen wir auch wirklich nutzen.

Wir sind in der Lage, uns gezielt verschiedene Dinge auszudenken. Wir sind fähig, unser Denken in eine vorbestimmte Richtung zu lenken.

Jedoch gilt es, eins beim Umlernen zu bedenken! Wir haben inzwischen eine Art Sucht nach dem bekannten Cocktail entwickelt. Immerhin sind wir in den oben genannten 950 m unbewussten Denkens ziemlich leicht bis hierher gekommen. Alles läuft wie am Schnürchen von selbst und das Gehirn ist ein genialer Stromsparer. Alles, was läuft, das läuft. Bewusstes Denken dagegen bedeutet eine Kraftanstrengung und muss nun geübt werden wie Geigespielen oder Muskelaufbau. Das ist aufwendiger als der Stand-by-Modus, aber mit der Zeit wird auch das zum Selbstläufer. Unser Körper jedenfalls gibt uns die Grundausrüstung, alle Werkzeuge und Hinweise dafür.

Wenn ich meine Gedanken mir selbst zuliebe bewusst ändern will, benötigt das zunächst die Arbeit des Frontallappens. Dadurch werden die tieferen Regionen im Gehirn angespornt. Zusätzlich brauche ich noch einige Zeit der Aufmerksamkeit und

Übung mithilfe von Disziplin. Das ist ein Bewusstseinsprozess. Übung macht den Meister, das gilt nicht nur für Mathematik, Sprachenlernen oder handwerkliche Tätigkeiten, sondern eben auch für den gezielten Einsatz unseres Denkens.

Es ist erwiesen, dass sich bis ins hohe Alter täglich neue Hirnzellen bilden und dass frische neuronale Verknüpfungen immer möglich sind.

Bildhaft stellen wir uns vor, wir haben zunächst nur Fußspuren im Wald. Das entspräche den neuen Gehirnpfaden. Je öfter ich diese Route beschreite, umso größer wird der Trampelpfad, bis wir am Ende durch tägliches Laufen dieser Strecke einen fest begehbaren Weg gestaltet haben.

Der Mensch ist gern ein Gewohnheitstier. Solange du dich wohlfühlst, ist auch alles okay. Spätestens wenn du krank wirst und Symptome entwickelst, solltest du deine Aufmerksamkeit gezielt lenken lernen, bis es dir wieder besser geht und du eine neue Denkweise und ein neues Handeln erlernt hast.

Wissenschaftlich ist es also längst bewiesen, dass unser Gehirn über Neuroplastizität verfügt. Deshalb vertiefen wir an dieser Stelle nicht Forschung oder Theorien zur Spiritualität, obwohl diese Themenbereiche Schnittpunkte haben.

Die Gehirnforschung und die Neurobiologie beweisen bildgebend im Gehirnscan, dass wir in der Lage sind, bewusst und gezielt bestimmte Gehirnareale ein- und auszuschalten. Das Gehirn lässt sich neu und zeitgemäß für unsere eigenen Absichten strukturieren. Bisher ungewohnte neuronale Verbindungen knüpfen und stärken wir nur durch den festen eigenen Willen und durch Übung.

Wir sind also in der Lage, über unsere Willenskraft unser Gehirn bzw. den körperchemischen Gefühlscocktail bewusst zu verändern. Oder anders gesagt: wir können bewusst alte neuronale Verknüpfungen im Gehirn lösen und alternative Muster, also neue Denkweisen, entwickeln. Das geschieht genauso, wie wir eine zusätzliche Sprache oder eine originelle Sportart erlernen. Durch bewusste Willenskraft, hilfreiches Denken, Handeln und Fühlen verändern wir unsere Wahrnehmungen und Überzeugungen im Außen – und das bis zum Lebensende.

Es ist eine Frage der absichtlichen, willentlichen Entscheidung, unseren Körper herzlicher und persönlicher wahrzunehmen, als wir es früher gelernt haben. Damit stellst du dich deiner Eigenverantwortung, die momentan eher selten gefragt ist. Gern verstecken wir uns wegen permanenter Überlastung hinter Teams, Chefs und Familie. „Da bin ich nicht zuständig", ist ein sehr häufig benutzter Satz. Hab etwas Geduld mit dir; tiefgreifende Veränderungen im Denken brauchen Zeit.

Reisen wir einmal ein Stück in die Vergangenheit. Gab es schon früher Epochen, in denen neue Gedankenmuster längere Zeit brauchten, bis sie sich im allgemeinen Bewusstsein verankert hatten? Ja – neue Ideen stießen fast zu jeder Zeit auf Widerstand. Unabhängige Denker wurden oft von der allgemeinen Masse und den Institutionen für ihre bahnbrechenden Erkenntnisse verfolgt, geächtet und bestraft. Die Geschichte ist voller solcher Fälle. Eins der prominentesten Beispiele ist die Zeit, in der Galileo Galilei aufgefordert wurde, seiner wissenschaftlichen Entdeckungen abzuschwören. Bei Wikipedia ist zu lesen: „Berühmt wurde er auch dadurch, dass die katholische Kirche ihn verurteilte, weil einige seiner Theorien der damaligen Weltsicht widersprachen; 1992 rehabilitierte sie ihn." Im Rückblick ist es immer leicht, den Kniefall vor Andersdenkenden zu machen, aber wie hätte Wikipedia zur Zeit Galileis ausgesehen? Die Korrekturschleifen wären wahrscheinlich heiß gelaufen und zum Schluss wäre die finale Version vom Papst abgesegnet worden, der herrschenden Klasse.

Literatur, die der damaligen Weltsicht widersprach, egal, ob geistlich oder nichtgeistlich, wurde in Untersuchungsverfahren auf ihre Legitimation überprüft, bei Nichtgefallen auf den Index gesetzt, zensiert und die Autoren und Wissenschaftler von ihrer Arbeit suspendiert. Galilei erhielt ein Schreiben, in dem er aufgerufen wurde, seine Erkenntnisse niemals als Tatsache darzustellen. Außerdem musste er mehrmals beim Papst vorsprechen, um die Erlaubnis einzuholen, sein Wissen drucken zu dürfen. Weil der Inhalt seines Werkes „Dialogo" der vorherrschenden Weltsicht nicht entsprach, wurde ein formales Verfahren gegen ihn eröffnet. Offiziell wurde er zu Kerkerhaft verurteilt, was milde war; es hätte auch die Todesstrafe sein können. Reisen und sein Lehrstuhl gehörten der Vergangenheit an.

Dieses Beispiel zeigt, wie schwer es ist, dass neue Gedanken von der trägen Masse der vorherrschenden Meinung und des gewohnten Weltbildes akzeptiert werden. Erkenntnisse, die autoritäre Strukturen destabilisieren, erfreuen sich selten großer Beliebtheit; und Einzelgänger mit Sondermeinungen hatten noch nie einen leichten Stand.

Nun sind wir in einer schnelllebigen Zeit und meine Hoffnung ist es, dass es uns nicht weiter so ergeht, sondern dass wir unseren Körper schneller verstehen lernen; also am besten jetzt sofort. Und dass wir die Erkenntnisse, die vielleicht unser Bild davon, wie Gedanken und Gesundheit zusammenhängen, schnell in unser neues Weltbild integrieren.

Wir wissen zusammenfassend, dass am Anfang der Gedanke, die Idee steht. Dadurch werden Bilder im Gehirn sichtbar. Dieser Vorgang wird Visualisierung genannt. Danach folgt die Materie, zu der auch unser Körper gehört.

Gedanken bewirken eine biochemische Veränderung im Gehirn. Das Gehirn wiederum setzt chemische Substanzen frei, welche entsprechende Signale im Körper auslösen. Durch diese Botenstoffe, also die Art der chemischen Zusammensetzung, und Signale, fühlt dein Körper, was du gerade denkst, und reagiert darauf.

Kleines – ungefährliches – Selbst-Experiment

- Denke an eine Zitrone. In deinem Mund fängt der Speichel zu fließen an.
- Denke an Hass. Deine Muskeln verkrampfen sich, dein Mund wird schmal.

- Denke an Freude. Du fühlst dich glücklich, locker und beschwingt.
- Denke an Verunsicherung. Du fühlst dich zittrig und ängstlich, der Boden schwankt.
- Denke an Schmerz. Du ziehst dich zusammen und kneifst die Augen zusammen.
- Denke an Mitgefühl. Du bist bereit für eine Umarmung.
- Denke an Dankbarkeit. Ein Glücksgefühl und Wärme durchströmen dich.
- Denke an Leichtigkeit. Du bekommst Lust, dich zu bewegen und zu tanzen.
- Denke an einen komplizierten Tag. Du fühlst dich hektisch und gestresst.
- Denke an eine schwierige Prüfung. Ein Grummeln im Bauch macht sich breit.
- Denke an das weiche Fell eines Hundes. Du fühlst Liebe und Zutrauen.
- Denke an die ersten Schritte deines Kindes. Freude und Stolz durchströmen dich, der Gedanke richtet dich auf.
- Denke an Müdigkeit. Du musst gähnen und schließt die Augen.
- Denke an Wut. Du bekommst Kopfweh und reibst dir die Schläfen.
- Denke an Selbstschutz. Du reibst dir den Daumen.
- Denke an deine Beziehung. Dein Ringfinger fängt an zu jucken.
- Denke einen unheimlichen, hochbrisanten Gedanken, der ein schlechtes Gewissen auslöst. Du musst niesen.
- Denke daran, dass du dich vor deinem Gesprächspartner schützen willst. Du schlägst die Beine übereinander und rutschst im Stuhl zurück.
- Denke an eine angespannte Gesprächsrunde. Du schließt den Mund fester zu.
- Denke an eine Situation, bei der du dir den Zeh angestoßen hast. Dein Zeh bewegt sich.
- Denke an Läuse. Dein Kopf fängt zu kribbeln an.
- Denke an eine eklige Situation. Es entsteht ein Kloß im Hals.

Es gibt unendlich viele dieser Reaktionsketten. Alles, was wir denken, hat einen Effekt auf unseren Körper. Entdecke deine Schöpfungskraft und dein Körper wird sofort reagieren. Probiere es einfach einmal aus, nimm dir 5 kleine Minuten Zeit und spüre die Veränderungen, die bei den verschiedenen Gedanken in deinem Körper ablaufen.

Wir können entweder unsere innere Struktur vergiften oder bewusst einen heilsamen lieblichen, wohlschmeckenden Cocktail erzeugen.

Unser freier Wille kann unsere Gedanken steuern. Wir müssen nicht im alten Gewohnheitsdenken hängen bleiben. Sogar unser Umfeld können wir dadurch verändern. Mit einer positiveren Körperchemie hast du außerdem eine andere Ausstrahlung. Diese neue Strahlkraft erzielt sofort eine Wirkung bei deinem Gegenüber, teils durch Ausstrahlung, teils aufgrund der Wahrnehmung durch die entsprechenden Spiegelneuronen.

Stell dir beispielsweise einen von dir geschätzten Schauspieler oder ein anderes Idol vor. Was hat dieser Mensch für dich für eine Ausstrahlung? Imitierst du diese Ausstrahlung, Mimik und Pose einmal bewusst, dann veränderst du bewusst und sofort deine Chemie und deine Körperhaltung.

Heutige Forschungen haben es bereits bewiesen: Durch mentales Üben bewirke ich Veränderungen im Gehirn. Dadurch lege ich auch Auswirkungen im Körper fest!

Dies ist ein metabolischer Vorgang, die einfache Wirkung von Stoffwechselvorgängen.

Durch die Plastizität des Gehirns und der Großhirnrinde kann ich bis ins hohe Alter mein Gehirn umformen und neu strukturieren. Unser bisheriger Gedankenansatz, dass ein Gehirn so ist, wie es ist, ist längst wissenschaftlich überwunden. Dies sollte jetzt auch in unseren Köpfen Eingang finden, es lohnt sich.

Wir wissen, dass sich durchaus durch die sogenannte Neurogenese neue Gehirnzellen bilden können. Neue Forschungen zeigen, dass ausgereifte Hirnzellen täglich entstehen und dass bei dem Dazulernen von neuen Fähigkeiten auch anatomische Veränderungen im Gehirn sichtbar sind.

Das allerdings benötigt Übung, denn Geist ist Gehirn bei der Arbeit. Genauso, wie wir unseren Körper mit Sport trainieren können, trainieren wir unser Gehirn, wenn wir lernen. Bei längerem Bewegungsmangel erschlafft die körperliche Muskulatur und bei Gedankengewohnheiten wird unser Hirn träge und notorisch.

Es sind die alten Glaubensmuster, die uns minderwertig beeinflussen. Beispielsweise ist längst bewiesen, dass nach einem sogenannten Schlaganfall auch gelähmte Glieder wieder zum Leben erweckt werden können, wenn man die Extremitäten durch ständige Wiederholung trainiert. Man muss sich vom alten Aberglauben, dass Schäden irreparabel sind, einfach konsequent verabschieden.

Den Körper auch über den eigenen Geist zu reparieren, ist eine Sache der Willenskraft.

Unser Gehirn steuert alle körperlichen Prozesse. Der menschliche Geist, also unser Hirn in Aktion, kann direkt von unserem Willen beeinflusst werden und somit auch unsere Körperlichkeit. Nutzen wir das große Potenzial, das in unseren Gedanken liegt – dann können wir unserem Körper aktiv die Chemie zur Verfügung stellen, die er braucht, um gesund zu werden und zu bleiben.

Mit „Vielleicht" wird vieles leichter

Wenn du auf der Suche nach der Ursache für eine Krankheit bist, lohnt es sich, Situationen und Beschwerden einmal aus verschiedenen und ungewohnten Blickwinkeln zu betrachten, also mehrere Viel-leichts in den Fokus zu nehmen. Dadurch kannst du etwas Schwere aus den Gegebenheiten herausnehmen und die Last leichter werden lassen.

Frage dich einmal, wozu die Krankheit dienen könnte. Lass einmal deine Fantasie spielen und näher dich intuitiv dem Krankheitsbild an.

WOZU brauchen zum Beispiel alte Menschen eine sogenannte Demenz und entwickeln sich damit zurück ins Kleinkindalter?

Vielleicht aus dem Wissen des Körpers heraus, dass sich das Gesamtsystem im Kleinkindalter nicht überfordert fühlte. Es kann auch sein, dass der Mensch nicht die Gelegenheit hatte, in der Vergangenheit einige Dinge in Ordnung zu bringen, die ihm noch auf dem Herzen lagen – das könnten unausgesprochen Fehler oder ein schlechtes Gewissen sein, das ihn quält. Das Vergessen lindert den Schmerz über Dinge in der Gegenwart oder Vergangenheit, die nicht mehr zu ändern sind.

Vielleicht entsteht manchmal auch Demenz aus dem Wissen des Körpers heraus, dass sich dieser Mensch in seiner Kinderzeit noch geliebt und geschützt fühlte. Er musste keine Entscheidungen treffen, konnte sich fallen lassen und musste sich nicht, wie jetzt im Alter, mit Geldproblemen herumschlagen. Er musste nicht den Partner pflegen. Im Kleinkindalter gab es für ihn keine Angst vor Tod und Siechtum. Vielleicht fühlen sich der Menschenkörper und die Seele überfordert mit dem bisherigen Leben, den Verlusten, den vermeintlichen Versäumnissen und lassen einfach alles vergessen.

Vielleicht kann der Mensch auch nicht sterben mit dem bewussten Wissen, dass der Partner ihn noch braucht. Das kann sogar dann geschehen, wenn der Partner ihn die ganzen Jahre nicht unterstützt hat und es somit gar keine Veranlassung gibt, den Partner zu beschützen.

Vielleicht möchte der Patient auch nicht mehr spüren und darüber nachdenken, dass seine Kinder einen völlig anderen Weg eingeschlagen haben, als er es sich wünschte. Vielleicht erkennt der alte Mensch seine Kinder deshalb nicht mehr, weil sie ihn nicht ausreichend in seinen Nöten und dem Kampf um das Überleben erkannt haben und er dieses Bedürfnis auch nicht ausdrücken konnte. Vielleicht ist dem Menschen peinlich, dass er seine Kinder nie wirklich erkannt hat.

Die Demenz könnte also vielleicht verschiedene Zwecke erfüllen, die sprachlich nicht artikuliert werden können. Wenn wir in Gedanken diese verschiedenen Möglichkeiten durchspielen, entwickeln wir eine Sensibilität für all die Themen, die zur Krankheit geführt haben könnten.

WOZU muss ein Mensch in der Psychiatrie behandelt werden?

Vielleicht, weil er seine Ängste nicht im Griff hat. Ängste, die noch vor langer Zeit, eventuell in der Kindheit oder Jugend, gespeichert, aber nie als solche wahrgenommen wurden. Dann endlich – in der sogenannten Krankheit – kann er seine Panikattacken ausleben und ansehen lassen. Dieses Thema ist so umfassend, dass dieses Beispiel als kleiner Gedankenimpuls stellvertretend für eine Vielzahl an Beschwerden stehen kann.

WOZU kann ein Patient seine Hand nicht mehr fühlen?

Vielleicht kann er seine Hand nicht mehr fühlen, wie es z. B. beim Karpaltunnelsyndrom beschrieben wird, weil er aus innerer Überzeugung eine Handlung nicht ausüben möchte. Gibt es in seinem Leben vielleicht Aufgaben, die ihm einfach zu viel sind? Kann oder mag er vielleicht seine Angehörigen nicht pflegen, sieht sich aber in der Verpflichtung?

Fühlt er sich vielleicht handlungsunfähig, weil er den Sohn als Drogenabhängigen sieht, dem er nicht helfen kann? Solche tief empfundenen Gefühle von Hilflosigkeit können eine Hand lahm und gefühllos werden lassen. Vielleicht ist das fehlende Fingerspitzengefühl die Folge eines ewig schlechten Gewissens und der dauernden Frage: „Was habe ich nur falsch gemacht? Ich bin so machtlos und ich kann das nicht mehr aushalten." Vielleicht ist die Hand betroffen, weil dieser Mensch die Statistiken für die Firma nicht mehr schönen mag. Oder weil er bislang dem Chef dauernd Arbeiten abgenommen hat, die dieser dann als eigene Werke ausgab. Die Unbeweglichkeit der Hand bietet hier einen Ausweg, sie verweigert einfach ihren Dienst.

Wozu schmerzen die Knie eines Menschen?

Vielleicht schmerzen die Knie, weil ein Mensch den jetzigen Weg nicht mehr gehen möchte. Das Knie ist immer zuerst da, wenn wir laufen. Beobachte einmal, wie du läufst: Das Knie ist vor dir am Ort, es betritt zusammen mit dem Bein den neuen Raum als erstes Körperteil.

Zum Bewältigen von Konflikten im jetzigen Leben benötigt der Körper verschiedene Hilfsstrategien und er sendet deutliche Signale, wenn wir nicht hinsehen wollen. Wenn du nicht an dir arbeitest, wird an dir gearbeitet, und das nennt man Schicksal. So geschieht dann eine Meniskusverletzung, eine Arthrose oder Bandverletzung. Jedenfalls eine Verletzung, die dich zum langsameren Gehen oder Anhalten zwingt.

Stell dir vor, ich wäre dein Knie und hätte ein Eigenleben. Was macht man denn als Knie, wenn ich immer zuerst am Ziel bin und mein Besitzer will unbewusst da gar nicht hin? Als Knie im Gesamtsystem steht mir der Schmerz zur Verfügung. Also steche ich erst mal schnell zu. Trotzdem hört mir mein Mensch nicht zu. Also werde ich mir den Knorpel reiben, weil mein ganzes Gelenk unter Spannung steht. Die Muskulatur darum herum verspannt sich, ich möchte mich eigentlich steif machen, nicht beugen und strecken.

Das ist dann zunächst ein Lösungsversuch, damit mein Besitzer nicht weitergehen muss. Aber er begreift immer noch nicht, wie wir leiden und dass ich als Knie den Weg ausbaden muss. Wenn das auf Dauer so weitergeht, reibt sich der Knorpel an den Gelenkflächen ab, denn es fehlt der Platz im Gelenkspalt. Damit fehlt gleichzeitig die Schmiere, also die Gelenkflüssigkeit, wie bei einem Scharnier, das zu eng montiert ist und dazu kein Öl bekommt. Jetzt kommt der Arzt ins Spiel. Er diagnostiziert dann Arthrose. Darunter leiden viele Menschen, die Krankheit ist schon zum Volkssport mutiert. Der Arzt sagt, die Ursache wäre unbekannt. Schwupp, habe ich keinen Grund mehr, selbst die Ursache zu erforschen. Aber jetzt haben die Knieschmerzen einen Namen, Arthrose. Damit ist das Problem vermeintlich gelöst, und mein Mensch kann in aller Ruhe die Krankheit genießen.

Schmerzen in Rücken und Daumen sind ebenfalls beliebte Be-Schwer-den. Jeder kennt diese Volkswehwehchen, da kann auch der Nachbar und Kollege mitsprechen. Weil alle diese Probleme kennen, erfährt man Verständnis und Mitgefühl.

Derartige „Funktionsstörungen" sind eben nicht recht behandelbar. Bis dann schließlich ein findiger Chirurg das Knie austauscht. Schwupp, Ersatzteil rein, und schon geht es zunächst besser.

Bis vor ungefähr 10 Jahren wurde diese Operation zum Austausch von Gelenken noch klar benannt. Man sprach von Hüft- oder Knieprothese. Heutzutage heißt es salopp: „Mein neues Knie- oder meine neue Hüfte – ist da." Hier wird besonders deutlich, wie wir bereits zu denken gelernt haben. Ersatzteile sind „in", ohne dass je verstanden wurde, was der Körper mit den Symptomen eigentlich sagt.

Die Ursache wird nicht beleuchtet. Dazu besteht ja auch keine Notwendigkeit. Es gibt ein neues Knie und fertig. Natürlich geht es jetzt ein bissel langsamer, damit das Knie ein wenig geschont wird. Den eingeschlagenen Weg kann ich erst einmal in Ruhe unterbrechen. Und überhaupt, vielleicht geht vieles nun auch gar nicht mehr, habe ja schließlich ein neues Knie.

Mein Knie, das für mich in die Bresche gesprungen ist, hat mein Ziel erreicht. Ich gehe einen anderen Weg, muss nicht mehr auf die Arbeit oder dem Freund zuliebe irgendwelche Berge hochkraxeln. Ich muss nicht mehr schwere Lasten tragen, das macht jetzt jemand anders für mich, wenn ich Glück habe. Denn jetzt kann ich immer auf mein kaputtes Knie verweisen. Das eine oder andere brauche ich nicht mehr zu machen, manche Gänge nicht laufen. Ich muss gar nicht sagen, dass ich das sowieso nicht wollte, denn jetzt spricht mein Knie alles für mich aus. Ich muss auch erst einmal nicht mehr Auto fahren, nicht einkaufen. Und obendrein habe ich sogar anfangs noch Krücken, damit ich wirklich handlungsunfähig bin.

Und dann sprechen wir von Krankheit? Mein Körper hat mir einen riesigen Gefallen getan. Er hat mir den Weg geebnet und mir die Möglichkeit gegeben, nicht mehr ungewollte Wege zu gehen.

Brauchst du heute Trost?

Wir alle sehnen uns manchmal nach Trost und nach einer großen Portion Liebe, die uns ohne Wenn und Aber genauso akzeptiert, wie wir sind. Sogar, wenn wir mal so richtig mies gelaunt sind und alle, die uns zu nahekommen, mit einem: „Lass mich in Ruhe", anfauchen, würden wir wahrscheinlich am liebsten eigentlich in den Arm genommen werden. Wenn dann der Partner wirklich aus dem Zimmer geht und mich in Ruhe lässt, ist das schmerzhaft – denn eigentlich wollen wir in starken Armen ruhen und kuscheln. Die Sehnsucht nach Geborgenheit und Trost ist für uns Menschlein einfach da. „Liebe mich am meisten, wenn ich es am wenigsten verdiene, denn dann brauche ich es am dringendsten", las ich auf einem Sprüchekalender. Es ist so wahr.

Wir brauchen auch als erwachsene Menschen so dringend Liebe und Geborgenheit. Der Wunsch nach Sicherheit ist nach der Kindheit nicht vorbei. Wir sind Rudeltiere, keine Einzelgänger. Wir brauchen gegenseitige Anerkennung und Liebe. Natürlich sollte ich mich selbst lieben, doch das genügt nicht – wir benötigen zusätzlich für ein Gefühl der Geborgenheit die Wärme und Fürsorglichkeit eines anderen Menschen.

Wenn wir uns an Kindertage erinnern, fällt uns auf, dass wir beim Kranksein oft die meiste Zuwendung bekamen. Dann kochte Mutter Tee, machte vielleicht Wadenwickel und las aus einem Buch vor. Sie war nur für den kleinen Patienten da.

Diese Erinnerung ist wohltuend. Gern möchten wir dieses Wohlgefühl in unser heutiges Leben mit herüberziehen. Jetzt ist allerdings für mich, den Erwachsenen, meine eigene Familie gefragt.

Werde ich krank, um Zuwendung zu bekommen? Das könnte ein Problem werden, denn mein Partner fühlt nun einmal keine Mutterliebe mir gegenüber. Mein Partner ist vielleicht ebenso gestresst wie ich und bedauert eher, dass jetzt der Alltag nicht wie gewohnt weiterläuft. Wenn ich dann noch nörglig bin, bekomme ich Vorwürfe, weil mein Partner eben nicht Mutter sein möchte.

Jede Mutter hat ganz bestimmte Rituale und Rezepte, die im Kindesalter als „Sprache der Liebe" gespeichert werden.

Mein Partner hat eine andere Sprache der Liebe verinnerlicht als ich und kann auch nur seine Sprache der Liebe weitergeben. So kommt es manchmal zu Missverständnissen. Wenn meine Mutter als Zeichen der Liebe meine Lieblingsspeise kochte und mein Partner zum Zeichen der Liebe ein Geschenk bekam, sind die Erwartungen einfach verschieden. Das heißt, ich erwarte Brei, aber mein Partner bringt einen Gegenstand als Geschenk. Lieb gemeint, aber eben nicht meinen Erwartungen entsprechend.

In solchen Momenten ist es wichtig, sich gegenseitig die eigene Sprache der Liebe zu erklären. Wenn ich Trost und Geborgenheit benötige, sollte ich dafür sorgen, dass ich in meinen ureigenen Wünschen und meiner Sehnsucht gesehen werden kann.

Manchmal braucht es Mut, auszusprechen, was ich jetzt gerade wirklich brauche. Aber ein anderer Mensch kann das oft nicht ahnen. Weil wir aber gelernt hatten, dass ein eigener Wunsch schnell Egoismus genannt wird, haben wir oft vorauseilende Schuldgefühle und getrauen uns nicht, unsere wahrhaftigen Bedürfnisse auszusprechen. Manchmal werden wir dann krank, ohne zu wissen, wofür wir das Symptom brauchen. Trösten dann vielleicht der Arzt oder die Krankenschwester? Bekommen wir jetzt die Zuwendung, die wir schon ohne Krankheit gebraucht hätten?

Jesus riet seinen Zuhörern: „Werdet WIE die Kinder …"

Eben nicht: „Verwandelt euch in Kleinkinder und werdet WIEDER Kinder."

Das Leben und Handeln im absoluten Jetzt, unser eigenes Staunen, mächtige Neugier auf Neues und das Akzeptieren von eigenen Wünschen ist ausschlaggebend für ein gesundes Leben. Dann habe ich auch den benötigten Mut und die Lust, meinen derzeitigen Wunsch nach Trost und Geborgenheit auszusprechen und darum zu bitten. Dann ist auch Trostlosigkeit ein vorübergehender Zustand.

Kinder sind sehr traurig, wenn sie zu wenig oder keine Liebe bekommen. Ihr fundamentaler Wunsch ist der Wunsch nach Liebe. Erst die künstlich produzierten Wünsche von Erwachsenen, also die Auslagen in Geschäften, die Werbezeitschriften, das Hab und Gut der anderen Spielgefährten beflügeln das Kind, auch materielle Wünsche in den Vordergrund zu stellen. Diese Wünsche kommen nicht aus dem Kind selbst heraus.

Unsere schnelllebige und technologische Zeit mit ihren Werbefachmännern einerseits und unserem Zeitmangel andererseits sind die Verursacher für dieses Begehren. Gezielt und geschickt werden unsere evolutionär bestehenden Bedürfnisse ausgenutzt und manipuliert. Aber dieses Urbedürfnis nach Geborgenheit, Vertrauen, Zugehörigkeit und Trost ist immer noch in uns. Unser Körper schreit nach Liebe und gestaltet uns einen Grund, Trost zu erhalten, wenn wir sprachlich nicht dazu in der Lage sind.

Vertrauen wir dem Sprachgebrauch unseres Körpers, müssen wir nicht Angst vor einer Krankheit bekommen, sondern dürfen uns das derzeitige Thema aus Sicht eines Rudelmitgliedes betrachten. Unser Körper zeigt uns mit der genauesten Lokalisation seiner Symptome den wirklichen Grund für die von uns betrachtete Krankheit. Vertrauen wir wieder unserem altbekannten Freund, dem Körper, erfahren wir unser derzeitiges Problem. Wir dürfen es äußern und lernen, was genau wir in unserer eigenen Familie für schutzbringend empfinden.

Wo fühle ich mich unterversorgt, nicht gehalten und getragen? Was hilft mir jetzt und in den nächsten Monaten, wieder auf meine Schiene zu kommen? Wo ganz speziell brauche ich Halt, Gemeinsamkeit, Begleitung? Wo liegt im Moment meine

Trostlosigkeit? Wo brauche ich mitfühlende Worte, gutes Zureden und Zuspruch, also Beistand?

WIE die Kinder zu werden, bedeutet, wieder Zugang zu unseren ursprünglichsten Bedürfnissen zu erlangen und auf sie zu hören. Kinder brauchen Liebe.

Wenn wir uns immer wieder Partner an Land ziehen, die uns nicht wirklich lieben können, ist das oft eine Wiederholung der kindlichen Eingebung, die wir fest verinnerlicht haben. Dieser kleine verletzte Teil in uns ist wie eine Laufbahn, eine innere Führung, und bittet irgendwann um Auflösung.

Konnten mich meine Eltern – aus welchen Gründen auch immer – mit meinem eigenen Charakter nicht gernhaben, bleibt ein ewiges Gefühl der Leere und Verzweiflung in mir hängen. Egal, was unsere Eltern für Gründe hatten, die Lücke im Geliebtsein bleibt offen.

Ein Kind spürt sehr genau, wenn es nicht wirklich geliebt wird.

Manchmal versuchen Kinder, über aggressives Verhalten ihre Zuwendung zu erhalten. So werden sie wenigstens gesehen. Negative Zuwendung heißt das. Manchmal versuchen Kinder über Krankheiten ihre Beachtung zu bekommen. Natürlich zieht sich dieses Bedürfnis nach uneingeschränkter Liebe bis in das Erwachsensein weiter.

Die Eltern aber fühlten sich vielleicht vom Kind eingeengt, das vorherige Leben ohne Kind hatte große Vorteile. Nun müssen sich Eltern auf einmal einer Verantwortung stellen, können abends nicht mehr ausgehen, die Ehe geht den Bach herunter. Über Schimpfen und Regulieren versuchen sie, das Kind in Schach zu halten, damit einigermaßen Ruhe ist.

Im Kind speichert sich von nun an ein, dass es gar nicht liebenswert ist, dass es stört und nicht wertvoll genug ist, um wirklich geliebt zu werden. Du stehst als Kind da und denkst: ‚Bitte hab mich lieb, ich bin doch deine Tochter oder dein Sohn. So geht man doch nicht mit einem Kind um! Du hast mich doch bestimmt gewollt und hast mich doch sicherlich lieb.‘

Wenn so eine Situation besteht, landen wir als Kind schon im Schock der Enttäuschung.

Weil dieses Gefühl im Körper fest installiert ist, sucht sich das gewesene Kind unbewusst später dann Ehepartner, die ähnlich mit der Liebe umgehen, meist mit narzisstischen Zügen. Auch diese Partner haben ihre Geschichte im Verlust des Selbstvertrauens und der Eigenliebe.

Haben nicht gespürt und gelernt, wie sich innige Liebe anfühlt, genauso wie es die Eltern nicht erfahren haben. Nach dem Schlüssel-Schloss-Prinzip finden sich dann zwei solche ungeliebten Menschen, verlieben sich zunächst. Sie nehmen sich vor, dass sie dieses Mal alles besser machen wollen. Im Alltag kommen dann oft die alten Familienstrukturen zum Vorschein. Der Partner kann einfach nicht wirklich lieben, er hat seine Verluste kompensiert, indem er nur noch sich selbst lieben kann und gar nicht spürt, dass sein Partner auch Gefühle hat.

Er fühlt es wirklich nicht, ist abgekapselt vom Empfinden, dass andere Menschen leiden können. Der verletzte Partner ruft und schreit um Hilfe und bittet und bettelt, doch noch gesehen zu werden. Zum Schluss ist es wie in der Kindheit. Der geliebte Partner fühlt sich von dir eingeengt und findet dich auch nicht wertvoll und liebenswert.

Wieder denken wir: ‚He, *du hast mich doch gewollt und mich geheiratet, hast versprochen, dass wir zusammenhalten und durch dick und dünn gehen.*‘ Aber der Partner nimmt dich wieder nicht wahr, sieht nur sich und seine Gefühle und seine Vorteile oder auch seine vermeintlichen Einschränkungen. Der Partner ist eiskalt und sagt dir mitten ins Gesicht, dass du nicht gut genug bist, dass eine andere besser ist, dass er sich alles anders vorgestellt hat und sich nicht geliebt fühlt. Hier wiederholt der Partner deine Kindheitsgeschichte. Deine kindliche Naivität wird erneut und wiederholt zertrampelt.

Du wiederholst seine und deine Geschichte. Diesen Schock dann ein zweites Mal zu ertragen, ist sehr schwer. Du brauchst wirklich all deine Kräfte, um aus dieser erneuten schweren Verletzung einigermaßen herauszukommen. Hier treffen alte Wunden auf neue Wunden. Meist reagiert dein Körper mit massiven Symptomen auf den doppelten Schmerz, der fast unerträglich ist. Die Verlassenheit kann dazu führen, dass man völlig erstarrt wird, weil das Kind in dir immer noch nach Liebe und Anerkennung schreit.

In dieser Phase solltest du dir zusätzliche begleitende Hilfe holen. Eine Therapie, die zu dir passt. Oft hilft eine Körpertherapie. Allein warst du schon als Kind, jetzt bist du alt genug, gezielte Hilfe von außen zu beanspruchen.

Auch im Erwachsenenalter können sich so früh erlernte Strategien wiederholen. Ich werde krank, um Zuwendung zu bekommen. Wenn schon nicht vom Partner, dann wenigstens vom Arzt. Da bekomme ich Gehör und werde wenigstens im körperlichen Schmerz verstanden.

Ich gebe zu, es ist keine leichte Übung, sich das Gefühl von Wertlosigkeit einzugestehen und ein neues Gefühl der Anerkennung in sich selbst zu installieren. Ein Weg ist die Arbeit über körperliche Therapie, die bereits in der Pränatalphase ansetzt. Wichtige Voraussetzung für jede Art von neuem Lernen der Liebe zu mir selbst ist jedoch zunächst, deine riesig große Lücke im kindlichen Leben zu erkennen und schlicht zu akzeptieren. Dabei geht es weder um Schuldzuweisung an die Eltern noch um das geliebte Opferdasein, sondern um radikale Akzeptanz durch Erkennen und einfach ehrliches Zugeben.

Die Einsicht, dass ich als Kind für meine Eltern nicht wertvoll war, ist sehr schmerzhaft. Doch da müssen wir durch. Nach der Akzeptanz kommt der Aufbau neuer Ideologien und Einsichten und neuer Erwartungshaltungen, denn jetzt weißt du, dass das Damals vorbei ist und du nun ganz neu über dich denken darfst. Also visualisiere alle möglichen Situationen, in denen du wertgeschätzt und geliebt wurdest. Vielleicht von Freundinnen, Kollegen oder den eigenen Kindern. Nun gilt es, sich selbst anzuerkennen, dass es auch unendlich viele liebenswerte Teile in mir gibt.

Hierbei hilft die schöne „Marmeladenglas-Methode":

Immer wenn du ein Kompliment bekommst – und das passiert häufiger, als du denkst –, schreibst du den Wortlaut, das Datum und den Namen des Menschen, der dich lobte, auf einen kleinen Zettel. Das kann ein Freund, ein Nachbar oder ein Kollege sein, eigentlich jeder Mensch, der etwas Nettes zu dir sagt. Diesen Zettel steckst du dann in dein ausgewaschenes Marmeladeglas. Schreibe auch die kleinen Dankbarkeiten von anderen Menschen dir gegenüber auf. Alles Gute, was dir getan wurde und wo du dich geliebt gefühlt hast.

Wenn du dann einmal traurig bist, nimmst du dein Glas zur Hand und liest dir alle deine Zettel durch. Du wirst staunen! Das ist ein wirksamer Trost und du fühlst dich gleich viel besser.

Für meine Seminare kaufte ich einen ein Meter großen, dicken Teddy. Knuddelig-weich mit einem großen Herzen mit der Aufschrift: I love you. Und wenn ich mich zeitweise einsam, überfordert und hilflos fühle, nehme ich den Teddy in die Arme. Diese Umarmung ist sehr tröstlich, ähnlich, wie ein Tier zu streicheln. Im biologischen Zusammenhang werden dabei auch tatsächlich Glückshormone ausgeschüttet, das ist wissenschaftlich bewiesen. Okay, zu Anfang kam ich mir sehr komisch dabei vor und war froh, dass mein Geheimnis keiner mitbekommt. Inzwischen hoffe ich, dass es dir, lieber Leser, Mut macht, Dinge auszuprobieren, die dir einfach guttun. Sieht ja keiner; und wenn du nach solch einer Aktion wieder ein Lächeln im Gesicht trägst, ist das einfach wunderbar.

Eine andere Möglichkeit ist, sich selbst zu umarmen. Stell dir vor, wie du als neugeborenes Baby ausgesehen haben musst. Klein, zerbrechlich, faltig. Nimm dieses kleine Wesen fest an dein Herz und tröste dieses kleine Wesen mit dem Versprechen, das Baby für immer zu schützen und zu lieben. Sei stolz und liebevoll mit diesem Baby. Dazu kannst du stellvertretend wieder ein kleines Plüschtier zur Hand, also ans Herz, nehmen oder einfach nur beide Hände fest an dein Herz drücken.

Na ja, wie bei allen Methoden besteht der Trick darin, dass du es auch wirklich machst, jetzt sofort, ab heute.

Die Kunst des Lauschens

Wer die Kunst des Lauschens beherrscht, kann mehr als zuhören. Gehorchen ist damit nicht gemeint, sondern einfühlsames Hinhören. Manchmal sind wir eher daran gewohnt, Folge zu leisten und auf Anweisung zu parieren. Oder wir ge-horchen unseren oder fremden Glaubenssätzen, sogenannten „Ansagen", die gar nichts mit uns zu tun haben.

Zufällig etwas hören ist etwas anderes als aufmerksam LAUSCHEN. Das Lauschen gehört in die Rubrik Kunst.

Stellen wir uns eine Kindergartengruppe vor. Es wimmelt und agiert. Manche Kinder hängen ständig an der Kindergärtnerin, andere sind besonders begabt im Basteln, andere singen sehr schön, wieder andere sind schon fast knigge-reif oder aber ungalant beim Essen. Es gibt Kinder, die sind immer in Bewegung, kneifen auch mal andere, und die Kindergärtnerin hat diese oft im Blick, damit nichts passiert.

Nur ein Kind sitzt still am Rand und schaut zu. Es fällt nie auf, geht immer artig mit den anderen spazieren, bleibt in der Gruppe, im Sandkasten spielt es leise, macht anderen Jungen und Mädchen die Burg nicht platt, hockt aber meist im Eck und spricht nichts. Es kann sprechen, dieses Kind, aber es spricht nie. So kommt es, dass dieser Hosenmatz oft schlicht vergessen wird, er drängt sich nie in den Vordergrund.

Eines Tages kommt ein Besucher in die Kindergartengruppe. Er setzt sich neben das Kind, sagt nichts. Nach einer Weile stellt er sich kurz vor: „Ich bin ...", und er hat zufällig den gleichen Namen wie das Kind.

Es passiert nichts. Beide schauen den anderen Sprösslingen nur zu, wie sie spielen, basteln, hin- und herrennen, essen, sich zanken, singen, fröhlich oder traurig sind, an der Kindergärtnerin hängen, Zuwendung oder Schimpfe bekommen. Sie sitzen beide schweigend da und sehen zu. Lange. Beide haben das Gefühl, nichts sprechen zu müssen, alles ist gut, sie sitzen und schauen und lauschen.

Der Besucher fragt auch nicht, wie denn das Kind nun heißt oder was es gern mag oder welches Lieblingsspielzeug es heute mitgebracht hat oder wo es wohnt, nichts. Beide schauen und sind zufrieden.

Nach langer Zeit und eben im für das Kind richtigen Moment fängt das Kind auf einmal zu sprechen an. Langsam, in aller Ruhe. Es erzählt, wie es heißt und was es gern isst und dass heute ein besonderer Tag ist, weil heute Morgen der Teddy unbedingt mit in den Kindergarten wollte. Und es erzählt vom Traum heute Nacht, es schwebte und flog durch die Welt. Auch wird geschildert, dass es gern Fahrrad fährt, die Zahnspange aber kneift und total ungemütlich ist, und es erzählt, dass es gern reiten möchte, am liebsten auf einem Einhorn, weil es dann auch gleichzeitig fliegen kann. Und es erzählt, dass es lieber Nudeln statt Reis isst und es erzählt, dass die Mami und der Papa die Besten sind und der Bruder auch. Und erwähnt, dass im Wald das Moos so schön weich ist und die Bäume so gut riechen, und dass im See das Wasser so herrlich den Körper umschwingt und man obenauf liegen kann, wenn man sich steif genug macht. Das Kind spricht alles aus, was ihm im Moment so wichtig ist.

Der Besucher hört aufmerksam zu, unterbricht nicht, kommentiert nichts, bewertet nichts. Er verzichtet auch auf Gesichtsgesten, die auf Zustimmung schließen lassen würden.

Er hört nur aufmerksam zu, still, zugewandt, offen für das Kind.

Dann schweigen beide wieder, sehen dem Gewimmel in der Gruppe zu, einfach so.

Dem Kind geht es so gut, einfach gut, einer hat zugehört, mehr nicht, kein Urteil, kein Lob, kein „Aber" – das Lauschen des anderen ist wunderbringend wohltuend.

Die Kunst des Lauschens beinhaltet keine Technik, keine besonderen Seminare, und es bedarf keiner Methode und Bejahung. Die Kunst des Lauschens besteht im SEIN.

Haben wir schon einmal einen Maler gesehen, der vertieft ein Bild malt und nebenbei mit einem Kollegen über seine Techniken spricht? Bestimmt nicht. Wer konzentriert schafft, kann nicht gleichzeitig kommunizieren. Sehen wir einen Komponisten, der sich neben dem Arrangieren mit einem Orchestermitglied über die Töne unterhält? Nein. Die Kunst besteht im Lauschen und Zuhören: Der Künstler muss bei sich bleiben, ohne Urteil, ohne Teilung der Aufmerksamkeit, da sein, präsent.

Jetzt gehen wir in unserer Vorstellung einmal dazu über, dieses Kind, das am Rand der Gruppe sitzt, mit unserem Körper zu vergleichen.

Unser Körper macht alles artig mit, was in der Gruppe angeboten wird, ist manierlich, funktioniert, lacht und singt, spielt mit, hört zu, riecht, schmeckt, ist zufrieden oder auch missvergnügt.

Aber unser Körper und unsere Seele im Sinne vom inneren Sein haben auch geheime Wünsche, Nöte, Besonderheiten, Vorlieben, Beanstandungen, Sinnesänderungen, Ungültigkeitserklärungen.

Aber keiner hört ihnen geduldig zu, lauscht. Ohne Bejahung, ohne Urteil, ohne Schmunzeln oder Einteilung. Wir hören unserem Körper zu oft nicht zu, und so erlauschen wir nicht, was zu lauschen ist.

Somit wird er ruhig, viel wird vergessen, vergraben, der Körper funktioniert, bis er nicht mehr kann. Er zieht sich zurück in die Tiefen des Unbewussten. Der Alltag gewinnt die Oberhand. Aber unser Körper liebt uns und möchte so gern in eine Aussprache gehen. Darum unternimmt er jetzt doch etwas.

Weil wir nicht lauschen, macht er es anders als das Kind in unserem Beispiel: Er wird etwas lauter und macht mit Symptomen auf sich aufmerksam. Huch, dann hören wir zu. Leider nicht ganz urteilsfrei, denn jetzt ist ja etwas nicht am Laufen, aber wenigstens setzen wir uns kurz hin und hören zu, wenn auch nur gezwungenermaßen. Seien es nun Schmerzen, Sodbrennen, Knochenbrüche, Stoffwechselerkrankungen – unser Körper hat eine sehr einfache und deutliche Sprache. Fast so wie ein Kind, das direkt sagt, was es denkt. Wenn wir lauschen, verstehen wir sehr wohl, was uns da gerade verletzt oder uns so sehr belastet, dass wir zum Halten kommen müssen.

Der Spruch: „Mir fehlt etwas; ich glaube, ich muss mal zum Arzt", lässt sich dann in einem neuen Blickwinkel betrachten. Zunächst ist es doch sinnvoll, zu lauschen, zu prüfen und zu forschen, was mir im Leben, in meiner jetzigen Situation, Lebensweise, Partnerschaft, Familie oder Berufsleben wirklich fehlt. Was übersehe ich (Augenleiden), wo versumpfe ich (dann wird Blutverdünner verordnet), wo fühle ich mich überflüssig (Durchfall)? Dazu gibt es glücklicherweise inzwischen ausreichend brillante Bücher wie „Krankheit als Weg" von Rüdiger Dahlke und andere. Mit deren Hilfe können wir die Sprache unseres Körpers übersetzen, verstehen und auf seine Bedürfnisse eingehen.

Vorab dürfen wir innehalten und zuhören, damit unser Körper im richtigen Moment die Gelegenheit erhält, sich mit uns in Verbindung zu setzen, damit er sich einfach alles das, was gerade wichtig ist, von der Seele reden kann. Und wir können uns ganz ehrlich selbst begegnen und fragen: Wozu brauche ich gerade jetzt eine körperliche Veränderung? Wozu bin ich krank?

Telefonat mit dem Körper

Wie oft denken wir: ‚*Ich werde nicht verstanden. Egal, wie ich argumentiere, alles bleibt ungehört, wird nicht wahrgenommen, wird ignoriert, manchmal belächelt.*‘ Diese Gefühle der Hoffnungslosigkeit, des Un-Mutes, der Ent-Täuschung bleiben im Körper hängen und lassen sich nicht einfach an der Garderobe abgeben, wie die Redensart verdeutlicht.

Versuchen wir doch einen neuen Weg, indem wir unsere Gefühle, Hoffnungen, Symptome und Schmerzen einmal als schöne Achtsamkeitsübung und neue Körperwahrnehmung ansehen. Wie bitte, als schön? Ja, richtig gelesen! Was ist denn, wenn wir unsere Schmerzen mit völlig neuen Augen betrachten, nur mal so, zum Probieren.

Du denkst vielleicht: ‚*Huch, ist Carola verrückt?*‘

Ja, ich möchte dich verrücken, einmal auf die andere Seite stellen, auf die Seite deines Freundes, des Körpers. Der Körper zeigt dir liebevoll – auch wenn dir das bisher anders beigebracht wurde – deine Kraft zum Verrücken deiner eigenen Blickrichtung.

Ein Telefonat mit einem guten Freund oder Familienmitglied beginnt meist mit der Frage nach dem Befinden. „Wie geht's dir? Was machst du so?“ Dann hören wir zu und beantworten die Fragen des Freundes erst, wenn wir sein Anliegen verstanden haben. Wenn der Freund nun Sorgen hat, spricht er sich aus, erzählt; du fragst nach, er beschreibt und geht ins Detail. Wenn du etwas nicht verstehst, fragst du wieder nach, fragst nach den Beteiligten an seiner Sorge und den Umständen. Alles völlig normal und gewohnt.

Nun ruft aber dein Freund, der Körper, an und du meckerst in das Telefon, wie dumm er ist, was er alles falsch macht. Du fragst nicht nach, du hörst nicht zu, denn schließlich hast du gelernt, dass dein Körper gar nicht telefonieren kann. Doch der Körper möchte dir dringend etwas mitteilen. Hör zu!

Nehmen wir uns das Beispiel Rückenschmerz.

Stell dir vor, du erwachst am Morgen und hast Rückenschmerzen. Was war bisher dein erster Gedanke? *,Oh nein, nicht schon wieder, ich kann und mag nicht aufstehen, ich hatte doch für heute ein umfangreiches Programm, ich muss zur Arbeit, die Kinder versorgen und so weiter. So ein Mist, dieser blöde Rücken!'*

Und jetzt verrücken wir den Gedanken, die Stellungnahme und die Seite des Betrachters.

,Oh, ich habe Rückenschmerzen? Warum das denn? Das ist aber interessant, was möchte mir denn mein Körper sagen? Mein Körper möchte also mit mir sprechen, er ruft sozusagen an, möchte mit mir telefonieren, ist in Not, braucht meine Hilfe.' „Wo genau tust denn weh?", würde ich nun fragen. „Oh, in der Lendenwirbelsäule, ach so. Danke für die Info, lieber Körper."

Wozu benötige ich denn diesen Teil des Rückens? Ach stimmt, da geht es um die Aufrichtung. Ohne diesen Rückenbereich funktioniert die menschliche, aufrechte Körperhaltung nicht. Wenn ich Schmerzen habe, lege ich automatisch und instinktiv die Hand darauf und krümme mich, um Entlastung zu erreichen. Ich ziehe also unbewusst beim Krümmen die Handbremse. Wenn ich jetzt noch so mutig und verrückt bin, zu erwähnen, dass ich da offenbar *gehalten werden* möchte, hier speziell in der Aufrichtung und Aufrichtigkeit in meinem jetzigen Leben und mich doch am liebsten krümmen möchte, kann ich jetzt ganz neugierig, interessiert und freundschaftlich meinem Rücken ein Angebot unterbreiten. Genauso, wie ich es tun würde, wenn mein Kind oder ein Freund meine Hilfe benötigt. Wenn mich ein Kollege oder Freund um Hilfe bittet, kommt es doch darauf an, wie gut ich ihn leiden kann. Huch, welches Wort habe ich da benutzt? Leiden? Also: wie gut ich mich mit ihm verstehe, wie er mir entgegenkommt, wenn ich einmal Hilfe benötige.

Also sehen wir unseren Rücken einmal als Kollegen! Was tut er für mich? Diese Liste ist so lang, dass damit ganze Buchbände gefüllt werden könnten.

Nun, mein Rücken richtet mich seit sagen wir 52 Jahren auf und geht mit mir durch dick und dünn. Er lässt mich tragen und halten, von oben schauen, denn aufrecht habe ich eine andere Perspektive als im Vierfüßlergang. Meine Kinder kann ich auf den Schultern tragen, meine Kleider ziehe ich aufrecht an. Meinen Einkauf kann ich in den Rucksack stecken. Mein Rücken schützt mich, lässt mich biegsam sein, tanzen, mich drehen, wandern und wenn ich mich durchsetzen muss, zeige ich Rückgrat.

Und dann sage ich: „Blöder Rücken", wenn er meine Hilfe braucht?

Besser ist es, ich beschimpfe meinen armen Rücken nicht, sondern biete ihm an: „Okay, Deal: Du bräuchtest Unterstützung in der Aufrichtung, ich nehme mir also zunächst einen Nierengurt oder eine Rückenbandage, somit hast du heute Halt und zunächst einmal eine äußerliche Stütze.

Dann sehe ich genau hin, in welchen Bereichen meines Lebens ich derzeit Hilfe in der Aufrichtung, Trost und Unterstützung benötige." Wo bin ich aus den verschiedensten Gründen gerade gebeugt, obwohl ich mich gern aufbäumen möchte? Wo muss ich mich klein halten, obwohl ich dabei schreien könnte vor Verzweiflung, wo werde ich niedergedrückt, muss es mir auch noch ge-fallen lassen und möchte doch am liebsten stattdessen schlagen, treten, beißen?

Und wie in aller Welt komme ich aus dieser Nummer heraus, wer könnte mir helfen, was muss ich ändern, damit mein Innerstes aufhören kann zu rebellieren? Der Rücken ist unschuldig, mein Umfeld lastet schwer auf mir, und das macht Be-schwerden.

Wo brauche ich mehr Halt, Bei-Stand, Rücken-Deckung, Erleichterung und Unterstützung? Und bitte, mit Tabletten bekommen wir keine Unterstützung, auch nicht allein durch Gymnastik. Beides hilft ohne Zweifel, aber letztlich ist es wertvoll und fair gegenüber meinem Freund, wenn ich wirklich hinsehe, was da nicht stimmt, wo das Grundproblem sitzt.

Sieh doch einmal zum Üben für das Übersetzen der Sprache des Körpers beim nächsten Treffen mit einem Bekannten oder Freund diesen Menschen genau an und konzentriere dich nach den typischen Schubladen-Blicken auch auf das Schöne im Gegenüber: prachtvolle weiße Zähne, lustige Fältchen, eine tolle Figur, ein strahlendes Lächeln, Humor auf meiner Wellenlänge.

Dazu sollten wir unserem Gegenüber freilich ganz offen begegnen, ohne alte Sichtweisen und die Erinnerung an unsere Erfahrungen mit ihm, so, als wäre er ganz fremd und neu in unserem Leben.

Wir Frauen werfen manchen Männern gern vor, sie würden nur das Dekolleté betrachten. Na und? „Wer hat, der hat", ist auch eine Sichtweise. Bei mir mussten die armen Männer immer nur in die Augen sehen, die waren größer.

Jeder von uns hat vieles Wundervolles, Einzigartiges an sich. Es lohnt sich sehr, die besonderen Dinge an sich selbst zu sehen, zu staunen, zu loben, zu halten und zu danken. Wir können das üben, auch wenn es uns etwas komisch vorkommt.

Schon morgens beim ersten Blick in den Spiegel kann ich mich mit den Worten: „Guten Morgen, meine Schöne!", begrüßen. Zu meinem Partner sage ich ja auch nicht: „Mein Gott, siehst du heute scheiße aus", bevor er seinen ersten Kaffee getrunken hat.

Wir würden uns doch mit Fug und Recht von einem Freund trennen, der dauernd an uns herumnörgelt. Da würden wir uns bestimmt sachte und stetig zurückziehen. Und ausgerechnet bei unserem besten Freund und Partner, unserem Körper, meckern wir fast pausenlos.

Es gibt das wunderschöne Buch mit den Zeichnungen von zwei Hasen, Mutter und Hasenkind, mit dem Titel *Weißt du eigentlich, wie lieb ich dich habe?* von Sam MacBratney.

Genau das würde unser Körper zu uns sagen. Voller Inbrunst und aus tiefer Überzeugung sagt unser Körper zu uns: „Ich habe dich lieb, bis zum Mond und wieder zurück." Wir aber drehen uns oft weg und hören ihm nicht zu. Und wenn er einmal weint, sprich schmerzt, bekommt er eine Abfuhr: „Ich bring dich weg zu einem Fachmann, der soll dir helfen, ich mag dir nicht zuhören."

Körper: „Sie haben eine neue Sprachnachricht!" Wenn ich also nicht höre und antworte, bekomme ich eine Sprachnachricht in Form eines sichtbaren Symptoms, ähnlich wie die Smileys im Handy, symbolisch und deutlich und in abgekürzter Form.

In der Krise ist dein Körper ein wichtiger Ratgeber.

Jetzt sollte ich ehrlich mit mir selbst sein, meine Situation ist mit Selbstverantwortung verbunden. Ich nehme mir die Größe und ändere an meiner Lebensweise etwas oder aber ich betrachte meine jetzige Lebenssituation und akzeptiere, dass es jetzt gerade so ist, wie es ist. Vielleicht ist die Not im Jetzt nicht gleich lösbar, ich kann aber trotzdem die Entscheidung treffen, eine Krise zu diesem Zeitpunkt anders zu beurteilen.

Einem Freund sage ich dann locker, wenn ich mich mit ihm über meine problematische Situation ausgesprochen habe und er mir einen Rat gibt: „Okay, du hast recht, aber ich kann die Lage jetzt nicht ändern. Es ist sehr wohltuend, dass ich mit dir über mein Problem reden durfte, du zugehört hast, ich die Sache von allen möglichen Richtungen beleuchten durfte. Ideen wurden gehört und gefunden. Durch unser Gespräch konnte ich ein neues Ziel oder eine andere Denk-Richtung entwickeln. Jetzt geht es mir schon viel besser. Ich habe einen offeneren Blickwinkel, mir ist leichter. Vielleicht ist mein jetziges Problem gar nicht so aussichtslos, wie ich dachte."

Genauso reagiert unser Körper auch, er ist unser Freund. „Okay", sagt er, „fein, dass du mir zugehört hast, ich werde mich bemühen, weiter für dich das Beste zu geben, dich bei Bedarf neu zu erinnern und mit Verlaub, wenn du dein Dilemma gar nicht in den Griff kriegst, werde ich weiter schmerzen, bis du uns aus der Situation befreist." Mit unserem Denken und dem Hineinspüren in unseren Körper können wir unser Unterbewusstsein in das Bewusstsein holen. Der Verstand kann ein wichtiges Werkzeug sein, wenn wir ihn richtig benutzen. Verwöhnen wir ihn doch einmal!

Es gibt viele kleine Streicheleinheiten, die wir unserem Körper schenken können. Die guttun und auch Schmerzen sofort lindern: Arnikasalbe, Beinwellwickel, Wärmezufuhr über Heizkissen oder Körnerkissen sind einige Beispiele, die bei Gliederschmerzen wunderbar wirken.

Leichte Massage hilft ebenso wie der Entschluss, einfach mal locker zu lassen, sich auszuruhen und die Fenster mal ungeputzt zu lassen. Gönne dir eine Lieblingsmahlzeit, lege dir wieder einmal Musik zum Entspannen oder Tanzen auf, drehe vielleicht lauter als sonst oder leiser. Lass dir ein Essen ins Haus bringen, ziehe einfach aus lauter Lust ein Abendkleid an, schmücke die Wohnung, backe oder mach einfach Dinge, für die du dir sonst keine Zeit nehmen würdest. Oder wie wär's, wenn du mal wieder etwas total Kindisches machst? Vielleicht einfach mal Gummistiefel anziehen und extra durch die tiefsten Pfützen hüpfen. Oder einen ganzen Nachmittag lang puzzeln, während das Handy auf Flugmodus bleibt. Oder du schenkst dir selbst ein Tagebuch, vielleicht sogar so eins mit einem kleinen Schloss davor. Und genießt diese Intimität, die zwischen dir und dem Blatt Papier entsteht – es kann sein, dass du dich plötzlich wieder so fühlst wie *sweet 16*.

Mit Mut und Respekt mir gegenüber darf ich mir meine derzeitige Lebenssituation verdeutlichen. War es vielleicht in meiner Kindheit schon ein Thema, äußerem Druck lächelnd standhalten zu müssen? Ähnelt die jetzige Situation damaligen Erfahrungen? Warum reagiere ich ausgerechnet jetzt mit Symptomen, mit Schmerzen? Gibt es Parallelen zu früheren Erinnerungen? Sehr liebevoll weist uns unser Körper auf Ungereimtheiten zum Stand der Dinge hin. Dein Gehirn ist jetzt auf Angst und Panik eingestellt, na ja, dir steigt der Kamm sozusagen. Du weißt, dass im Moment Körper und Hirn auf Attacke, Flucht oder Starre gepolt sind. Der Adrenalinspiegel kann aber in diesem Zustand nicht sinken. Außer ... du benutzt jetzt deinen Verstand und betrachtest in Ruhe das Hier und Jetzt. Jetzt hast du ein Dach über dem Kopf, du liest gerade dieses Buch, kein Säbelzahntiger weit und breit zu sehen. Jetzt kannst du nur etwas für dich selbst erreichen, indem du für dich und in diesem Augenblick für dein Wohlbefinden sorgst. Im Moment zählt nur der jetzige Augenblick und vielleicht die kommende Stunde. Nicht mehr, aber auch nicht weniger.

Neulich erzählte mir eine Patientin, sie hätte sich in ihrer Kindheit mit vier Geschwistern einen Teddy teilen müssen. Ich empfahl, gleich heute in einem Spielzeugladen zu stöbern und sich selbst einen ganz schönen Teddy zu kaufen. Später erzählte sie mir von ihrem unsagbaren Glück, jetzt, als ältere Dame noch einen eigenen Teddy zu besitzen, sich ihm zu widmen, ihm alle Sorgen erzählen zu können und ist so glücklich über diese einfache Methode, einen kindlichen Wunsch der Vertrautheit nachholen zu dürfen.

Die nächste Frage ist: Muss ich immer nur lächelnd, glücklich und leicht durch das Leben hüpfen? Ja, wir sind alle gern glücklich. Aber gibt es nicht auch so etwas wie ruhiges oder festes oder gelassenes Glücklichsein?

Wenn ich Prospekte von Medikamenten oder Therapieformen sehe, staune ich immer wieder aufs Neue, dass die Menschen im Hochglanzmagazin ständig lachen, hüpfen, ihre Kinder umarmen und den Partner knuddeln. Fein, das ist gut so. Aber ist das unser erklärtes Ziel – ein Hochglanzleben zu führen? Können wir nicht auch einfach einmal normal sein? Immer schneller, höher und weiter soll die Optimierung gehen. Die Karriereleiter hoch, die Topmanagerin, die Super-Mutter, gestylt, schön, Hippie, geduldig, diszipliniert und gleichzeitig immer voller Hingabe. Und zur perfekten Ehefrau gehört natürlich auch der alles überschauende Ehemann, der immer alles im Griff hat, die Zügel hübsch hält, freilich auch nicht zu lose, denn das schadet ja dem Image.

Verschiedene Gefühle werden oft schon in der Kindheit und der Schulzeit bewertet oder unterdrückt. Schauen wir uns beispielsweise an, wie mit Angst umgegangen wird. Schon als kleine Kinder lernen und erfahren wir, dass Angst wohl gar nichts Gutes bedeutet. Hat ein Kind Angst und weint es am Ende sogar, dann sagen Mutter oder Vater: „Du brauchst keine Angst zu haben."

Das ist wirklich sehr, sehr tröstlich, wir fühlen uns wohl und geborgen. Aber beinhaltet das nicht auch, dass Angst offenbar etwas ist, was wir so gar nicht brauchen können? Was schnell weg muss, was uns die Eltern oder wer auch immer gern für uns abnehmen möchten?

Mal ehrlich, wie oft passiert es, dass wir hören: „Okay, du hast Angst. Weißt du was, ich auch (oder ich eben nicht). Aber lass uns doch mal die Angst als etwas Hilfreiches ansehen." Angst ist für den Moment unschön, macht eng. Jetzt bin ich bei dir! Du bist jetzt nicht alleine, wir stehen das gemeinsam durch. Angst ist eine notwendige Erfahrung im Leben, hier werden unsere wirklichen Grenzen ausgelotet und gespeichert.

Es ist weniger gut auszuhalten, aber es wird – und das kann ich dir versprechen – irgendwann vorbei sein. Eine Krise ist ein Ausnahmezustand. Und dann ist die Angst das Signal, welches uns hilft, andere, vielleicht neue Blickwinkel auf unser Leben zu lenken. Ein Ver-Hängnis führt zum Anhalten und dein Körper gibt dir dabei hilfreiche Hinweise, wo es klemmt. Hörst du jetzt auf deinen Körper? Wirst du einen Fundus an verschiedenen Lösungsansätzen finden?

Eine kleine Auswahl an Beispielen für die Sprache des Körpers und wo es klemmen könnte, findest du im Kapitel über die Praxisbeispiele.

Unsere gesellschaftlichen Schieflagen –
Schätzen wir unseren Körper noch?

Die Geiz-ist-geil-Mentalität hat auch vor Therapeuten, Ärzten und Alternativ-Medizinern nicht Halt gemacht. Es wird gefeilscht, was das Zeug hält, obwohl jedem bewusst sein sollte, dass um das höchste Gut des Menschen gefeilscht wird: unser Zuhause – den eigenen Körper, durch den wir überhaupt leben dürfen.

Die Frage nach den Kosten ist wirklich ein Kapitel für sich. In meiner 30-jährigen Praxiserfahrung erlebe ich ein immer wiederkehrendes Phänomen: Menschen schildern mir ihre Beschwerden und fragen schon am Telefon an, was denn für die Behandlung, für ein Rezept, also eine Heilmittelverordnung vom Arzt, gezahlt werden muss.

In unserer Geiz-ist-geil-Gesellschaft hat sich ganz leise eingeschlichen, dass es das Wichtigste ist, ein Schnäppchen zu ergattern und möglichst viel zu sparen. Diese Ökonomisierung des Gesundheitsbegriffs geht sogar so weit, dass manche Patienten meinen, die Krankenkassenbeiträge, die sie monatlich gezahlt haben, müssten sich auch lohnen und durch ärztliche Behandlungen wieder reingebracht werden. Ganz nach dem Motto: Ich habe gezahlt, nun her mit dem Gegenwert, ich habe ein Recht darauf!

Für Zuwendungen von der Krankenkasse muss man aber leider auch krank werden, sonst gibt es keine Erstattung. Aber sollte das Geld eine Motivation sein, öfter mal zum Arzt zu gehen?

Ich finde, das Leben zwischen den Windeln sollten wir genießen und hübsch auf uns und unseren Körper aufpassen. Den Sozialbeitrag zur Krankenkasse können wir locker als Spende abgeben und zufrieden annehmen, dass eine Rückzahlung der Kosten dann doch nur auf Kosten des eigenen Wohlbefindens geht.

Oft müssen ganzheitliche Behandlungsansätze privat gezahlt werden, was viele Patienten davon abhält, sich neben der Schulmedizin naturmedizinischen und erfahrungsbasierten Ansätzen anzuvertrauen. Nach jahrzehntelanger Manipulation durch Werbung und Ablehnung der Kostenübernahme durch die Krankenkassen sind viele Menschen innerlich schon so weit, dass sie den Begriff „ganzheitliche Behandlung" pauschal für Scharlatanerie halten.

Im Folgenden werden wir aber immer wieder in Erfahrung bringen, wie wichtig es ist, Körper, Seele und Geist als eine Einheit zu betrachten, die sich wechselseitig zum Positiven oder Negativen beeinflussen kann.

Wir alle möchten gern einmal auf Händen getragen, versorgt und beachtet werden. Ist es denn wirklich notwendig, erst krank zu werden, um eine Be-Handlung zu bekommen? Bei Anrufen, bei denen nach Behandlungen für die Kinder gefragt wird, bin ich besonders erschüttert, wenn eine Therapie aufgrund der Kosten abgelehnt wird. Lieber kaufen wir noch ein Planschbecken, ein Handy oder einen schicken Urlaub, aber doch keine Heil-Behandlung. Da entscheiden sich viele eher für die „medizinisch notwendige" Behandlung aus dem Heilmittelkatalog und rufen erst an, wenn die kostenlose Behandlung nicht geholfen hat.

Für Gesundheit ist im oberflächlichen Denken die Krankenkasse zuständig. Immerhin bezahlen wir monatlich hohe Beiträge. Somit sollen die anfallenden Kosten für eine Verbesserung des Allgemeinzustandes auch von den zuständigen Krankenkassen übernommen werden. Ebenso ist es mit den Rechnungen für eine Therapie außerhalb des eingegrenzten Spektrums: die ruft oft ein ungläubiges Staunen hervor, besonders wenn der Preis sofort fällig ist. Gern wird erst nach Abschluss der festgelegten Einheitenanzahl die Zuzahlung oder der Gesamtbetrag am Ende des Behandlungsintervalls von 10 Einheiten bezahlt. Bitten wir doch einmal im Lebensmittelgeschäft, die Zahlung zu verschieben, bis wir satt sind. Warum tut das keiner?

Weil wir uns nach und nach daran gewöhnt haben, dass Gesundheitsvorsorge und ärztliche Behandlungen bürokratisiert worden sind und wir gern die Verantwortung an externe Stellen ausgelagert haben, anstatt uns selbst aktiv und bewusst mit unserem Körper zu beschäftigen. Ganz nach dem Motto: Ich hole mir ein Rezept, also einen Gutschein und der Rest braucht mich nicht zu kümmern. Wir lassen also um unseren Körper kümmern, von Institutionen, Kassen, Rentenversicherungen, Berufsgenossenschaften, Privat-und Zusatzversicherungen.

Nimm die Gesundheit deines Körpers lieber selbst in die Hand. Wie wäre es zum Beispiel mit einer monatlichen Massage, die du dir vorbeugend und zur Entspannung gönnst? Zahl sie ruhig aus eigener Tasche, auch wenn sie dir nicht verordnet wurde. Über den Daumen gepeilt und je nach Region kostet eine Massage ungefähr 40 Euro. Wenn du bedenkst, wie schnell in der Drogerie für Toilettenpapier und Reinigungsmittel dieser Betrag zusammenkommt, wirst du sicher nicht zögern, deinem Körper mal wieder etwas Gutes zu tun. Es lohnt sich, meine Lieben, ich rüttle und schüttle liebend gern jeden Leser, und ich spreche im Namen deines Körpers: „Ich möchte bitte, bitte liebevolle Zuwendung."

Sich selbst mehr Aufmerksamkeit zu schenken, kann zur Folge haben, dass sich automatisch auch die Beziehungen zu anderen zum Positiven verändern. Denn die Bereitschaft, für neue Denkmuster und Standpunkte offen zu sein, überträgt sich auch auf deine zwischenmenschlichen Beziehungen. Du wirst andere Menschen und ihre Hintergründe besser verstehen und leichter Absprachen und Kompromisse finden. Der Schlüssel zu dieser Verbesserung ist Empathie. Ein nordamerikanisches Sprichwort beschreibt den Effekt des Einfühlungsvermögens: „Urteile nie über einen anderen, bevor du nicht einen Mond lang in seinen Mokassins gegangen bist."

Wenn ich mich selbst besser verstehen möchte, sollte ich zunächst einmal meine eigenen Schritte überdenken, in Ruhe meine Wegstrecke betrachten, ein anderes Tempo ausprobieren, vielleicht kurz stehen bleiben oder den Startblock verschieben. Den meisten Menschen wurden auf die eine oder andere Art Steine in den Weg gelegt. Anstatt immer wieder im Geiste über die Schwierigkeiten der Vergangenheit zu stolpern, könnte man auch aus den Brocken, die das Schicksal verteilt, ein neues Gebäude bauen, anstatt sie ungenutzt liegen zu lassen.

Den bisherigen Weg kann niemand rückwirkend ändern. Aber bestimmt hast du immer das Bestmögliche getan, was dir zu diesem Zeitpunkt möglich war. Für deine künftige Wanderung kannst du dir ein neues Gepäck schnüren und dich von alten Belastungen befreien. Erleichterung geschieht dadurch, dass du in erster Linie dir selbst vergibst. „Wer das Ziel nicht kennt, kann den Weg nicht finden." Auch wenn du in deinem Navigationsgerät dein Ziel eingibst, musst du dann den ersten Gang einlegen, um losfahren zu können. Es sind oft die kleinen Anfänge, die unser Leben in eine wertvolle Richtung bringen.

In meiner Praxis begleite ich oft Frauen, die sexueller Gewalt ausgesetzt waren. Während meiner jahrelangen Erfahrung merkte ich, dass der Heilung oft der Gedanke im Weg stand, selbst Schuld an dem Geschehenen zu sein, obwohl sie zu der Zeit meist hilflose Kinder waren. Besonders ein Gedanke half den Frauen, gesund zu werden, wieder zu sich selbst zu finden und Frieden zu schließen: „Du warst nicht schuld an dem, was dir passiert ist. Du warst nur gutmütig." In ihrer Gutgläubigkeit und Liebe für alles und jeden lieben sie in erster Konsequenz mit ihrem ganzen Sein. Im Übrigen sollten hier die Tatsachen auch richtig benannt werden. Wir reden manchmal noch von Missbrauch. Die korrekte Bezeichnung ist allerdings: sexualisierte Gewalt.

Egal, was wir in der Vergangenheit durchleben mussten, heute ist ein neuer Tag, für den wir dankbar sein können. Gäbe es diesen schönen Tag mit Licht und Wärme nicht, könnten wir gar nichts mehr ändern. So aber haben wir jede Minute Gelegenheit, unsere Ziele zu überdenken und, wenn nötig, die Richtung zu wechseln und einen neuen Sinn im Leben zu finden. Ein neues Leben kannst du nicht beginnen, aber jeden Tag einen neuen Tag.

Genauso ist es mit der Annäherung an unseren Körper. Manche Erkenntnis, die wir durch unseren Körper gewinnen, wird unsere festgefahrenen Meinungen erschüttern. Dann fühlen wir uns vielleicht wie die Menschen, die zur Zeit Kopernikus' lebten und sich an ein ganz neues Weltbild gewöhnen mussten. Erstaunt, fasziniert und noch neugieriger auf die Wunder des Universums.

Ein Beispiel:
Ich wohne am Wochenende an der französischen Grenze. Grausam beeindruckend finde ich beim Waldspaziergang vier übrig gebliebene Ruinen von Kriegsbunkern. Jedes Mal stelle ich mir das unermessliche Leid der Menschen vor, Kinder in Angst und Panik, Hunger und Not. Jetzt, über 70 Jahre später, beginnen Menschen sich tatsächlich aufzuregen, dass die Menschen zum Einkaufen nach Deutschland kommen. Es ist einfach billiger in Deutschland, und ausgerechnet diese Menschen, deren Motto „Geiz ist geil" zum Lebensinhalt wurde, beschweren sich über Sparmodelle, obwohl sie sogar noch davon profitieren.
Wenn ich hier in der Gegend bin, freue ich mich immer über die französische Sprache. Sie enthält nicht nur in ihrer Melodie, sondern auch in ihren Redewendungen eine Höflichkeit, die uns Deutschen ausgesprochen guttun würde. Im Management hat man es begriffen, da gelten wieder Höflichkeiten als Verkaufsstrategie. Mir gefällt zum Beispiel, dass jetzt anstelle von „Mit freundlichen Grüßen" oft ein „Herzliche Grüße" getreten ist, da geht einem doch sofort das Herz auf – ein gutes Gefühl!
Im Französischen gibt es das Wort „Contenance", das so viel heißt wie „Bescheidenheit, Zurückhaltung, Enthaltsamkeit, Selbstdisziplin, Selbstbeherrschung, Haltung". Im Deutschen wird es auch für Gelassenheit und Ruhe verwendet, die man in Situationen braucht, in denen die Kommunikation aus dem Ruder läuft. Wer hier höflich bleibt und „an sich halten" kann,

kann das Gespräch eventuell wieder in erfreuliche Bahnen lenken. Frei nach Knigge: „Was die Franzosen Contenance nennen, Haltung und Harmonie im äußern Betragen, Gleichmütigkeit, Vermeidung alles Ungestüms, aller leidenschaftlichen Ausbrüche und Übereilungen, dessen sollte sich vorzüglich ein Mensch von lebhaftem Temperamente befleißigen."[3]

Wer aus Geiz sogar an Höflichkeiten spart, tut niemandem damit einen Gefallen. Es macht sogar krank und mürbe. Tauschen wir doch lieber Höflichkeit gegen Kleingeist und Habgier, dann wird unsere Welt freier und gesünder.

---

3 Adolph Freiherr Knigge: Über den Umgang mit Menschen, 5. Aufl., 1808.

Ver-ANTWORTung

MUT bedeutet nicht, dass man keine Angst hat, sondern dass man etwas tut, obwohl man Angst hat. Den Ursachen seiner körperlichen Probleme auf den Grund zu gehen, kann Furcht einflößen, ist aber unumgänglich, wenn man gesund werden möchte.

Ja, ich möchte dich daran erinnern, dass derzeit die zuverlässigste Referenz für unser Wohlbefinden unser Körper ist. Unser Körper fühlt sich verantwortlich und zuständig dafür, dass wir gut überleben. Manchmal auch mit Zwicken, was wir dann Krankheiten nennen. Für unseren Körper zählt noch die Sippenzugehörigkeit als wichtiges Überlebensmotiv, denn wir sind nur kleine Frühmenschen – wichtig und sinnvoll, wie jedes andere Lebewesen auch, ins Gesamtsystem eingebettet.

Aus Körpersicht sind all unsere Symptome keine Krankheiten, sondern Überlebensstrategien und Hilferufe. Für unsere Sippe müssen wir stark sein, wir sorgen körperlich dafür, dass unser Rudel und damit unsere Art erhalten bleibt und vorankommt. Dass Nahrung gefunden wird und unsere Nachkommen sicher existieren dürfen. Dazu ist es auch noch wichtig, daran zu erinnern, dass Frauen die Sammlerinnen sind, die ständig ihre Sippe beobachten und behüten und dass in den Männern die Charaktereigenschaften der Jäger noch immer tief verwurzelt sind. Darum sprechen eben Männer noch immer ca. 2000 Worte am Tag, Frauen dagegen ca. 7000 Worte. Diese Tatsachen sind wissenschaftlich mehrfach belegt. Frauen sind eher Sammlerinnen und finden auf jedem Spaziergang einen schönen Stein, einen Blumenstrauß oder schöne Muscheln und nehmen sie gern mit heim. Kaum eine Frau sitzt Stunde um Stunde vor Kriegsspielen am Computer. Männer sind eher Jäger und lieben entsprechend Jägerspiele am PC. Wir kommen nicht umhin anzuerkennen, dass wir evolutionär und damit körperlich unendlich weit entfernt von der heutigen gesellschaftlichen Routine sind.

In der Hektik der Zeit verlieren wir zuweilen die Empathie. Verantwortungen weiterzuschieben, geht oft schneller, als die Anforderungen eigener Denkprozesse in Gang zu bringen. Hier hilft es wieder, dem ursprünglichen Wortsinn nachzuspüren. In Ver-Antwort-ung steckt Antwort. Antwort heißt, ich gebe ein Wort, ich stehe zu meinem Wort. Ich stehe an meinem Platz und antworte. Ich bin bereit.

Manchmal bemerke ich, dass in einer bestimmten Laden- kette Blumenpflanzen am Eingang zum Verkauf stehen. Abends sind die Blumen oft so vertrocknet, dass ich aus Mitleid eini- ge davon kaufe. Wie traurig! Vermutlich ist hier die Verant- wortung nicht per Regel und Gesetz geklärt. Somit geht dieser Aufgabenbereich, den Blumen Wasser zu geben, unter. Kaum ist etwas nicht per Gesetz geregelt, schon fühlt sich niemand verantwortlich.

Ist es dir schon mal aufgefallen, dass du von einer Freundin oder deinem Liebsten gehört hast: „Ich bin nicht für dich verant- wortlich. Du bist schon erwachsen, du kannst selbst entschei- den." Oft sagen wir so etwas, wenn wir uns abgrenzen möchten. Auch in Diskursen um die Themenfelder Gleichberechtigung und Freiheit soll mit so einer Aussage unterstrichen werden, dass wir ganz eigenständig und autark sind.

Evolutionär betrachtet, sind wir aber immer noch Herdentie- re und Sippenvölker. Wir sind für ein *Miteinander* geprägt. Unser Körper leidet unter Einsamkeit. Und so sind wir auch körperlich dafür eingerichtet und ausgestattet, für unser Rudel Verantwor- tung zu übernehmen. Wenn es sein muss, greift unser Körper ein und zwingt uns dazu: mit einer Verletzung, damit wir in- nehalten; einem Schnupfen, damit wir im Heim bleiben; oder mit einer veränderten Herzfrequenz, damit wir weiterhin alles in Schwung halten. Die größte Herausforderung in den Coro- na-Zeiten besteht in der Entfremdung zwischen den Menschen. Hier wurden so viele Menschen vereinsamt und litten ihre Ein- samkeit aus der Kindheit erneut durch. Wir dürfen und müssen hier von generalisiertem Trauma sprechen. Angst, Einsamkeit, keine Perspektiven in Aussicht und das Untersagen von Körperkontakt nennt man weiße Folter. Schon in den 30 Jahren wurde dieses Mittel als Kriegsstrategie entlarvt.

In unserem Inneren gelten noch die Regeln der *gegenseitigen Fürsorge*. Das ist auch der Hintergrund, wenn es beispielsweise um das Thema Durchfall geht. Wenn wir Angst haben, verloren zu gehen, weil wir uns gerade schwach, ungeliebt, nicht gut genug und überfordert fühlen, legen wir sozusagen eine Spur mit Kot. So kann uns das Rudel finden, wenn wir nicht mehr mitkommen. Es ist fast wie bei Hänsel und Gretel. Sie legten Brotkrumen aus, um den Nachhauseweg finden zu können. Unser Körper weiß noch nicht, dass wir eine moderne Toilette benutzen und im übertragenen Sinne unsere Spuren wie die Brotkrumen im Wald verschwinden. Die Evolution baut auf Gemeinsamkeit – Darwin ist in diesem Punkt längst widerlegt.

Nicht der Konkurrenzgedanke zählt, nicht nur der Stärkere überlebt. Evolution geschieht durch Gemeinsamkeit und Miteinander. Was heute Vernetzung heißt und die gemeinsame Anpassung an neue Umweltgegebenheiten ermöglicht, war früher eine Sippe. Im Notfall reagiert unser Körper nicht für das eigene Überleben, sondern für das Überleben der Familie. Wenn ein Kind verun-glückt, wird eine Mutter zur Bärin, hebt Autos an, tritt Türen ein und kämpft weit über ihre normale Kraft hinaus. Dabei zählt nur das Überleben des Kindes, nicht das Überleben der Mutter.

Bei Kindern beobachten wir in anstrengenden Zeiten oft, dass sie immerzu etwas liegen lassen, vergessen oder verbummeln. Da ist der Turnbeutel im Bus liegen geblieben, der Füller nicht aufzufinden, die Jacke und Mütze mal wieder vergessen. In der Sprache des Körpers ist das Liegenlassen von persönlichen Gegenständen ein Zeichen dafür, dass das Kind sich derzeit *verloren fühlt* und unbewusst Spuren hinterlegt, wo es war und wie es zu finden ist.

In wie vielen Jahrhunderten wir Menschenkörper uns an das heutige Zeitalter auch innerlich anpassen, werden wir sehen. Ich persönlich gehe davon aus, dass eine Evolution mehrere Tausend bis Millionen Jahre benötigt und eben nicht nur

100 Jahre für die Evolution ausreichen. Bis dahin möchte ich uns Menschenkindern aufzeigen, wie wir unseren gutmütigen Körper endlich wieder besser verstehen lernen und wie wir sogenannte Krankheiten einmal liebevoll mit den Augen des Körpers und der Sippe bewundern können.

Oft kommen Anrufe junger Menschen, die unter Tränen um Hilfe bitten: „Ich kann nicht mehr. Ich suche so dringend einen Psychotherapeuten. Können Sie mir bitte, bitte helfen? Hören Sie mir bitte, bitte zu." Wichtig ist, solchen Anrufern erst mal einmal die größten Sorgen und Ängste zu nehmen. „Das Herz auszuschütten" erleichtert eben tatsächlich das Herz unermesslich. Schmerzhaft ist unsere Wegguck-Gesellschaft, die uns ein Leben lang begleitet hat. Es gibt so viel Eiliges zu tun, sagen wir alle täglich. Sich hinsetzen und zuhören, das hält nur auf. Wegsehen wiederum widerspricht der Evolution, denn diese entwickelt sich über Gemeinsamkeit, Zusammenspiel und Rudelzugehörigkeit.

Der Wunsch nach Zugehörigkeit ist eine Facette des menschlichen Lebens, die sich auch in der Sprache widerspiegelt. In der Brief- oder Mailkorrespondenz gehören freundliche Anreden immer noch zum guten Ton. Weil Sprache aber im ständigen Wandel ist, unterliegen auch die Höflichkeitsformeln der Mode und dem Zeitgeist. Erinnerst du dich noch an damals, als wir noch „Sehr geehrte Damen und Herren" schrieben? Heute wird sehr genau überlegt, ob das noch passend ist. Muss ich den/die/das ehren? Ist das nicht übertrieben, wirkt das altbacken? Wir ersetzen die Ansprache gern mit dem Ausweichtext: „Guten Tag." Auch schön, aber zumindest eine Überlegung wert.

Oder der Abschiedsgruß „Hochachtungsvoll" – dieses Wort wird nur selten benutzt. Doch auch wenn diese Grußformeln überholt sein mögen, zeigen sie doch Respekt dem Mitmenschen gegenüber. Schließlich macht der Ton die Musik, Freundlichkeit versüßt das Leben und ist gleichzeitig das Salz in der Suppe.

Wir haben es einfach im Herzen, uns liebevoll und achtsam zu begegnen und zu antworten. Gehen wir doch mit einem Lächeln durch die Straßen. Es kommt vielfach zurück und schon ist Freude eine doppelte Freude. Für manche einsamen Menschen kann ein nettes Wort von einem Fremden den ganzen Tag verschönern. Oder sogar retten. Wir brauchen sicherlich kein zusätzliches Gesetz oder eine Regel, damit wir liebevoll miteinander umgehen, wir tun es einfach. Ebenso kann die Dankbarkeit viele Wände und Mauern brechen. Manche mögen über meine Einstellung lachen, aber ich bedanke mich jeden Morgen, dass ich ein warmes Badezimmer mit Dusche und sauberer bequemer Toilette benutzen darf. Ich muss nicht in irgendein Gestrüpp krabbeln und im kalten Fluss baden, und ich finde, für unseren heutigen Luxus dürfen wir täglich ehrlich dankbar sein. Die Verantwortung ist Dankbarkeit. Wir sind nicht nur zuständig für das, was wir tun, sondern auch für das, was wir nicht tun.

Ich kann nicht behaupten, dass ich das Buch schon lange fertig in der Schublade liegen hatte. Motto: Ach, als ich dann gar nicht mehr weiterwusste, habe ich mein Buch aus der Schublade geholt und habe es dann verlegen lassen. Nein, es war richtig schwere Arbeit über Jahre, vor allem Arbeit an mir selbst, immer wieder den Mut aufzubringen weiterzuschreiben. In meinem Hinterkopf dominierte der Satz: ‚*Ich bin verantwortlich, ich möchte so gern einen Beitrag leisten, damit es uns Menschen wieder besser geht. Damit wir friedlicher und gelassener werden.*‘

Meine Freundin sagte mir am Wochenende einen wunderbaren Titel, zumindest Arbeitstitel: „Entschuldigung, dass ich's geschafft habe" – und genau darum geht es.

Wir können vieles schaffen, wenn wir uns über die Werbung und den immerwährenden Verbesserungswahn und die damit verbunden Verurteilungen hinausbegeben, um uns auf unseren Körper, die eigene Verantwortung und vor allem auf unseren eigenen Verstand zu berufen.

Wenn man so gefragt wird: „Wie geht's dir?", kommt manchmal die Antwort: „Och, sehr gut, danke." Als Folge entstehen beim Gegenüber sofort Zweifel: „ Ja, wie gut? Kein Rücken? Keine Magenbeschwerden oder Gelenkschmerzen?" – „Nö, ist alles gut!" – „Ups, ja, ach?"

Selbst wissend, dass man ja unter jedem Dach ein Ach findet, trotzdem einfach so mal herausschreien: „Ja, mir geht es gut, ich habe es geschafft!" Das wird inzwischen fast zur Peinlichkeit und Hochnäsigkeit erklärt. Ja, ich habe meine Kinder alleine großgezogen, ich habe eine eigene Praxis, ich habe wirklich viel erleben dürfen und müssen und bin immer wieder hingefallen, aufgestanden, habe die Krone zurechtgebogen und bin weitergegangen. Mit Eigenverantwortung kann das jeder.

Immer wieder einmal müssen wir uns bis zum Abgrund sinken lassen und dann wieder aufstehen. Wer am Boden liegt, muss sich irgendwann fest und kräftig vom Boden abstupsen. Zumindest wechselt man dann die Richtung, auch gut. Wir alle haben Kräfte, Mut und Zuversicht in uns und einen riesigen funkelnden Vorrat an Lebensfreude. Ein Funkenfeuer sollten wir nicht mit dem Mäntelchen der Gewohnheiten ersticken.

Es geht mir in diesem Buch auch um die Verantwortung. Ja, ich bin wieder eine, die sagt, du bist für dich selbst verantwortlich ...

Deine Eltern und dich BEOBACHTEN

In meiner Praxis erlebe ich, dass die Mehrzahl meiner Patienten generationsübergreifende Konflikte zu lösen haben und genau darum kränkeln.

Viele Generationen sind mit der moralischen Aufforderung aufgewachsen: „Du sollst deine Eltern achten." Diese pauschale Einforderung von Respekt ist meiner Meinung nach aber nicht besonders hilfreich. Wie wäre es, wenn wir das Achten mit Beobachten ersetzen? Dies ermöglicht uns vielleicht eher ein wertschätzendes Miteinander, das aus innerer Überzeugung entsteht und dann automatisch zu einer respektvollen Haltung führen wird, anstatt von außen verordnet worden zu sein.

Zwischen den Generationen kann es zu verschiedenen Problemen kommen. Ein Grund kann sein, dass Meinungen und Überzeugungen regelrechten Modewellen unterworfen sind, die sich bis ins Familienleben auswirken. Zum Beispiel galt es in der Generation meiner Eltern allgemein als „Erziehung", ein Baby stundenlang schreien zu lassen. Wenn die jungen Eltern ihr Kind nun anders erziehen möchten, als es noch vor 25 Jahren üblich war, kann das zu Grundsatzdiskussionen und Spannungen zwischen den Generationen führen. Dabei ist die Methode, ein Baby extralange schreien zu lassen, eigentlich absurd. Wir würden ja auch keinen erwachsenen oder alten Menschen stundenlang schreien lassen.

Ein weiterer Punkt, der zu Konflikten führen kann, ist die Frage nach der Rolle oder der zugeschriebenen Bedeutung des Einzelnen für die Familie. Vor einigen Jahrzehnten war es völlig selbstverständlich, dass sich die Kinder persönlich um ihre alternden Eltern kümmerten. Die Aufgabe der Versorgung fiel von den Eltern ab und übertrug sich fast direkt auf das erwachsen gewordene Kind. Als Grund dafür wurde Dankbarkeit angeführt.

Ich persönlich halte allerdings den Gedanken der ewigen Dankbarkeit den Eltern gegenüber für etwas überspitzt. Eltern schenken Kindern das Leben, das stimmt. Meine Betonung liegt allerdings auf den Worten „schenken" und „Leben".

Wenn ich einer Freundin eine Küchenmaschine schenke, verlange ich doch auch nicht, dass sie mir in 30 Jahren damit jeden Tag Essen zubereitet. Oder ich bekomme ja auch ein Buch nicht nur geschenkt, wenn ich verspreche, dem Geber jeden Tag daraus vorzulesen. Das ist nicht das Wesen eines Geschenkes. Der Beschenkte bedankt sich angemessen, aber es erwachsen keine endlosen Verpflichtungen aus der Annahme der Gabe. Genau daraus ergibt sich ja der Sinn eines Geschenks!

Es mag etwas hart klingen, aber was veranlasst uns, für unser Geschenk lebenslang dankbar, ergeben und gutwillig gegenüber dem Geber zu sein, egal, wie er mich behandelt hat?

Unter Geschwistern gibt es oft Spannungen, wenn es darum geht, wer sich zu bestimmten Zeiten um die alten Eltern kümmern wird. Aber jeder hat sein eigenes Leben und ist genau dafür verantwortlich. Jeder Mensch bereitet außerdem seinen Lebensabend im Laufe des Lebens vor. Wenn ich mich als Elternteil einzig und allein an meine Kinder hefte, keine eigenen Freundschaften aufbaue und pflege, darf ich mich nicht wundern, wenn ich im Alter alleine bin. Für meine Unterhaltung sind die inzwischen erwachsenen Kinder nicht zuständig und verantwortlich, und erst recht dann nicht, wenn ich mich ihnen gegenüber rüpelig verhalten habe.

Evolutionär sind wir zwar Rudelmitglieder, aber die Erziehungsmaßnahmen sind neuzeitlich gestaltet und oft nicht unbedingt liebevoll. Mit der Industrialisierung wurden unsere Babys aus den Ehebetten entfernt, in eigene Zimmer gesperrt, weg von Körperwärme und Nähe der Mutter. Damals begann die Entfremdung, die Ent-bindung zwischen Mutter und Kind. Die Gesellschaft oder besser gesagt die jetzigen finanziellen Strukturen erlauben einfach kein Zusammensein in Ruhe mehr. Die moralischen Vorstellungen aber sind auf eine Zeit begründet, als eine Familie noch als Überlebensgarant galt.

Zudem wurden die moralischen Gebote von Priestern festgelegt, die ihre Eltern inzwischen völlig vergessen hatten und eine eigene Familie nicht kannten. Sind wir doch einmal ganz, ganz ehrlich: Die Entwertung der Familie setzt sich auch heute fort. Kinder sind in der westlichen Welt inzwischen Luxusartikel geworden. Wir brauchen sie nicht, um die Familie über Wasser zu halten.

Die oft verspotteten Latte-Macchiato-Mütter trinken im feinen Café mit Hafermilch gestreckte Kaffeekreationen und die Kinder – in Markenkleidung gehüllt – dürfen sich kaum beschmutzen und müssen Algenpräparate einnehmen, weil wir alle nicht mehr aus dem Fluss trinken, worin Algen sowieso enthalten wären. Der heutige Großstadtmensch entfremdet sich von der Natur und kehrt nur auf Umwegen zu ihr zurück. Das schlägt sich auch im Sprachgebrauch nieder. Heute heißt gesundes Essen, wie wir es noch von der Oma kannten, „clean food".

Und auch die Entschleunigung lässt sich nicht beschleunigen. Wir lesen Bücher über wertvolle und natürliche Erziehung und hören nur selten auf unser Herz, weil eine App weiß, was gut ist. Unsere Kinder müssen wir dann in ein völlig unpassendes Schulsystem stecken. Dort werden die Kinder frühstmöglich zur Selbstständigkeit erzogen, obwohl sie noch gar nicht so weit sind. Eine Freundin hing im Kindergarten ihrer Tochter folgende Nachricht ans schwarze Brett: „Suche 2-Zimmer-Wohnung für meine 3-jährige Tochter, sie muss nun schon alles alleine können.;-)"

Unruhige Kinder werden getrimmt und langsame Kinder für ihre Trägheit ausgegrenzt. Wenn ein Kind seine Schere nicht richtig im Griff hat, wird es therapiert.

Das ist, völlig wertfrei betrachtet, ein neuzeitliches Phänomen, das vielleicht im Ansatz gut gemeint ist. Aber mit Evolution hat das nichts zu tun. Der Körper spürt die An-strengungen, alles perfekt machen zu müssen, und entwickelt dann sogenannte Allergien, Hibbeligkeit, Haltungsveränderungen und sogenannte Teilleistungsschwächen.

Meiner Meinung nach haben wir als Eltern die Pflicht, unsere Kinder loszulassen und ihnen ihre Freiheit zu gewähren, wenn sie uns nicht mehr brauchen. Somit haben sie die Chance, ein ganz individuelles Leben selbst leben zu können, und müssen nicht in ewiger Dankbarkeit an uns hängen.

Wir sollten unsere Eltern zwar achten, aber eben auch beobachten. Situationen oder Charakterzüge, die wir als unschön empfinden und die uns eingeprägt wurden, sollten wir aktiv aus unserem Dasein entfernen. Dazu gehört manchmal etwas mehr Übung und Verständnis für uns selbst. Konzentration auf neue Gewohnheiten zu legen, macht unser Leben letztendlich bequemer. Es lohnt sich jedenfalls, aus Fehlern zu lernen; dafür sind Fehler schließlich da. Ohne jemandem einen Vorwurf zu machen, lässt sich vermutlich in vielen Fällen feststellen: Alle haben ihr – nach ihrem Dafürhalten – Bestes gegeben. Weiterentwicklung liegt jedoch darin, aus Beobachtungen Schlüsse zu ziehen.

Die Vervollkommnung unserer Lebensumstände wird durch neues Lernen und liebevollen Umgang auch in der eigenen Familie, in der neuen Generation erreicht. Verbissen an Altem haften zu bleiben, hat noch niemals geholfen, neue Dinge zu realisieren.

Würde jede Generation ein klein bisschen mehr Frieden und Liebe ins Leben bringen, hätten wir doch glatt eine friedlichere Welt.

Natürlich müssen wir mit der Zeit gehen; ob uns das passt oder nicht. Und die Zeit ist jetzt schnelllebig und auf Leistung getrimmt. Freundschaften suchen wir uns aus. Es ist auch legitim, sich von der einen oder anderen Freundschaft wieder zu lösen, wenn sich die Partner auseinandergelebt haben.

Wie unsere Freunde, so müssen wir auch unsere Eltern mit gesundem Abstand kritisch sehen dürfen. Warum in aller Welt sollen wir uns von Eltern alles gefallen lassen und bis ans Lebensende nur lieb und dankbar sein? Viele Eltern haben ihren Kindern Dinge an den Kopf geworfen, die jeglichen Anstandes entbehren. Solche Worte würde man einem Freund oder Kollegen gegenüber nur ein einziges Mal äußern, dann wäre die Verbindung komplett zerstört.

Bei Eltern läuft das Ganze dann unter dem Motto: „So war die Erziehung damals", und: „Wir haben es nur gut gemeint." Dafür sollen wir dann bitte schön auch noch dankbar sein? Weil sie uns das Leben schenkten? Na ja, sie haben es ja so gewollt.

Stellen wir uns vor, ein Kollege würde uns zwingen, beim Mittagessen so lange in der Kantine zu bleiben, bis wir aufgegessen haben. Ich sehe dich lachen! Es wäre makaber. Aber manche Kinder haben solche Erziehungsmaßnahmen über sich ergehen lassen müssen.

Zusammenfassend lässt sich sagen: Dankbarkeit ja, Akzeptanz auf jeden Fall, ewige Kritiklosigkeit – nein! Das wäre weder für die Eltern noch für die Kinder gesund.

Als Therapeutin durfte ich bisher viele Tausend Menschenschicksale kennenlernen. Wenn circa 80 % meiner Patienten an einer gestörten Elternbeziehung leiden, muss hier etwas falsch laufen. Oft wird der Grund für den Leidensdruck noch nicht einmal selbst realisiert. Das macht krank. Ob ich dann wegen dieses Zwiespalts in der Familie eine Fraktur (einen Bruch) heranziehe oder je nach Konflikt eine andere Krankheit ausbilde, ist themenbezogen unterschiedlich. Jedenfalls beobachte ich eine ausgeprägte Beeinträchtigung der Erwachsenen durch veraltete und angelernte Verhaltensmuster, *welche mit dem Zwang, die Eltern uneingeschränkt achten und lieben* zu müssen, in Verbindung stehen. Das ewige Heucheln und Verbiegen der Wahrheit macht krank.

Schlimmstenfalls trauert jemand 50 Jahre der schlechten Kindheit und den inzwischen verstorbenen Eltern nach, nur um nicht im Hier und Jetzt die Verantwortung für die gegenwärtige Realität übernehmen zu müssen.

Im Moment ist wieder einmal total „in", sich mit dem inneren Kind zu befassen. Die Gefühle von Trauer und Angst kommen wieder und wieder hoch, auch genaue Bilder: Was geschah wann, wo und warum. Mit dieser Arbeit wird einem zumindest der Grund mancher Verhaltensweisen klarer. In bestimmten Situationen reagieren wir wie ferngesteuert immer wieder gleich. Um diese Verhaltensweisen aufzudecken und zu entschlüsseln, ist eine Betrachtung der Vergangenheit hilfreich und wichtig.

Wenn ich heute mal schnell und nicht ganz faltenfrei Wäsche bügele, ertappe ich mich glatt dabei, dass ich kurz denke: „Wenn das meine Mutter sähe!" Tja, hier hilft, einfach im Hier und Jetzt die Realitäts-Prüfung zu vollziehen und zu denken: „Egal!"

Allerdings beißen sich manche Menschen an ihrer Kindheit regelrecht fest, jegliches Versagen wird auf die Eltern und eine schlechte Kindheit geschoben. Dabei wird das jetzige Leben gar nicht mehr ausreichend beachtet und gelebt. Immer wieder die alte Leier, dass man eine schlechte Kindheit hatte und dass dies nun lebenslang zu Störungen führt. Da widerspreche ich heftig, denn wir sind lernfähig und können aus den Beobachtungen und Erkenntnissen Schlüsse ziehen und uns neu strukturieren. Salopp formuliert: Einem geschenkten Gaul sieht man nicht ständig ins Maul, sondern nutzt täglich die Vorteile, die er uns mitgebracht hat.

Wir können unsere Gedanken und damit unseren Körper verstehen lernen und antworten. Wir können jeden neuen einzelnen Tag als zusätzlichen Gewinn betrachten und täglich das Beste daraus machen; das ist einfach Willenssache. Und es funktioniert. Die Kindheit ist mit 18 Jahren vorbei.

Wenn wir endlich die alten Glaubenssätze vom unreflektierten Achten der Eltern verabschieden, leben wir mit einem Mal leichter und flüssiger. Das ewig schlechte Gewissen den Eltern gegenüber darf abziehen und wie ein zu schwerer Rucksack abgelegt werden. Wir haben unser eigenes Gepäck, das der Eltern brauchen wir nicht mit uns zu führen. Wie bereits erwähnt, ziehe ich veraltete, mittlerweile unpassende Freundschaften doch auch nicht ewig in die Länge. Nur durch die anerzogenen Gesetze bilden wir uns ein, wir müssten in unseren Familien andere Maßstäbe ansetzen. Das stimmt aber nicht, dafür gibt es keinen Grund. Die Würde des Menschen ist unantastbar, das gilt auch für gewesene Kinder.

Ein Spruch, der mir gefällt:

„Wenn meine Kinder ausgezogen sind, gehe ich sie besuchen, schmeiße meine Jacke in die Ecke, hüpfe auf ihrem Sofa rum, esse den Kühlschrank leer, bringe das Haus durcheinander und dann sage ich: ‚Mir ist langweilig‘, und gehe nach Hause."[4]

Dennoch: Die Prägungen aus der Frühzeit unserer Existenz bestimmen oft unser Verhalten.

Warum möchten Menschen nicht erwachsen werden?

Es gibt im Netz unzählige Meditationen über das innere Kind. Aufforderungen wie: „Gehe zum inneren Kind, fühle diese Schmerzen, gehe hin als Erwachsener und tröste das Kind in dir", gehören fast schon zum guten Ton der Psychotherapie. Ebenso gibt es eine Vielzahl von Büchern, Retreats und Kursen zum „inneren Kind", als ob wir es gerade erst entdeckt hätten.

Wann aber verstehen die Menschen, dass ich nur ca. 18 Jahre lang Kind und dann ca. 60 Jahre lang ein erwachsener Mensch bin? Inzwischen bin ich eine erwachsene Frau oder ein Mann mit einem entsprechenden Körper. Mit der Kraft, mich zu wehren, ausreichendem Sprachvermögen, einem eigenen Willen und großen und kleinen Wünschen.

---

4 wortwerkstatt, Topp-Verlag.

Das bedeutet doch: Ich kann jetzt endlich Verantwortung für mich und mein Umfeld übernehmen. Ich muss nicht mehr getragen werden, nicht mehr geführt und nicht mehr gefüttert werden. Ich kann selbst entscheiden und selbstständig meine Wege gehen, mich aus- und weiterbilden.

ICH muss damit jedoch eigene Verantwortung übernehmen, das Ruder führen, mein Spiel selbst spielen.

Jetzt bin ich *selbst für mein Leben und meinen Schutz zuständig*. Ich kann meine Entscheidungen nicht mehr auf eine schlechte Kindheit schieben, weder auf die Mutter, die mir zu wenig Liebe gab, noch auf den Vater, der nur selten da war. Vielleicht gab es häusliche Gewalt und Liebesentzug zu Hause. Doch meine eigene Befugnis und Kompetenz darf ich nun selbst in die Hand nehmen.

Obwohl es so herrlich leicht erscheint, immer und immer wieder in die Kleinkind-Rolle zu schlüpfen und die Schuld und damit Verantwortung an die Eltern abzugeben. Im Ergebnis bleibe ich somit gleichmäßig und lebenslang im Verlust. Dauerhaft und unaufhörlich wird der offenen Rechnung nachgetrauert. Natürlich wird das anders dargestellt, ganz nach dem Motto: „Tröste mal dein Kind, dann kommst du zu deinen Gefühlen, verborgenen Verlusten und verborgenen unbewussten Strategien – und fertig."

Nein, nicht fertig, jetzt muss „Erwachsensein" geübt werden.

Wenn ich hier als erwachsener Mensch nicht aufpasse und die Situation nicht abschließen kann, bleibt die Anhaftung im Mangel. Somit kann ich immer Opfer bleiben, habe immer passende Ausreden. Für jegliche Situation gibt es eine entsprechende Kindheitserfahrung. Die Kindheit ist zum Lernen da, nach abgeschlossener Prüfung dürfen wir uns weiterbilden.

Eigentlich ist es ähnlich wie später in unseren Berufsausbildungen. In der Schule lerne ich die Grundkenntnisse, später qualifiziere ich mich nach meinen Bedürfnissen oder beginne vielleicht doch noch eine nächste Berufsausbildung oder ein Studium und wechsle den Beruf. Alles kein Problem. Unsere jetzige Gesellschaft ist von vielen *Kind-Gebliebenen* geprägt.

Nur wenige Menschen nehmen die Phase als Erwachsener vollständig an sich. Wo ist denn der Ansatz, eine gestandene Frau oder ein Mannsbild zu sein? Meine schöne Weiblichkeit als Frau und nicht als großes Mädchen anzunehmen? Der Mann in seiner eigenen Stärke und Schönheit ist doch wertvoll. Erwachsensein ist auch schön!

Warum entwickeln wir denn keine „Erwachsenen-Strategien"? Und stellen uns die Frage: Wie würde ich mich als gestandener Erwachsener fühlen, wie würde ich reagieren?

Fehlt es an Vorbildern?

Viele Partnerschaften sind auf Grundlage von großen Kindern gegründet. Dann wundert man sich, warum es so viele Trennungen und Scheidungen gibt. Wenn zwei Menschen mit kindlichen Bedürfnissen zusammen eine Familie gründen und dann in einer Gesellschaft leben, in welcher die Regeln für verantwortungsbewusste Menschen gedacht sind, ist das eben überfordernd. Es kommt natürlich zu Veränderungen im Beruf und Leben, aber jede ungewohnte Situation wird nun Stress genannt und auf eine unglückliche Kindheit geschoben.

Einige Menschen sind schon gestresst, wenn ein wenig Zeitdruck entsteht. Wenn kleine und wichtige Entscheidungen getroffen werden müssen, wenn zu viele, also drei Aufgaben gleichzeitig erledigt werden müssen, dann kommt es zum zeitgenössischen Burn-out. Es ist fast schon selbstverständlich, ausgebrannt zu sein. Irgendetwas hat die Menschen unserer Gesellschaft dazu animiert, klein zu bleiben und sich den Dingen nicht als verantwortungsvoller erwachsener Menschen zu stellen.

Ständig bekommen wir erklärt, die Eltern wären schuld. Dieser Glaubenssatz liegt bereits im morphologischen Feld. Der Mensch „hinter der Theke" ist immer noch für mich verantwortlich. Der Chef als Ersatzmutter oder Vater, die Bankberaterin, der Versicherungsmakler, der Arzt und natürlich bis ins hohe Alter auch noch zusätzlich Mama und Papa.

Als Erwachsener gibt es dann zusätzlich noch Sorge und Trauer, wenn der Vater mich braucht oder die Mutter Pflege benötigt. Da wird sich aufopferungsvoll gebeugt, der Job aufgegeben und dann stolz präsentiert, wie toll man sich doch als Tochter oder Sohn um die Eltern kümmert und welch wertvolles Kind man ist.

Ein Loslösen ist nicht gefragt, weder von den Eltern, noch von dem ewig Kind gebliebenen Erwachsenen, der immer noch um die Liebe der Eltern pult. Das erwachsene Kind, welches immer noch die Anerkennung wünscht, immer noch hofft, die Zuwendung zu bekommen, die man sich als Kind wünschte. Leider bleibt die offene Rechnung bis zum Ende offen, denn Eltern sind, wie sie sind. Haben sie bisher keine oder ungenügend Liebe an die Kinder geben können, werden sie es im Alter auch nicht tun; sie kennen es eben nicht anders. Aber nein, die lieben erwachsenen Kinder hoffen noch immer auf ein klein wenig Anerkennung und Liebe von den Eltern. Geben alles: putzen, schrubben und pflegen, damit auch wirklich sichtbar ist, wie toll sie doch sind! Aber nichts, die Eltern sagen wieder nicht Danke und finden die ganze Aufmerksamkeit nur gerechtfertigt und denken, sie haben sowieso ein Recht auf die Achtung ihrer Kinder. Wird also wieder nichts mit Liebe; und somit bleiben die Erwachsenen die braven Kinder, die einfach nur Liebe wollten. Warum wollen Menschen nicht begreifen, dass manche Kalkulationen eben einfach nicht aufgehen, es gibt nicht immer ein Wiedergutmachen. Das ist doch auch okay so.

Warum sind die Menschen nicht in der Lage, sich den Eltern gegenüber einfach in freundschaftlicher Beziehung anzunähern? Wenn mir ein Bekannter oder Freund ständig in den Ohren hängt, ich würde mich zu wenig kümmern, werde ich mich als erwachsener Mensch doch respektvoll zurückziehen und mich entfernen. Wenn ich erwachsen genug bin, werde ich diesem Menschen sagen: „So, mein Lieber, ich habe mich jetzt viele Jahre um dich gekümmert, ich habe alles versucht, dich zufriedenzustellen, offenbar gelingt mir das nicht, somit möchte ich jetzt unsere Freundschaft reduzieren. PUNKT."

Es gibt – wie wir alle brauchbare Beispiele kennen – Freundschaften, die leben sich einfach auseinander. Man geht verschiedenen Interessen nach, hat jetzt unterschiedliche Familienkonzepte, unterschiedliche Wünsche und Hobbys. Dann ist das auch völlig normal, dass man weniger telefoniert und sich aus den Augen verliert. Nur bei unseren Eltern will das so gar nicht klappen. Da sagt die Gesellschaft, es gehöre sich nicht, du bist schließlich das Kind.

WARUM? Wie komme ich dazu, mein Geschenk des Lebens ein Leben lang zurückzuzahlen zu müssen?

Wir bekommen von den Eltern das Geschenk des Lebens, keine Almosen. Es gibt keinen Grund, dafür in Ewigkeit dankbar zu sein, und vor allem gibt es keinen Grund, ewig Kind zu bleiben. Ewig vor dem Päckchen Leben zu hocken und zu staunen und dankbar mit leuchtenden Kinderaugen die Schleife aufzubinden. Und nicht weiterzukommen.

Ich habe doch irgendwann einmal genug gestaunt und ausgepackt. Wenn ich aber das Geschenk Leben nicht für mich selbst nutze, habe ich das Geschenk nicht verstanden.

Es gibt als Erwachsener so viele Dinge, die ich ändern kann, in die Hand nehmen kann, mir Wünsche erfüllen kann. Als EIGENSTÄNDIGER Mensch. Ich habe es in der Hand, wie viel Geld ich verdiene, wo ich arbeite, wo ich wohne. Bei den Eltern in der Nähe? Selbst schuld! Ich habe ein Leben geschenkt bekommen, um vielleicht am Meer zu leben oder in den Bergen, in einer Großstadt oder im Ausland.

Aber nein, in dieser Gesellschaft wird darauf rumgehackt, dass ich verantwortlich für meine Eltern bin. Vielleicht weil deren Rente nicht reicht, oder sie krank oder bewegungseingeschränkt sind usw.

Aber auch die Eltern sind für ihr Leben selbst verantwortlich. Wenn sie keine Freundschaften aufgebaut haben, sich nicht aktiv auf das Alter vorbereitet haben, tragen sie die Selbstverantwortung.

Die Kirche redete uns ein, du sollst deine Eltern achten. Ich sage, du sollst sie beobachten und vieles besser machen. Das wäre Entwicklung, das ist Evolution.

Aber wo ist denn nun inzwischen der NEO-Kortex, ein Gehirnteil, welches uns ein selbstständiges Handeln erlaubt und zur Verfügung stellt? Wird das einfach ignoriert und nicht eingesetzt, weil es zu mühsam ist nachzudenken? Oder zu anstrengend, selber Schlüsse zu ziehen und eigene Wege zu gehen?

Hier ist Entwicklung dringend notwendig. Eigeninitiative übernehmen, bedeutet: „Ups, ich bin erwachsen." Wenn ich mich zur Ablenkung oft von Social Media und Computerspielen belustigen lassen muss, ist das vielleicht ein Zeichen dafür, dass ich einfach Kind bleiben möchte. Dort kann ich in einer imaginären Welt ein Held sein, dort kann ich töten, mich verstecken. Wenn ich verliere, starte ich ein neues Leben, so geht das.

Wenn dann das Spiel vorbei ist, dann gehe ich ins Bett oder auf das Sofa und in die Firma, um dort wieder meine Verantwortung dem Menschen hinter der Theke abzugeben. Hier bin ich lenkbar und artig wie ein KIND. Hier muss ich keine Überlegungen anstellen, nicht entscheiden. Denn das ist gar nicht gewünscht. Nicht aufzumucken ist gesellschaftsfähig.

Ich bleibe ein artiges Kind. Dann reden mir die Psychologen ein, dass dies gut ist, dass ich im Kontakt zum inneren Kind bleiben muss. Prima, bloß nicht erwachsen werden, bloß nicht die Gefühle eines ausgewachsenen Menschen fühlen, nein, die Gefühle eines hilflosen Wunschkindes werden gepäppelt und gewürdigt.

Selbst kleinste Verletzungen, wie ein Schnitt in den Finger, werden zum Arzt getragen. Eine Eigenverantwortung – und selbst mal hinsehen, ob es schlimm ist – wird kaum noch übernommen. Rettungsdienste werden bei Kleinigkeiten ins Haus gerufen und sind personell inzwischen völlig überfordert. Kein Wunder, denn inzwischen dürfen aus Sicherheitsgründen schon Lehrer den Kindern keine Pflaster mehr aufkleben. Das könnte dann ein „Eingriff in die Persönlichkeit" sein, also muss der Jugendliche zum Arzt oder heim.

Tägliche Pflichten im Leben werden in der heutigen Zeit als zu anstrengend wahrgenommen. Wir sind mit den Erleichterungen, die eigentlich unsere Technik erwirken sollte, ein Spaßvolk geworden. Dass ein Erwachsener eben auch zeitweise zupacken muss und Verantwortung übernehmen sollte, wird schnell als Überforderung wahrgenommen. Wie unsere jungen Darsteller im TV möchten Jugendliche gern leben, die erwachsenen Vorbilder werden vom Internet ersetzt.

Schnell werden kleinste Belastungen als krank bezeichnet: Eine Angst heißt sofort Panikattacke oder Angststörung.

Voreilig wird Burn-out diagnostiziert, weil man zurzeit einiges tun muss. Nicht einschlafen können ist eine Schlafstörung und hippelige Kinder werden als ADHS-Kranke bezeichnet. Angeblich bekommen wir Rückenschmerzen, weil wir im Garten gearbeitet haben oder einen schweren Stein getragen haben.

Die alternative Seite wäre, zu schauen, ob ich vielleicht im Leben einen „Stein ins Rollen" gebracht habe und damit meine Würde (Würdesäule = Wirbelsäule) gestiegen oder gefallen ist. Einige Frauen klagen über Daumenschmerzen, weil sie denken, sie hätten zu viel am PC gearbeitet, kaufen teure verformte Computermäuse und doch ändert sich nichts. Meine Lieben, für Anstrengung sind wir gebaut, so schnell ist ein Körper nicht überlastet. Es sind die Konflikte im Leben, die Daumenschmerzen und andere körperliche Zeichen setzen und verursachen, siehe unten.

Das Leben ist eben mit Selbstverantwortung verbunden. Ich nehme mir die Größe und ändere an meiner Situation etwas oder aber ich nehme mir die Größe und betrachte die Situation als im Jetzt nicht gleich lösbar. Ich kann aber eine erwachsene Entscheidung treffen und anders über den Schauplatz denken als ein Kind.

Welchen Einfluss haben eigentlich Schwangerschaft und Geburt auf unser späteres Leben?

Erinnerst du dich an deine eigene Geburt?
Dein Körper weiß noch alles.

Zum Thema: Programmierungen und Konzipierung in der prä-
natalen Körper-Psychotherapie und Trauma-Therapie.
Deine Reise in die eigene Geburt und Schwangerschaft nach
Franz Renggli.

Schon ab der 9. Woche ist der kleine Embryo körperlich voll ausgebildet und fühlt alles mit der Mutter mit.
Was haben wir während der Zeugung erlebt und später bei
der wichtigen Einnistung in den Mutterleib?
Auch die Reaktion der Eltern beim Gewahrwerden, dass nun
ein Baby zu dem Paar kommt, ist tief im Unterbewusstsein gespeichert und bestimmte bisher unser Leben mit.

Die Resonanz auf äußeren Druck im Leben, Aufregung oder Belastung greift immer auf das eigene Geburtserleben und die eigene Embryonalzeit zurück.
Die Zeit im Mutterleib ist die einprägendste Periode für uns
Menschen. Hier bildet sich Urvertrauen, die Überzeugung, geliebt und aufgehoben zu sein ... oder eben nicht. Eine unbewusste Reaktion bei schweren „Durchgängen im Leben" ist bis jetzt
die vertraute und spontane Antwort unseres Körpers, der entsprechende Lebensumstände anzieht wie ein Magnet.
Denn weil wir zu dieser anfänglichen Zeit unsere Gefühle
und Ängste nicht sprachlich ausdrücken können, bleiben diese Gefühle und Eindrücke im Körper gespeichert und werden
als unbewusste Reaktionsmuster (ebenfalls ohne Sprache) in
Konfliktsituationen ausgelebt. Die darin enthaltenen Leitvor-
stellungen bilden für uns wichtige Überlebensstrategien.

Wenn unsere Lösungsversuche bei anstrengenden Ereignissen durch eigenes Geburtserleben bisher geprägt wurden, ist das jedoch noch lange kein Grund, diese Prägungen behalten zu müssen.

Erlaube dir, besser zu sein, als sich deine Eltern jemals vorstellen konnten.

Die jetzige Situation im Leben ist nicht die Ursache, aber der Auslöser eines bestimmten unbewussten Verhaltensmusters. In der Körpertherapie sehen und regulieren wir die Erlebnisse am eigenen Leib und bestimmen damit neue Lebensgefühle, innere Stärke und Vertrauen.

Die Körperarbeit reguliert gespeicherte Verletzungen, früheste Erfahrungen und Orientierungen.

Ein Beispiel:

Ein Embryo spürt die Ablehnung seiner Mutter. Schon zu dieser Zeit empfindet sich das kleine Wesen als ungeliebt und nicht willkommen, vielleicht als überflüssig und sogar schon schuldig am Unglück seiner Eltern.

Später ist dieses Gefühl als Grundprogramm installiert. Als größeres Kind und im Erwachsenenalter fühlt sich der Mensch grundsätzlich unwillkommen und schuldig am Leid anderer Menschen. Fühlt sich vielleicht ungeliebt, egal, wie viel Liebe ein Freund oder Partner ihm auch entgegenbringt. Auf Dauer macht das unglücklich. So richtig konnte bis zum jetzigen Zeitpunkt die wirkliche Ursache für dieses Leere-Gefühl nicht aufklären werden.

Schau dir Bilder von Embryonen an und stell dir vor: „Das bin **ich**!" Allein diese Vorstellung lässt staunen und uns selbst viel liebevoller wahrnehmen.

Wir reagieren im Leben spontan mit unbewussten, alten und eingeprägten Verhaltensweisen, immer im Überlebensmodus, was im Erwachsenenalter eben oft keinen Sinn mehr ergibt.

Unsere pränatalen Umgebungseinflüsse und Erfahrungen führen uns auf einen bestimmten Lebenspfad, welcher in seiner Richtung und Begrenzung erst einmal festgelegt zu sein scheint.

Die meisten von uns wurden unter Schmerzmitteln in Kliniken „ent-bunden". Auch ein Kaiserschnitt hinterlässt fundamentale Spuren im gesamten Leben. Wurden wir direkt nach der Geburt von unserer Mutter getrennt, fördert dies unsere Angst verlassen zu werden.

Außerdem haben wir über viele Generationen hinweg erleben müssen, dass wir von dem Menschen, den wir über alles lieben, als erste Handlung Schmerz zugefügt bekommen. Viele Jahrzehnte wurden die Frischgeborenen an den Beinchen über Kopf nach unten gehalten, vielleicht bekamen sie sogar einen Klaps auf den Po, um das Baby zum Weinen zu bringen, damit es atmet. Das ist also die erste und prägendste Lebenserfahrung. Außerdem stelle ich mir den Schmerz vor, wenn wir 9 Monate die Beine angezogen hatten und dann plötzlich die Beine mit Gewicht lang gezogen bekommen.

Unsere erste Erfahrung ist also, dass wir schon allein, weil wir da sind, Schmerzen zugefügt bekommen und offenbar nicht geliebt werden. Kein Wunder, sind unsere Beziehungen zu geliebten Menschen – wie später unsere Partner – schwer gestört, denn in uns sitzt der feste Glauben, dass wir gar nicht liebenswert sind. Glücklicherweise ist diese Praktik heute nicht mehr anwendbar, jedoch nimmt die Anzahl der Kaiserschnittgeburten aus zeitlichen Gründen erheblich zu, was im Grunde denselben Effekt nach sich zieht.

Wir wissen inzwischen, dass viele Faktoren während der Schwangerschaft direkten Einfluss auf das Ungeborene und dessen Persönlichkeit und Glaubenssätze nehmen. Dazu gehören Gedanken, Wünsche und Gefühle wie Wut und Angst sowie Depressionen und Verlustgedanken der Eltern. Auch liebevolle Gefühle und emotionale Bewertungen werden von der Mutter auf den Embryo direkt über Botenstoffe im Blut durch die Nabelschnur übertragen. Dieser Austausch geschieht mittels eines biologischen Cocktails direkt und unmittelbar mit dem Ungeborenen. Das Kind entwickelt sich im Bauch und hat alle Sensoren aufgesperrt, um notwendige Informationen zu sammeln, welche es im Leben zu beachten gibt. Manchen Müttern geht der Gedanke einer Abtreibung im Kopf herum oder um es besser zu veranschaulichen: im Körper herum. Vielleicht plagen sie Zweifel und Ängste. ‚Werde ich es schaffen? Bin ich gut genug? Kann ich das überhaupt? Habe ich genug Geld?' Der Vater gibt ebenfalls über Spiegelneuronen seine Gedanken und Gefühle an den Embryo weiter.

Das Kind übernimmt somit unruhige, belastende und zweifelnde Informationen zum eigenen Überleben. Diese Gefühle werden als „richtige Wahrheit" abgespeichert. Der Embryo nimmt wahr: Solange die Mutter „nur" zweifelt, bin ich hier noch sicher. Dieser Gefühlscocktail speichert sich im Überlebensprogramm des Kindes mit vielem anderen natürlich ab. Im späteren Leben werden Zweifel sozusagen als Überlebenspaket für den Menschen wichtig.

Es fühlt sich für dieses nun geborene Kind normal an, zu zweifeln, weil es in der Symbiose mit der Mutter diese Gefühle als normal empfangen und gespeichert hat. Speziell unser Selbstwert, unser Körperverhalten und unsere Beziehungen zu Menschen und Partnern werden in dieser hochsensiblen Zeit geprägt, sagen wir, einstudiert.

Es ist unser Körpergedächtnis, unser Unbewusstes, was alles abspeichert. Wie ferngesteuert reagieren wir auf Situationen, die eine Erinnerung an alte Wunden in uns hervorrufen, mit Angst oder Ablehnung. Wenn ich die jetzige Situation von oben und wertfrei betrachten würde, könnte ich erkennen, dass meine heutige Reaktion oft nichts mit der jetzigen Situation zu tun hat. Aber wir sind eben im emotionalen Stress nicht bewusst, sondern reagieren unbewusst aus alten Programmen heraus.

Vielleicht ein leichtes Beispiel:

Wenn mich als erwachsener Mensch eine mir nahestehende Person kritisiert und vielleicht als unvollkommen und gar abstoßend empfindet, klingeln sofort alle Alarmglocken, wenn ich als Embryo schon abgelehnt wurde. Mein Körper empfindet jetzt Todesangst. Diese Empfindung ist unbewusst. Realistisch betrachtet oder wenn ich als Kind angenommen und geliebt bin, juckt mich das gar nicht. Dann denke ich, dass sich mein Gegenüber einfach täuscht; und fertig.

Unbewusst wird auf die ursprüngliche und lebenserhaltende Erfahrung im Mutterleib zurückgegriffen. Das hält aus alter Gewohnheit Leib und Seele zusammen. Wie ferngesteuert ist dann der inzwischen eigene Zweifel oder die Angst vor Ablehnung eine Überlebensstrategie. Diese Information sitzt tief im Gefühlshirn, Köper und im Herzen fest.

Das Leitbild aus der Embryonalzeit läuft autonom, unbewusst automatisch ab. Unser Körperbewusstsein vergisst nichts.

Als Erwachsener kann ich erwiesener Maßen gezielt auf mein Unterbewusstsein zurückgreifen. Das braucht ein wenig Übung und Zeit, aber es gelingt. Denn gerade dort, im Unterbewusstsein, im Körpergefühl kann ich jetzt arbeiten und meine größten Schätze hervorbringen. In der pränatalen Körperarbeit arbeiten wir mit dem Körper und seinen gespeicherten Verletzungen, frühesten Erfahrungen und Prägungen.

Wenn ich die Charaktereigenschaften meiner Eltern beobachte, werde ich einige Eigenheiten in mir wieder erkennen. Ich kann bewusst beobachten und erinnern, in welchen Situationen meine Eltern in Verunsicherung oder Misstrauen geraten. Hier entdecke ich dann eine Wiederholung in mir selbst und kann dieses Verhalten nach der Erkenntnis durch Beobachtung willentlich ändern.

Nun ist es so, dass wir diesen Koffer der Mutter, also die gewohnte Manier, gern bei Mutter lassen dürfen. Mit dem Koffer meine ich unser bisher eingeprägtes und gelebtes Programm, eine Eigentümlichkeit, die mir nicht eigen ist, also nicht zu mir gehört.

Jetzt darf der erwachsene Mensch denken: „Meine liebe Mutter, natürlich hast du oft gezweifelt. Du hattest deine Sorgen und deine besondere Lebenssituation zum damaligen Zeitpunkt deiner Schwangerschaft, das ist ja alles völlig okay. Ich habe jetzt meine eigene Situation."

Dieses Erkennen und Umdenken, diese absolute Trennung von alten Programmen ist der Schlüssel zum Entkoppeln, Entprogrammieren und Neuprogrammieren. In der pränatalen Körperpsychotherapie und Traumaarbeit lassen sich die Erfahrungen aus der Embryonalzeit und frühen Kindheit bewusst aus dem Körpergedächtnis lösen.

Dazu arbeiten wir in Gruppen ähnlich einer Familienaufstellung.

Jeder Teilnehmer darf seine eigene Embryonalzeit und Geburt in aller Stille und Ruhe im Körper erleben und wird achtsam und liebevoll von der Gruppe gehalten und unterstützt.

Auf dieser tiefen Körperebene erfährt der Reisende durch seine spontane körperliche Reaktion seine Körpergefühle und sofort werden die Prägungen erkannt. Danach werden wir da sein, um neue Körpergefühle zu speichern. Diese Befreiungsarbeit ist für mich jedes Mal eine Faszination, ein Wunder der Heilung im eigenen Körper beobachten zu dürfen.

Solltest du ein Mensch sein, der liebend gerne zweifelt, stelle dir vor, wie du im Bauch der Mama bist. Lustig anzusehen, nicht wahr? Gib die Gepäckstücke deiner Mama zurück. Es sind ihre persönlichen Sachen und Gewohnheiten in ihrem Koffer. Die passen dir gar nicht. Das ist gar nicht dein Stil.

Haben wir nicht das Recht auf einen eigenen Geschmack, sozusagen Jeans und Pulli, statt Unterrock und Petticoat? Wir haben das Recht auf unsere eigene Reisetasche und geben übertragene Reiseutensilien gern zurück.

„Wo kämen wir denn hin, wenn keiner ginge, um zu sehen, wohin wir denn kämen, wenn wir denn gingen?"

Die Entwicklung der pränatalen Psychologie und Psychotherapie begann schon 1924 durch Otto Rank. Der englische Psychiater Frank Lake geht, wie viele andere, davon aus, dass unsere hauptsächlichen Traumatisierungen alle am Lebensanfang liegen.

Schon Spermien, Eizelle und Zygote reagieren höchst sensibel auf ihr Umfeld und speichern diese ersten Erfahrungen im Zellgedächtnis ab. Diese allerersten Eindrücke bilden ein zelluläres Bewusstsein, welches den Vorläufer späterer körperlicher Empfindungen, Gefühle und Gedankenmuster bildet. Kommt es bereits bei der Einnistung zu traumatischen Gefühlen, speichern auch diese sich im Körper ab und bestimmen unbewusst unsere Verhaltensweisen bei Überlastungssituationen.

Die Folgen des Unerwünscht-Seins werden über biologische Botschaften das Selbstbewusstsein hemmen (u. a. Forschungsergebnisse von Häsung und Janus 1994).

Die Pränatalforschung ist ein riesengroßes und geniales Gebiet in der medizinischen Wissenschaft und Verhaltensanalyse. Darum möchte ich sehr gern auf den wundervollen Autor und Therapeuten Franz Renggli aus der Schweiz verweisen. In seinen Büchern gibt er zusätzliche Hinweise auf geeignete Literatur und brillante Seminare.

Ein Beispiel:

Wenn wir unseren Kindern die Reisetasche für einen größeren Ausflug oder Urlaub packen, legten wir wohl gemeint lauter schöne warme Sachen in den Koffer, damit das Kind nicht friert. Gut gemeint, aber eben nur eigene Vorsicht und eigenes Denken, weil ich vielleicht selbst oft friere. Das Kleine wollte lieber kurze Hosen und T-Shirt einpacken. Den eigenen Stil eben, denn es friert fast nie.

Sehen wir unser Leben im Rückblick an. Sind wir achtsam mit einem Augenzwinkern gegenüber unserem Körpergedächtnis unterwegs, erkennen wir sehr schnell, welches die eingepflanzten Programme und was unsere eigentlichen Vorlieben sind. Bleiben wir am Beispiel der häufigen Zweifel. Wenn wir eigene gewohnheitsmäßige Unsicherheiten an uns selbst erkennen und unser Leben beobachten, sind wir zumindest nicht mehr fremdgesteuert. Wir können mit Mut diese Mühle, den gewohnten Selbstzweifel und das Misstrauen aus eigener Sichtweise beleuchten und verändern. Hierzu bedarf es immer wieder einer genauen Realitätsprüfung. Ist jetzt Zweifel berechtigt oder vorauseilender Argwohn?

Viele Muster dazu bieten die lieben Alltagskleinigkeiten. Unsere Essgewohnheiten, eine geliebte Sitzhaltung, wie wir Gespräche führen oder in unseren Beziehungen leben. Meist eine vertraute schlichte Wiederholung aus der Ursprungsfamilie.

Alles hat seinen Schweif. Auch jede Mutter hatte ihre Päckchen mitbekommen. Unsere Vorfahren haben schwere Lasten von ihren Vorfahren getragen und auch unsere Mütter haben ihr Bestmöglichstes getan, um die Lebensgewichte gleichmäßig verteilen zu können. Vielleicht musste die Mutter einige Lasten unbewusst an ihre Kinder abgeben, weil es alleine nicht zu schaffen war. Von Schuld kann hier keine Rede sein. Auch Mütter sind nur Menschen. Väter übrigens auch.

Ich sehe einen Vergleich im Segelfliegen. Zunächst wird der Segelflieger vom Motorflugzeug an einer speziellen starken Leine hochgezogen. So lange, bis Höhe und Bahn stimmen. Ist die Thermik erreicht, wird das Seil gelöst. Von jetzt an muss sich der Segler abdrehen und in eine eigene Richtung fliegen.

So ist es doch bei uns Menschen auch. Haben wir unsere Kraft als Erwachsener erreicht, sollten wir uns liebevoll abkehren. Unsere eigenen Höhen und Tiefen erleben, Spiralen drehen, den Blick genießen. Das Ziel ist doch, letztendlich wieder sicher zu landen und sich bei Gelegenheit von einem nächsten Motorflugzeug in die Lüfte tragen zu lassen.

Wenn Not oder Gefahr besteht, wird zuallererst einmal körperlich reagiert. Die Schönheiten und Verschnörkelungen kommen später. So ist es eben mit schwangeren Müttern auch. Körper an Bauch:

„Hey, wir müssen das verteilen, sonst wird das nix." Bauch an Körper, sprich Kind an Mutter: „Okay, ich nehme einen Teil und suche mir dann später meinen eigenen Therapeuten." Das ist schon in Ordnung so. Vollkommen vorwurfsfrei. Alle Menschen sind stark genug, gewisse Erfahrungen auch für Mütter und Ahnen zu machen und rückwirkend sich und alle davon zu befreien. Wir haben uns bereiterklärt und nun wollen wir das Beste aus dem Leben machen.

Wir brauchen im Leben jedoch dringend unsere körpereigenen Glückshormone: Serotonin als Stimmungsaufheller, Oxytocin als Verbindungs- und Liebeshormon, Dopamin als unser Belohnungshormon und Endorphin als unseren Schmerzhemmer. Diese Hormone werden vom Körper selbst hergestellt. Aber eben nur, wenn die Voraussetzungen für die Herstellung der eigenen Hormone gegeben sind. Die Auslöser zur Produktion dieser Glückshormone sind körperliche Berührungen, Spaß, Freunde, Liebe, Dankbarkeit, Lachen, Nähe, Bewegung, kleine Erfolge und alles, was uns ehrliche Freude bereitet.

Schon nach 20 Sekunden einer menschlichen Berührung oder der Berührung eines Tieres, werden Endorphine und Oxytocin im Körper ausgeschüttet. Damit gelangen wir in Entspannung und Wohlgefühl.

Unser Verbindungshormon und Kuschelhormon ist unter anderem auch das Oxytocin. Dieses Hormon spielt bei der Geburt eine erhebliche Rolle. Es stärkt die Verbindung zwischen Mutter und Kind und wirkt beruhigend. Zwischenmenschliche Berührung ist enorm wichtig für uns. Durch Berühren, Umarmen und Kuscheln fühlen wir uns rein chemisch durch die Ausschüttung unserer Glückshormone sehr viel wohler, geduldiger und glücklicher. Wir sollten einander mehrfach täglich umarmen und lieb streicheln. In Epidemiezeiten fehlen uns die Verbindungen zu Menschen; wir umarmen einander nicht und werden depressiv. Die Aggressivität der Menschen nimmt deutlich zu, ebenso die Depression. Leider wird auch hier die wirkliche Ursache in der Öffentlichkeit nicht wahrgenommen.

Was führt zum Krankheitsgewinn?

Habe ich den Mut anzuerkennen, wodurch ich einen Krankheitsgewinn habe? Ich kann vielleicht verletzungsbedingt nicht gehen, weil ich gar nicht recht weiß, wohin mit mir, wo mein Ziel ist. Lahmend kann ich nicht weitergehen. Mein Leben zu ändern, bedeutet allerdings mehr Aufwand, also mache ich mir Schmerzen in den Beinen, somit kann ich nicht gehen.

Wenn wir uns Blasen reiben, schützt uns unser Körper, damit das Fleisch behütet wird. Der Fuß baut sich ein Polster an genau der Stelle, an der uns der Schuh drückt, wir also unsicher sind. Ist die Fußsohle betroffen, möchte ich gern mit jemanden zusammenbleiben, ist der Fußrücken verletzt, möchte ich mich eigentlich gern von jemandem trennen. Wenn wir niesen, muss ein unschöner Gedanke ausgespuckt werden, weil es sonst im Inneren zum Explodieren führt.

Will ich handlungsunfähig sein oder will ich aktiv mein Leben gestalten? Habe ich zurzeit keine Idee, was ich machen soll? Habe ich Abscheu gegen meinen Haushalt, weil ich die Familie nicht weiter bedienen möchte? Nervt es, Briefe zu schreiben, die mir gegen den Strich gehen, dann mache ich mir lieber eine Handverletzung. Das ist akzeptiert, wird auch noch bedauert, behandelt, begutachtet, vernäht und ich brauche nicht mehr für andere undankbare Dienste leisten müssen.

Platzt mir der Kopf vor lauter Wut auf Chef, Partner oder Freundin, mache ich mir eben Kopfweh und Migräne. Somit brauche ich nicht auszusprechen, was ich denke. Meine Wut bleibt in mir, es gibt keine aktiven Konflikte, keinen Streit, es bleibt alles ruhig. Ich kann mich hinter die Kriegsgrenze zurückziehen, werde eventuell bedauert; und damit kehrt Friede ein. Ich bin krankgeschrieben, mache die Rollläden zu, alles bleibt im Dunkeln. Meine Wut bleibt in mir, mir platzt nicht nur der Kragen, sondern der auch Kopf. Der Hinweis vom Körper wird ignoriert, bisher dachte ich, die Kopfschmerzen kämen eben plötzlich und die Mediziner hätten keine Ursache parat. Eigentlich erzählt mein Kopf von angestauter Wut.

Oder meine Stimmlippen sind entzündet, damit sind sie zumindest geschwollen und somit kann „das Wort im Hals stecken" bleiben. Ich muss mich nicht genau äußern, kann jedem Streit und der Wahrheit aus dem Weg und aus dem Gespräch gehen.

Meine Beine wollen nicht mehr, warum auch, sie sind immer als Erstes am neuen Ort. Beobachte einmal deinen Gang im Spiegel. Wissen wir also nicht, wohin uns die Zukunft führt, werden unsere Knie weich, blockieren uns und schmerzen. Als Folge dessen darf ich langsamer laufen, die Treppen nicht emporsteigen, den Keller nicht aufsuchen. Der Keller wird mit Vergangenheit, der Dachboden mit Zukunft verbunden. Ich kann keine Berge erklimmen. Aber zum Arzt schaffe ich es noch. Der Fachmann stellt eine Diagnose und wir unterhalten uns nicht, wozu ich denn jetzt nicht weitergehen kann. Verletzung ist aber kein Mangel oder vorgeschobene Entbehrung, auch keine Krankheit. Jetzt handelt mein Körper für mich und eigentlich bin ich Täter anderen gegenüber.

Die ersten Sätze vom Patienten sind die sicherste Diagnose

Eine Patientin sagte einmal zu mir: „Ich glaube, mir fehlt etwas, ich muss mal zum Arzt gehen."

Ich antwortete etwas trocken: „Wenn Ihnen etwas fehlt, muss es nicht unbedingt ein Arzt sein."

Interessanterweise sagen die Patienten in den ersten drei bis vier Sätzen der Begegnung, „wo es fehlt".

Höre doch einmal zu, wenn du deine Symptome einem Freund oder Arzt schilderst. Sätze wie: „Mir ist, als würden Steine im Bauch liegen, es zieht in den Beinen." (Wohin denn bloß?) Neulich sagte eine Patientin: „Ich glaube, ich muss meinen Mann loswerden." Das wäre dann aber ein Eingriff in die Menschlichkeit eines anderen, hier ist immer zu überlegen, was ich in mir selbst loswerden möchte. Ist es finanzielle Abhängigkeit? Dann muss ich überlegen, welche Sicherheit ich wirklich für mich brauche.

„Meine Beine sind schwer wie Blei." Huch, Klotz am Bein?

„Ich kann so schlecht erkennen, ich brauche eine Brille." Na, was kann ich denn da nicht erkennen? Kann ich schlecht „ins Weite", also in die ferne Zukunft sehen? Vielleicht habe ich „Bedenken", wie mein Leben im Alter aussehen wird. Oder kann ich beim Lesen die Buchstaben nicht erkennen, sie verschwinden, sind zu klein. Vielleicht möchte ich lieber im Leben „zwischen den Zeilen" lesen oder lieber nicht so genau hinsehen, die Kleinigkeiten übersehen, nicht so wichtig nehmen. Die Feinheiten des Lebens sind vielleicht inzwischen (ab einem gewissen Alter) untergegangen, man funktioniert. Der grobe Plan ist erfüllt, eingehalten, die kleinen Liebeleien, Aufmerksamkeiten, Schönheiten, Witze, Zärtlichkeiten gehen unter. Schnörkel sind verschwommen im Alltag. Also kaufe ich mir eine Brille, steht mir zu, ab einem gewissen Alter habe ich wohl das Recht auf Weisheit und somit auf ein Zeichen nach außen.

Soll heißen: „Ich stehe über den Dingen, ich stehe zu meinem Alter, einer gewissen Reife, die Kleinigkeiten habe ich ‚abgehakt‘. Liebeleien waren da, als ich jung war. Damals achtete ich noch darauf, wie mein Liebster mich berührte, mit welchem Gesicht er mich begrüßte, wie oft er täglich seine Liebe beschwor, ob er meinen Nacken, die Lippen oder ‚nur‘ die Wange küsste. Ja, die lieben Feinheiten sind nun verschwommen, verwischt, das Große und Ganze klappt aber ganz gut.“

Ich möchte mit diesem Vergleich nicht den Jugendwahn unterstützen, dass wir ewig jung bleiben müssen, keine Falten haben dürfen und keine Hilfsmittel brauchen. Nein, einfach nur die kleinen Hinweise unseres geliebten Körpers verständlicher machen. Er liebt uns und zeigt uns zur Not eben auch: „Ach du, ist okay so, manchmal ist es eben einfacher so und fertig“. Es ist ab einem gewissen Alter und einer gewissen Reife an der Zeit, den Rückblick zuzulassen. Jede Falte habe ich mir schwer erarbeitet. Viele Dinge in meinem Leben habe ich magnetisch angezogen, weil ich dachte, es sei gut für mich. Einiges habe ich – im Nachhinein betrachtet – falsch gemacht. Aber dieser Satz schmerzt heutzutage freilich übermäßig, denn wir haben gelernt, dass Fehler etwas ganz Schlimmes sind, in etwa so, als hätten wir unwiederbringlich Scheiße gebaut. Nein, meine Lieben, wir machen alle Fehler, es ist nur schön, wenn wir daraus lernen und zumindest eine Verbesserung im Hier und Jetzt einleiten.

Die Zeit können wir nicht zurückdrehen, auch nicht, wenn wir beim Arzt die Beschwerden loswerden wollen und Symptome schildern, statt unsere wirklichen Nöte aufzuzählen.

Aber wir können für die nächste Generation neue Wege ebnen, ihnen von Erfahrungen berichten, auch wenn diese dann sowieso ihre eigenen Erfahrungen durchleben möchten. Das ist der Lauf der Dinge und des Menschen. Trotzdem bin ich wie die meisten von uns davon überzeugt, dass in Sachen Intelligenz noch Luft nach oben ist, sonst würden wir uns nicht ständig neu bekriegen. Aber auch hier ist zu beobachten, dass es die alten Gedanken sind, die sich nicht weiterentwickeln wollen; ein Hausputz ist dringend für uns Menschlein notwendig.

Im Kleinen kann ich schließlich selbst handeln, mich neu orientieren, in der Familie Werte von Liebe und Toleranz vorleben.

Handverletzungen sind zur Familienzusammenführung sehr gewinnbringend. Nach 10 Jahren macht dir damit dein Mann wieder den BH zu, wäscht dir die Haare, massiert, also streichelt deine Hand. Dann muss er auch wieder einmal putzen und erkennt, wie viel Arbeit und Zeitaufwand dahintersteckt. Er öffnet dir die Flasche und schneidet dir das Brot, so wie früher, als ihr noch verliebt wart. Oder umgekehrt: die Frau schmiert ihm jetzt die Brote, unterstützt ihn bei der Arbeit im Garten, schneidet auch endlich einmal die starken Äste ab; die müssen ja schließlich weg. Sie hilft ihm in den Anzug, hilft beim Duschen, zieht ihm die Socken an. Handlungsunfähigkeit ist eine wundervolle Gelegenheit, sich wieder einmal näherzukommen.

Beinverletzungen verbinden uns dahingehend, dass unsere heimlichen Wünsche nach gemeinsamen Wegen erfüllt werden können. Endlich können wir uns wieder Einhaken, uns chauffieren lassen, wir gehen jetzt gemeinsam einkaufen und zum Arzt, weil es allein nicht geht, wir brauchen die Stütze. Am besten die Unterstützung aus der Familie, die in den letzten Jahren zu kurz kam.

Dazu gibt es so wundervolle Lektüre über Achtsamkeit und ein Leben im Jetzt und Hier. Eckart Tolle und Murphy sind Vorbilder, die zur Pflichtlektüre jeder Schulklasse gehören sollten. Auch eine sehr schöne und praktische Achtsamkeitsübung: Ein Krimi „Achtsam morden" von Karsten Busse – macht echt Spaß.

Verquere Rollenverteilungen

Wie bereits seit Jahrhunderten gilt auch heute noch eine mehr oder weniger strikte Rollenverteilung in gesellschaftlichen und familiären Bereichen. Genderismus hilft uns da nicht weiter. Laut Wikipedia ist Genderismus „die Verwirklichung der Gleichstellung der Geschlechter". Wobei sich hier eher auf das innewohnende Männliche und Weibliche in jedem Lebewesen zu beziehen ist, so ist die ursprüngliche These gemeint. Der Lauf unserer Evolution dauert noch immer an, so schnell können wir keinen Zeitraffer vorschalten. Die Gleichstellungspolitik ist in unseren Körpern noch lange nicht angekommen. Somit besteht in diesen Zeiten noch immer eine grundsätzliche Problematik im allgemeinen und persönlichen Rollenverständnis. In der Theorie mögen uns die neuen Zuordnungen zwar möglich und folgerichtig erscheinen, unser Körper reagiert aber noch immer zu 90 % aus dem Gefühlshirn. Dieser biologische Mechanismus lässt sich nicht einfach mit theoretischen Verstandesentwürfen regulieren.

Mühelos kann ich dem Essen Gewürz beifügen oder eine technische Erweiterung und geniale Erfindung im Automobil zusätzlich integrieren. Wir Menschenwesen sind aber keine reine Materie und empfinden, ob es nun passt oder nicht, rein biologisch.

Als Frau muss ich jetzt gesellschaftlich gesehen meinen „Mann" stehen. Frauen sind sehr gut ausgebildet, sind handwerklich begabt und könnten inzwischen sehr gut alleine leben. Andererseits möchten sie natürlich gerne eine weiche Frau sein. In ihrer Weiblichkeit das Nest hüten, Geborgenheit geben, die Kinder bemuttern und die Ruhe in der Familie bewahren. Das Weibchen ist die Sammlerin und Rudelführerin, ist dafür verantwortlich, das Rudel oder die Sippe zusammenzuhalten.

Heute heißt das, sie hat die Hosen in der Familie an. Nanu? Die Frauen bekommen ihre Kinder und halten die Art am Laufen. Trotzdem möchten sie natürlich währenddessen sehr gerne ihrem Beruf und der Karriere nachgehen, weil sie schlau sind. Denn auch die Familie sieht es sehr gerne, wenn durch das erfolgreiche Streben nach Karriere zusätzliches Geld für alle zur Verfügung steht. Weil Geld nun einmal in der heutigen Zeit die Grundlage für ein gemütliches Heim, gesunde Ernährung und Bildung ist. Die spirituellen Ansätze vom Glück ohne materiellen Hintergrund sind in der Realität der modernen Zeit leider nicht anwendbar.

Auch unsere Männer haben kein eigenes Feld mehr. Die heranwachsenden Jungen werden von Erzieherinnen, Lehrerinnen und Müttern erzogen. Unsere Jungen werden bestraft, wenn sie untereinander rangeln, ihre Vorliebe für Spielzeuggewehre ausleben, unruhig und motorisch völlig unterfordert in der Schule rumhampeln und zappeln. Mütter feuern auf dem Fußballplatz ihre Jungen lauthals an, Väter sind logischerweise um 15 Uhr noch bei der Arbeit. Die Väter, welche eigentlich Vorbilder sein könnten, sind zu einem großen Teil des Tages selbstverständlich auf der Arbeit. Was bedeutet das? Die Vorbilder der heute heranwachsenden, männlichen Jugendlichen werden von Frauen geprägt. Es sind dieselben Frauen, die sich damit rühmen, auch männlich dominierte Aufgaben locker zu erledigen. Ganz unbewusst wird den Jungen suggeriert, dass sie eigentlich, so wie sie sind, überflüssig sind. Zum Ausgleich sollen die Jungen nun sticken, kochen, weich sein und sich auf keinen Fall raufen. Ein männliches, vermeintlich aggressives Verhalten wird sofort bestraft. In manchen Fällen wird ein solches Verhalten vorsichtshalber medikamentös behandelt. In der Pubertät wird sich nun am ganzen Körper rasiert und am Schluss wird sich früh genug mit Haschisch die Situation und das Durcheinander bunt gemalt.

Die Jugend bewegt sich virtuell. Wir wissen, dass ein Gehirn zunächst nicht unterscheiden kann, ob wir uns in Gedanken bewegen oder in Wirklichkeit. Der Gedanke: ‚Ich schlage auf eine Mücke‘, dauert nur sehr kurz und unsere Muskulatur bewegt sich im repräsentierten Gehirnteil kurz mit. Überlege ich, einen Elefanten zu besteigen, dauert dieser Gedanke tatsächlich länger und unsere Gehirn-Körperreferenz ist damit länger beschäftigt. Spielen die Menschen also virtuelle PC-Spiele, bei denen sie kämpfen, bauen, flüchten und schnell reagieren müssen, und das über Stunden hinweg, ist der Körper tatsächlich zunächst überzeugt, er würde agieren. Die Muskulatur wird aber nicht bewegt und somit entsteht ein angestauter Bewegungsdrang, welcher dann körperlich auch ausgelebt werden müsste. Das kann aber aus Zeitgründen dann nicht mehr umgesetzt werden. Na ja, wenigstens scheinbar haben sich die Jungen im PC-Spiel behauptet und ihre Stärke ausleben dürfen. In der Realität und im Körper allerdings bleibt ein permanenter Mangel am Ausleben von Kraft bestehen. Die evolutionär innewohnende Männlichkeit muss ständig unterdrückt werden. Wenigstens lassen sich die Männer jetzt gerade wieder einen Vollbart wachsen. Das ist aus gutem Grund derzeit wieder Mode.

Ein von mir sehr geliebter Freund ist in hoher Position einer großen Firma. Er hatte eine steile Karriere hingelegt und sagt mir eines Tages: „Weißt du, Carola, ich habe ein schlechtes Gewissen gegenüber meiner Tochter. Für meine Tochter und meine Frau hatte ich nie Zeit. Ich war oft auf Auslandsreisen, in der Firma habe ich ein Forschungsinstitut geleitet. Ich bin immer auf dem neuesten technischen Stand." Und er sagte weiter: „Wenn ich heute meine jungen angestellten Männer sehe, bekomme ich geradezu ein schlechtes Gewissen. Denn diese jungen Herren haben die einzigartige Möglichkeit, sich eine Auszeit zu nehmen, diese sogenannte Eltern-Teilzeit, um bei ihren Kindern zu sein. Das ist ein großer Fortschritt."

Ja, gesellschaftlich gesehen ist das wohl so. Aus der Theorie heraus mögen die Gleichstellung und das Bedürfnis nach Familie unbedingt stimmig sein. Die Art der Umsetzung in heutigen Zeiten ist allerdings fraglich.

Ein Baby braucht evolutionär noch am meisten die Mama und Weiblichkeit. Der Papa wird so richtig wichtig, wenn es um das Erlernen von männlichen Aspekten im Leben geht. Dann jedoch sind unsere Männer außer Reichweite. Das ist kein Vorwurf, sondern derzeit unsere Realität. Unser Körper weiß das nur noch nicht und kann das Neue noch nicht begreifen. Biologische Evolution dauert eben nicht 100 Jahre, sondern Tausende von Jahren. Es wird uns nur eingeredet, wir könnten das Neue fix integrieren, schließlich wird im Außen einiges dafür getan.

Also bitte sehen wir uns ohne Überheblichkeit einmal die Tierwelt an. Stellen wir uns vor, wir Menschen würden beschließen, dass von nun an der Bulle die Kälbchen betreut und die Mutterkuh unterwegs ist. Es geht einfach nicht, weil das Kälbchen die Milch braucht. Wir aber tun so, als wären wir etwas ganz Besonderes, weit weg von jeglichem Säugetier. Wir „Übergeordneten" hätten ja schließlich das entsprechende Gehirn, um die Erneuerungen wohlwollend zu empfangen. Nein, das ist nicht so. Langsam und allmählich entsteht die Anpassung an neue Gegebenheiten bei biologischen Wesen. Intelligenz hilft unseren angeborenen Instinkten noch nicht weiter, denn wir werden zu 90 % vom Unbewussten gesteuert.

Ich antwortete ihm: „Weißt du, ich kenne aber einige dieser Familien. Ich will dir sagen, das Ende vom Lied ist anders als erwartet.

Diese Beziehungen sind oft nicht so ideal, wie sie nach außen wirken mögen. Dieses Erscheinungsbild möchten sie nur unbedingt bewahren, weil es sich heutzutage als intelligent und aufgeschlossen zeigt. Wir wollen freilich gescheit sein und mit der Neuausrichtung mitgehen. In der Firma kann ich mich dem technischen Fortschritt auch nicht widersetzen."

In der Theorie ist die Idee einer Aktualisierung von Rollenverteilungen sehr gut. Der Mann nimmt eine Auszeit, Familienzeit wird sie gerne genannt, und erzieht die Kinder. Dadurch weiß er, wie viel Arbeit in Haushalt und Erziehung steckt. In der Familienzeit wird dem Vater gewahr, dass wir Frauen und Mütter den ganzen Tag putzen, schrubben, lächeln, trösten, spielen und jederzeit und allzeit zur Verfügung stehen. Wer kennt das nicht? Haben wir gerade das ganze Haus geputzt, kommt unser Kind aus dem Sandkasten, leert den Sand aus den Hosentaschen und Säumen. Dann fängt man im Grunde genommen noch mal von vorne an, weil wir eine saubere Wohnung bevorzugen. Am Abend ist dann alles wieder blank, ruhig und schön, satt und zufrieden. Und irgendwie weiß keiner, was man eigentlich den ganzen Tag getan hat.

Leider sind die Mütter zumeist allein mit ihren Kindern. In unserer Zeit hat nun jedes Kind eine eigene Schaukel und Spielzeug. Der Gruppenzusammenhalt, also unser Rudel wird vernachlässigt. Es fehlt die Zeit. Wir mögen intelligenter als andere Lebewesen wirken. Eine Pflanze oder ein Einzeller können relativ schnell über technische Genmanipulation an menschliche Bedürfnisse angepasst werden. Der Mensch ist aber ein hochkompliziertes und vielschichtiges Lebewesen, da dauert eine körperliche Anpassung entsprechend länger. Noch immer wachsen uns Haare auf Armen und Beinen, obwohl wir sie aus jetziger Sicht betrachtet, nicht mehr brauchen. Es braucht eben Zeit der körperlichen Anpassung an neue Gegebenheiten, bis der Körperaufbau definitiv reagiert. Immerhin bekommen wir kein Winterfell mehr. Unsere Mauser beginnt erst im Alter und die Sprache ist vielseitig und konkret.

Letztendlich ist es immer noch so, dass in den Genen und im Gefühl der menschlichen Evolution die Mutterrolle festgelegt ist. Wenn wir also innerlich einen Konflikt, Ärger, Uneinigkeit oder Hader im Körper, den Gedanken und Unterbewusstsein erleben, werden wir krank. Wir reagieren im Körper mit der ihm eigenen Sprache, die wir im Anschluss Krankheit und Symptom nennen. Es wäre heute erst einmal wichtig, wenn wir zugeben könnten, dass eine Ehefrau oder Mutter einfach kein Weibchen als gleichberechtigten Partner haben möchte und dass ein Kind keine zwei Mütter braucht. Auch Männer in Frauenrollen, sicherlich mit den besten Vorsätzen und einem guten Willen, landen letztendlich in einem undefinierbaren Zustand, welcher dann weder Fisch noch Fleisch ist. Salopp könnte man sagen, dass diese Beziehungen gefühlt in einem „Mischmasch" landen. Es gibt weder die klar definierte Frauenrolle, noch gibt es die abgegrenzte Männerrolle. Das hier zugrunde liegende

Ziel „Wir beide sind gleich" bekommt weder unseren Körpern noch unserem Verstand, noch unseren Beziehungen gut. Wohl bemerkt, die Theorie der absoluten Gleichberechtigung ist prima. Wenn alles so passen würde, wie die Theorie besagt, gehört dann jedoch eine Weiterentwicklung ganz zu Ende gedacht. Dann müssten Erzieher her, Jungen dürften sich wieder viel mehr bewegen, ein komplett neu überarbeitetes Schulsystem müsste endlich, nach 50 Jahren der Überlegung und der tollen Ideen wirklich in die Tat umgesetzt werden. Ich erkenne hier keinerlei Fortschritt, keine praktische Anpassung an die neuen Ideen, keine Integration von Verhaltensforschungen, gar nichts Neues. Aber wir behaupten, alles sei prima, die Männer dürfen jetzt auch mal zu Hause sein.

Mittlerweile stehen wir oft vor dem Phänomen, dass die Frau interessanterweise und leider die Achtung vor dem Mann verliert. Die Männer wissen nicht mehr, was sie auf die Frage: „Was denkst du gerade", oder: „Liebst du mich noch?", so recht antworten sollen.

Sie verliert die Achtung, weil er sich jetzt eben ein Stück weit in eine Frauenrolle begibt. Gleichzeitig beneidet der Mann seine Frau, die inzwischen auf der Karriereleiter ein Stück höher kommt. Sie ist derzeit diejenige, die das Geld verdient. Der Mann ist derjenige, der zu Hause den Alltag schmeißt. Dieses Vertauschen der Rollen führt zu Reibereien. Noch braucht es für eine gesunde Gesellschaft sowohl den männlichen als auch den weiblichen Teil.

Ich möchte ganz klar betonen, dass die Emanzipation der Frau wichtig war und wichtig ist. Doch heute erleben wir eine Art Chaos, resultierend aus falsch verstandener Emanzipation und falsch ausgelegten Rollen. Ein Chaos vor der Ordnung? Hoffen wir einmal, dass die Evolution sich schleunigst im Körper festsetzt, sonst krankt die Menschheit vor sich hin.

Demgegenüber wird aktuell in einigen Kreisen wieder großer Wert auf die heilige Weiblichkeit gelegt. Das hat nichts mit bisher verstandener Emanzipation zu tun. Es ist wieder „in", dass unsere Frauen weiblich sein dürfen. Gewünscht ist, sich um das Nest und um die Familie zu kümmern, Heilwissen und Kräuterlehre aufzugreifen. Irgendwie scheint es doch wieder wichtig zu sein, sich auf menschliche Bedürfnisse zu besinnen.

Eine sibirische Schamanin zeigte neulich ein Video, das bei YouTube tausendfach geliked wurde. In diesem Video wird die Schönheit der Weiblichkeit gezeigt und hochgeschätzt, das Vertrauen und die ursprüngliche Heiligkeit von Mutter Erde und Vater Himmel. Wundervoll beschrieb diese Frau, die den Zeitenwandel als Chance wahrnimmt, dass wieder alte Vertrautheiten in den Familien zu finden sind. Der gesellschaftliche Wandel macht den Weg frei, sodass sich Frauen wieder an ihre Schönheit und an ihre Erotik erinnern dürfen. An ihre Kraft und Muße, sich dem Zusammenhalt des Rudels, also der Familie, zu widmen und dadurch auch den Mann wieder in seiner ursprünglichen Stärke zu nähren.

Dieser Gedankenansatz und Sinngehalt erscheint wunderschön und wird sehr gern von vielen Menschen angenommen und bewundert. In der jetzigen Wirklichkeit ist zwar noch wenig Raum für Heilung der wahren Weiblichkeit und Natur, Geborgenheit und ein gemütliches Nest, aber wir können zuversichtlich sein, denn der Wunsch nach Geborgenheit ist in uns allen vorhanden. Noch muss es heute hauptsächlich nach außen gut aussehen. Wenn die moderne Frau nach acht Stunden Berufstätigkeit noch rasch einkauft, um etwas Schnelles zu kochen, dann verliert sich im Alltag die Bemühung, eine wundervolle Weiblichkeit neu zu entdecken. Mal ehrlich, so die richtige Lust auf Schönheit und Erotik kommt da noch zu kurz. Jetzt in der sogenannten Coronakrise werden oft Zeit und Raum dafür zur Verfügung gestellt. Gezwungenermaßen kommen wir zu uns und zur Familie zurück. Leider aber wieder unter Druck und Angst.

Die Technik hat sich schnell verändert, der menschliche Körper ist aber bio-*logisch*. Unsere „Zwischenzeit" im jetzigen Wandel nimmt zuweilen lustige Züge an. Manchmal schrieb ich aus Spaß am Vormittag meinen Kindern eine belanglose Nachricht auf das Handy. Am Ende schrieb ich dann: „Und warum siehst du jetzt auf das Handy? Schau bitte zur Tafel!" Junge Menschen sind natürlich der Technik weit aufgeschlossen. Manchmal wünsche ich mir, dass viele Menschen fühlen könnten, was ich in der Cranio-sacral-Therapie im Kopf der jungen Leute spüre. Ich fühle, wenn eine Kopfhörerseite des Handys defekt ist. Die gegenüberliegende Hirnhälfte schaltet sich wegen Überforderung regelrecht ab, wirkt starr und leblos. Bereits seit langer Zeit wird sogar bildgebend nachgewiesen, dass die am Herzen getragenen Mobiltelefone in der Hemdtasche oder im Genitalbereich in der Hosentasche parat, erhebliche Störungen hervorrufen. Wir bestehen selbst aus Magnetfeldern, welche mit Funkwellen nicht auf Dauer kompatibel sind. Wir Alten können da lange reden, das wird als altbacken abgetan.

Zum Thema Glauben

Manchmal ist es tatsächlich so, dass wir erst in schwierigen Zeiten, in denen es weder vorwärts noch rückwärts geht, eine Art Glauben entwickeln und damit unsere Gedanken bewusst steuern und uns Hoffnungen ausdenken können. „Lieber Gott, oder wer auch immer, auch wenn ich immer gesagt habe, es gibt dich nicht – es ist mir gerade völlig egal. Ich will, dass es dich gibt, und ich will, dass du mir hilfst. Ich brauche Rückendeckung." Abgesehen davon, dass uns der Körper mit einem Unterstützungsangebot sowieso zur Verfügung steht, brauchen wir doch gelegentlich dringend einen Hoffnungsschimmer von irgendwo da draußen, egal, wer oder was es ist, Hauptsache, es hilft. Das nenne ich Glaube und Hoffnung. Diese Hoffnung kann uns Menschlein wirklich zeitweise über Wasser halten und trösten. Glücklicherweise sind es auch Menschen, die uns manchmal unerwartet Hoffnung schenken.

Zu einem Zeitpunkt meines Lebens, an dem ich wirklich sehr überraschend alles verloren hatte, habe ich nach stundenlangem Weinen das Universum um Hilfe gebeten. Irgendwie dachte ich dann: ‚Carola, steig jetzt in dein Auto und fahr los!‘ Ich stieg in meine alte, schöne Ente und fuhr los, um erst einmal tanken zu können. Ein menschlicher Engel sprach mich an dieser Tankstelle unter einem lustigen Vorwand an. Er zeigte mir, dass am Auto einige Drähte herausschauten. Diese Misere konnte ich nur bejahen und völlig emotionslos erklärte ich ihm, dass die Ente sowieso nur die Liebe zusammenhält, aber wir beide das gut meistern und eben einfach fahren würden. Irgendwie schien die Zeit stillzustehen, denn hinter mir in der Tankschlange warteten die nächsten Autos, aber keiner hupte, als ich mit dem Mann auch noch die Motorhaube öffnete und wir beide staunend in das Gesamtwerk meines alten Autos starrten. Genau in diesem Augenblick war ich wohl de-mütig, völlig emotionslos, gedankenlos, vorurteilsfrei und bis dahin ohne große Hoffnung.

Zu einem anderen Zeitpunkt hätte ich denken können: ‚Was will dieser Mann von mir oder hat der kein Zuhause?‘ In diesem Augenblick war ich in Stille im Hier und Jetzt.

Damals traf ich also einen wunderbaren Engel, der mich einfach ansprach und mich damit irgendwie ins Leben holte. Wir gingen dann zusammen essen und redeten. Das war für mich zu dieser Zeit der notwendige, kleine Schritt aus dem Nichts und meiner Hoffnungslosigkeit heraus.

Ich nenne ihn heute meinen Engel. Ich weiß nicht, was ich ohne diesen bis dahin Fremden damals gemacht hätte. Er half mir dann in vielen Sachen, ohne zu fragen, ohne an sich selbst zu denken und ohne Vorurteile, einfach so. Danke Thomas.

Nach solchen „wundersamen Begegnungen" durch den Glauben an Größeres können wir wieder Mut fassen. Zuweilen müssen wir nur unsere Augen für die Wunder dieser Welt öffnen.

Wir bekommen häufig Gelegenheiten, für andere Menschen ein kleiner Engel zu sein. Oft helfen schon ein Lächeln, ein kurzes Gespräch oder ein Kompliment, um einen Fremden oder Bekannten aus einem Tief zu locken. Leider hält uns manchmal der sogenannte Anstand zurück, wir könnten einem anderen Menschen zu nahekommen oder gar stören. Aber was soll es? Vielleicht mache ich mich einmal lächerlich, macht gar nichts. Vielleicht helfe ich aber auch einem verzweifelten Menschen, wenn ich den Mut aufbringe, uneigennützig Hilfe anzubieten.

Von ähnlichen Treffen erzählen mir Patienten sehr häufig.

Wenn wir darüber nachdenken, fällt jedem von uns eine Begebenheit ein, in der wir glaubten, dass gar nichts mehr geht, schlimmer geht's immer oder schlimmer geht's nimmer.

In solchen Lebenssituationen sehen wir vielleicht zunächst den Ausweg, der uns an die Hand gegeben wird, nicht. Auch bei sogenannten Unfällen ist es eben nicht nur ein Un-fall, sondern später erkennen wir, wozu wir denn gefallen sind. Krankheiten und Verletzungen sind immer eine Reaktion unseres Körpers auf eine Notlage. Dann schwächelt das Immunsystem; unsere Stabilität in den Knochen oder die Bänder und führenden Strukturen werden locker oder verspannt. Unser Körper ist dann nicht in der Lage, Fremdes von Eigenem zu unterscheiden, kann Freund und Feind nicht mehr ausreichend trennen. Ist es dann in Wirklichkeit nicht so, dass wir im derzeitigen Leben überfordert sind, einen Gegner oder Konkurrenten nicht ausreichend abwehren können? Fühlen wir uns gescheitert?

Ist es nicht auffällig, dass im Frühwinter alljährlich eine Grippewelle über uns hereinbricht? In dieser Zeit beginnen gleichzeitig die Vorbereitungen für das Weihnachtsfest. In den Geschäften werden ab September Weihnachtsbäckereien und Dekorationen ausgelegt. Uns wird impliziert, dass wir noch viele Vorbereitungen zu treffen haben. Die Familie möchte gern ein friedliches Fest, in der Realität sieht es oft anders aus. In der Firma und im Verein stehen die alljährlichen Weihnachtsfeiern an, all diese Termine und Anstandsbesuche können uns zuweilen zusetzen. Unser Körper reagiert prompt und ist mit der Unterscheidung, was nun wirklich wichtig ist, welche Dinge wir eher als Belastung empfinden und welche Situationen uns gar zuwider sind, ebenso belastet. Er gibt uns also eine kurze Auszeit, die Nase ist voll von Zeitdruck und Heuchelei. Wir husten, weil wir gewisse Sachen nicht aussprechen dürfen, wir haben einen Kloß im Hals, der Kamm schwillt und davon bekommen wir Kopfschmerzen. Natürlich schieben wir gewohnheitsmäßig die Grippe auf eine Ansteckung und den Wetterumschwung. Wenn wir uns umschauen, erkennen wir aber, dass gelassene Menschen die Erkrankung einfach auslassen, sich interessanterweise auch nicht anstecken lassen. Wenn wir glauben, die Grippe trifft uns sowieso, wie in jedem Jahr, dann kann das auch eine bestätigte Prophezeiung sein. Dann müssen wir, wie jedes Jahr, auch nicht aussortieren, was in der Vorweihnachtszeit für uns gut ist und was uns eher widerstrebt. Wir könnten unserer Erkältung frönen und damit den Zeitgewinn zum Ausruhen als Krankheit verbuchen.

Wir waren beim Glauben. In Zeiten der absoluten Not helfen uns einzig und allein unsere eigens kreierten Gedanken und Hoffnungen. Es ist unumstritten, dass wir über Bilder und Gedanken unsere Gefühle und unser Leben im Hier und Heute sehr wohl steuern können. Sagen wir doch einfach Stopp, wenn wir wieder im Gedankenkarussell landen. Gezieltes und bewusstes Aussortieren von Gedanken ist in aufregenden Zeiten eine riesige Hilfe. Wenn wir uns im Kreis drehen, hilft ein Stoppschild. Die Realitätsprüfung, welche Dinge im Moment wirklich wichtig sind und welcher Schauplatz uns jetzt gerade umgibt. Die Vergangenheit kann bewusst gedanklich ausgeschalten werden. Wir wenden uns einzig und allein dem Jetzt zu. Dann entsteht Ordnung im Kopf. In hektischen Begleitumständen kann uns die Strukturierung unserer Gedanken die Hilfe sein, die wir am dringendsten benötigen.

Wenn die Sonne scheint, freuen wir uns über die wunderschöne Wärme und das Licht. Kommt eine Wolke, wird es deutlich kälter. Unsere Gedanken sind oft die Wolken, welche die Sonne verbergen. Dann reagieren wir mit Krankheit und wissen angeblich nicht, warum und wozu wir kränkeln.

Gedankenwolken und Sonnenfinsternis

Ein Beispiel: Sie leben vielleicht in einer Partnerschaft in getrennten Wohnungen. Alles ist gut und prima, öfter am Tag werden Sprachnachrichten, hübsche Bilder und Worte übers Handy gesendet. Das Herz ist glücklich, wir sind auf der Arbeit, machen unseren Job, sprechen mit Kollegen über Konzepte oder auch einmal über private Dinge. Unsere Gedanken sind frei und unbeschwert, wir konzentrieren uns auf den Alltag und sind unbelastet und froh.

Plötzlich erzählt eine Kollegin, dass sie auf dem Handy ihres Mannes eine Flirt-App gefunden hat. Sprachlosigkeit macht sich breit. Ja, in einer langjährigen Beziehung ist es nicht mehr ganz so heiß wie zu Anfang, die Küsse und Liebesbeweise werden seltener, die Erotik bleibt zuweilen auf der Strecke, man möchte ja gern, aber es fehlt auch irgendwie die Zeit. Leider ist man abends müde und hat auch nicht so die ganz große Lust, sich in Dessous zu schwingen. Das gemeinsame Abendbrot ist eher Schnellkost, weil wir doch recht viel um die Ohren hatten.

Klar gibt es heutzutage für alles und jedes eine App, eine Börse, ein Angebot. Müssen wir diese aber nutzen oder können wir auch einfach einmal die natürliche Intelligenz einsetzten, bevor die künstliche Intelligenz eine Partnerauswahl in einer Börse für mich findet?

Na ja, die Stimmung im Kollegium ist gedämpft, weil sich die Arbeitskollegin nun Gedanken macht.

Jetzt passiert aber Folgendes: Auch die Zuhörerin könnte nun auf gefährliche Gedanken kommen, grübeln, warum ihr Partner heute noch nicht geschrieben hat und überhaupt, bei allem Nachdenken: ‚*Mein Partner war in dieser Woche zweimal am Abend nicht erreichbar ...*‘ Den Rest kennt jeder von uns, den brauchen wir hier gar nicht zu wiederholen. Eine Gedankenschleife beginnt, die mit jeder neuen Variante aus der Vergangenheit abrufbar ist. Bilder und vorauseilende Ängste steigen auf. Vom Ex, der auch einmal fremdging, oder der Ex der Mutter oder Freundin. Jegliches Horrorszenario ist jetzt denkbar.

Gedanken sind frei und weil sie so frei sind, entwickeln sie zuweilen Höhenflüge und Fantasien, die fast nicht mehr steuerbar sind. FAST, denn auch in Augenblicken der Unsicherheit können wir in die Realitätsprüfung einsteigen und unser Denken bewusst ändern. An wen oder was glauben wir? Glauben wir an uns und unser Bauchgefühl oder nur an vergangenen Erfahrungen?

Aus derselben Alltagssituation wie oben beschrieben, vom Verliebtsein und dem puren Glück, können durch eine Erzählung eines anderen plötzlich Unsicherheit, Zweifel, Angst und Bange entstehen. Dann können wir uns noch fragen, warum ich so schnell aus der Fassung zu bringen bin. Sind es nur alte Erinnerungen oder habe ich einen echten Grund, mich jetzt selbst fertigzumachen?

Oftmals sind es eben nur unsere Gedanken und Vorstellungen, die uns den Tag versauen. Gedanken kommen sowieso, es gibt keinen Knopf zum Ausschalten. Wenn sie aber da sind, kann ich mit Verstand meine aufkommende Unruhe auf Wahrheit prüfen und danach für mich einlenken. Entweder ich entlasse meine derzeitig ungute Vision oder ich ändere bewusst meine Besorgnis und forme mit meiner Vorstellungskraft neue Ideen. Kann ich mir etwas Schönes einreden? Ja, zu Anfang kann ich mir meine Wunschvorstellung einreden. Ich kann mir gezielt Gesundheit und Glück ein-bilden, über die Resonanz der Schwingung lenke ich damit mein DA-Sein.

Wir Menschlein dürfen wieder erleben und begreifen, dass es aus jedem Schlamassel einen Weg heraus gibt, manchmal eben mithilfe anderer, na und? Wir sind Rudeltiere und benötigen die Anerkennung vom Rudel. Es nützt uns nichts, wenn wir uns nur selbst lieben. Wir sind über Spiegelneuronen darauf programmiert und angewiesen, auch die Liebe von anderen zu bekommen. Aus Verhaltensforschungen ist lange schon bekannt, dass Kinder, die keine Liebe erhalten, schlicht nicht überleben. Wir müssen nicht alles allein schaffen. Es gibt immer wieder Begegnungen mit freundlichen Menschen, die unsere Einzigartigkeit erkennen. Eine gewisse Art von Leichtigkeit, eine etwas lockere Lebenshaltung hilft, wenn Gedankenwolken aufziehen. Herrliche Postkarten und Handysprüche bringen in letzter Zeit sehr viel Humor ins Leben und machen die Sonne wieder sichtbar.

Kranke Gedanken machen unseren Körper krank. Bei Kummer sollten wir nicht nur verbissen nach dem Sinn des Lebens suchen, Humor wäre doch ein zweckmäßiger Sinn, oder?

Warum tue ich mir das an?

Das ist nun ein anderer Ansatz, den Körper und sich selbst wahrnehmen zu können, so gar nicht pharmafreundlich und sehr direkt.

Solange ich mich in der Opferhaltung befinde, kann mein Körper nicht heilen, denn es gibt immer auch einen Krankheitsgewinn. Jedes Opfer bekommt Zuwendung oder Aufmerksamkeit. Eine Hintertür oder die passende Ausrede für ungeliebte Tätigkeiten kommen jetzt zum Einsatz. Besonderes Essen, eine Krücke an die Hand, spezielle Medikamente, die im besten Fall auch noch teuer sind. Die Aufzählung lässt sich ins Unermessliche fortführen. Grundsätzlich bekommen wir durch Krankheit eine ungewöhnlichere Situation als zuvor, oft eine vorteilhaftere, wenn auch schmerzhaft. Mein schlechtes Gewissen gegenüber Situationen und Menschen, in denen ich mich besser hätte benehmen können, speichert mein Körper als ungutes Gefühl für spätere Zeiten ab. Wir schleppen also einen Rucksack oder Stein mit uns herum, der irgendwann zu schwer wird und über Krankheit abgelegt werden möchte. In einem Seminar zum Thema Trennung von toxischen Beziehungen wurde ein wundervolles Ritual durchgeführt. Jeder Teilnehmer bekam zu Anfang einen schweren Stein, den er den ganzen Tag mit sich tragen musste. Egal, wohin man ging, zur Toilette oder zum Essen oder Spazieren, der Stein musste mit. Im Laufe der Zeit wurde jedem bewusst, welchen Krafteinsatz und welche Einschränkungen das zusätzliche, schwere Gepäck bedeutet.

Danach war jeder bereit, sich über Strategien ein neues, schönes Leben aufzubauen. Neue Hobbys zu pflegen, vielleicht doch einen anderen Arbeitsplatz zu suchen oder sich von einem lieblosen Partner zu trennen.

Um gesund zu werden und zu bleiben, braucht es die notwendige Bedingung, nach dem Warum und Wozu einer Erkrankung zu fragen. Warum tue ich mir Krankheit an? Um versorgt und gesehen zu werden? Wieder die Frage: Wo bin ich gescheitert, wo fühle ich mich ungeliebt, missachtet oder ungerecht behandelt und unterlegen?

Eine Patientin erzählte mir, nichts gehe in ihrem Leben wirklich vorwärts, alles wäre zäh. Das Geld fließe auch nicht, niemals gelänge etwas wirklich und Schmerzen habe sie sowieso überall. Sie konnte gar nicht aufhören aufzuzählen, was alles schmerzt. Manchmal sind es eben Herzschmerzen, also ein schlechtes Gewissen gegenüber Schutzbefohlenen, die uns im Körper den Schmerz durch Scham fühlen lassen.

Auf Nachfrage, was sie denn tue, um an Geld zu kommen, bekam ich die Antwort: „Das geht doch alles nicht, ich bin ja krank, früher hatte ich einen Partner, aber mein Job als Selbstständige lief auch nicht."

Gleichzeitig erfahre ich, dass die Frau früher schwere Alkoholikerin war. So nahm ihre Tochter als kleines Kind einen Hammer mit in ihr Bett, um sich bei Bedarf wehren oder aber an die Wand klopfen zu können, wenn sie Hilfe brauchen würde.

Die Mutter war unzuverlässig und nicht gerade liebevoll. Nein, jetzt kommt keine Standpredigt über Mütter. Das müssen diese mit sich selbst ausmachen. Es wird hier auch keine Schuldzuweisungen geben. Mir geht es hier nur darum, dass eine Opferhaltung schlicht nichts bringt, außer Zuwendung von den zur Verfügung stehenden Menschen wie Ärzten und Therapeuten. Helfer findet man immer.

Wenn ich wirklich gesund bleiben und werden möchte, hilft mir die Opferstrategie allerdings nicht weiter.

Diese Mutter muss uns nichts von Opfer und schlechtem Leben erzählen, sie war eine Mutter, die ihr Kind nicht beschützen konnte. Ihr Verhalten hat sicher eine Vorgeschichte, aber die Ausrede einer schlechten Kindheit zählt bei unterlassener Hilfeleistung nach meinem Dafürhalten nicht. Wir werden alle erwachsen, können nachdenken und vernünftig werden. Es gibt einen freien Willen. Das Leben zu schwänzen, halte ich für Zeitverschwendung. Manche Dinge möchte ich gern aus meinem Leben löschen; das funktioniert leider nicht. Die einzige Möglichkeit einer Erleichterung oder Wiedergutmachung ist, daraus zu lernen und es jetzt besser zu machen. Eine Entschuldigung ist zwar eine feine Geste, damit bin ich jedoch nicht von Schuld freigesprochen, wie es in manchen Religionen praktiziert wird. Es ist nun vorbei und ich kann nur in der Zukunft eine liebevolle Entschädigung einleiten. Oft noch nicht einmal bei der betroffenen Person; dann helfen wir eben jetzt anderen Menschen, Bedarf gibt es genug. Global gesehen gibt es sowieso eine spezielle Buchhaltung.

Wir sind hier in der Polarität. Ja, das ist nicht immer so ganz einfach. Nun, das zweite Gesicht des Lebens ist die Resonanz; und damit können wir punkten. Mit meiner Ausstrahlung und Einstellung (wie bei einem Radiosender) ziehe ich Menschen und Situationen an. Ich kann mich dazu sehr gut selbst beobachten und in meinem Leben recherchieren. Dazu stelle ich mir selbst ehrliche Fragen: Was passiert mir immer wieder? Welche Charaktere ziehe ich immer wieder in mein Leben? Oder: Wer zieht mich an? Bin ich sehr gutmütig und blauäugig, ziehe ich Menschen an, die diese Tatsache spüren und mich ausnutzen. Habe ich es dauernd mit unehrlichen Menschen zu tun? Bin ich vielleicht noch immer neidisch oder verbittert über die Ungerechtigkeiten im Leben? Dann wird mir gezeigt, dass ich Unehrlichkeit auch in einer Notlage nicht dulden kann. Das ist wie eine Probe aufs Exempel. Habe ich immer wieder Geizhälse in meinem Umfeld? Dann ziehe ich vielleicht Menschen an, die spüren, dass ich freigiebig bin. Habe ich sehr liebevolle Menschen um mich herum? Prima, dann ist die eigene Ausstrahlung schon frei von unaufgeräumten Altlasten.

Wie ein Magnet ziehe ich vertraute Situationen immer wieder an. Welcher rote Faden zieht sich durch mein Leben? Oft ist es so leicht zu erkennen, welche Begebenheiten sich dauernd wiederholen. Wir müssen nicht alle Psychologie, Neurologie und Philosophie studieren. Mit ein bisschen Bauch und Hirn sehen wir sehr genau und fix, was wir im Leben ständig wiederholen und auf wen wir das immerzu schieben könnten. Ein Sündenbock ist leicht zu generieren. Ein schwarzes Schaf ist überall; wenn ich es nicht bin, ist es eben ein anderer. Schwupp, raus aus der Verantwortung, einer kann immer etwas dafür.

Was macht ein Opfer also? Es leidet, immer mit dem Blick eines Dackels: Hilf mir, ich kann nicht. Im Rückblick fallen einem da häufige Wiederholungen auf. Wenn ich diesen Drehtüreffekt erkenne, kann ich diesen bewusst durch Veränderung meiner Einstellungen und Taten beenden. Dazu muss ich über meinen Verstand und meine Handlungen auch einen Wechsel in meinen Gedankenmustern, letztendlich sogar in meinem Charakter erreichen. Wir wissen, unsere Lebenseinstellung wird zum Charakter. Deine Gedanken werden zu Worten, deine Worte werden zu Gewohnheiten, deine Gewohnheiten werden zu deinem Charakter. Es ist veränderbar.
Jeder von uns kann das, wir sind so gebaut.

Lange Zeit wurde beim Arzt gefragt: „Was fehlt Ihnen denn?" In dem Beispiel oben fehlt die Wahrheit; ich darf und muss auch hinsehen, wo ich selbst Täter war oder bin und warum und zu welchem Zweck ich mir das selbst antue.

Soll nur der Arzt Schuld haben?

Was wäre denn, wenn wir die Verantwortung für unsere Heilung selbst mit übernehmen?

Zuweilen erklären mir Patienten, dass eine Wunde sehr schlecht heilt. Der Arzt hätte bestimmt falsch genäht oder einen anderen Fehler gemacht.

Weshalb wird gar nicht erst davon ausgegangen, dass wir selbst den größten Einfluss auf unsere Heilung haben? Warum sehen wir nicht näher hin, WAS da eigentlich so gar nicht heilen möchte? Wenn eine Wunde eitert und ewig nicht recht verheilen möchte, wird automatisch vorausgesetzt, dass die Ursache im Außen liegt und der Arzt einen Fehler gemacht hat.

Wir sollten bei eiternden Wunden die wichtige Frage stellen, was denn da noch herausmuss. Welche Person oder Situation im jetzigen Leben gehört nicht zu mir, hängt aber fest in und an mir und muss körperlich entsorgt werden? Gegen was kämpft mein Körper mit all seinen zur Verfügung stehenden Mitteln an?

Eine nicht heilende Wunde hat natürlich immer mit unserer Blutversorgung zu tun. Über das Blut werden spezielle Blutkörperchen zum „Unfallort" getragen, um die Verletzung oder die Operationsnaht schnell und sicher heilen zu können. Blut wiederum hängt immer mit dem Thema Familie zusammen. Blut ist eben dicker als Wasser.

Wenn wir uns nun auf unsere bisherige Recherche und Puzzleteile besinnen, kommt folgendes Beispiel hervor:

Ich habe eine Schnittwunde am Zeigefinger: Dann ahne ich schon, dass die Schnittwunde nicht zufällig am Zeigefinger entstanden ist. Es gäbe noch neun andere Finger zum Schneiden, nein, es ist der Zeigefinger. Hier geht es um das Thema: „Wie zeigen die Leute auf mich oder wie zeige ich auf die Leute und welche Anerkennung bekomme ich?" Weil es nun aber eine blutende Wunde ist, kann ich mich darauf verlassen, dass es sich um jemanden aus der Familie handelt.

Nun kann ich zusammenzählen und bin sicher, du erkennst dein herziges Thema: zum Beispiel ein Elternteil zeigt dauernd mit Worten auf dich. Am Tag der Verletzung nochmals ganz deutlich und verletzend, dass die Schwester oder der Bruder viel besser ist, oder die Schwiegermutter erzählt (zeigt) dir immer, dass sie eigentlich eine bessere Schwiegertochter verdient hätte. Mein Herz hält es nicht mehr aus und ich verletze mich „zufällig" an genau der Stelle, um die sich das schmerzende Thema dreht.

In solchen Beispielen bekomme ich dann immer dieses: „Ja, aber ich konnte mich ja nur in den Zeigefinger schneiden, dieser Finger lag an der falschen Brettchenseite und ich hätte mir gar keinen anderen Finger schneiden können."

Genau hier möchte ich dich, mein lieber Leser, einladen, einmal genau hinzuhören und ganz wertfrei zu beobachten. Wenn du einmal erlebt und erkannt hast, wie feinfühlig dein Körper ist, wie er dir tatsächlich immer die genaue Stelle deiner inneren Verletzung zeigt, kannst du nur staunen. Auch nach 30 Jahren in dieser Arbeit staune ich täglich noch, wie deutlich der menschliche Körper uns die ehrlichste Hilfe erweist, uns zu zeigen, wo der wirkliche Schmerz liegt.

Und in diesem Fall konntest du dir nur in den Zeigefinger schneiden, weil die offenbare Kritik nicht mehr auszuhalten war.

Dein passendes Thema zur Erkrankung ist mit einer Operation niemals beseitigt. Zur Unterstützung eigener Heilung ist es besser, ich sehe noch einmal nach, um welche treffende Körperstelle es sich handelt. Welchen hinweisenden und zielsicheren Tipp dir dein schlauer und liebevoller Körper zum Leben und zur Heilung zur Verfügung stellt.

Heilung braucht auch manchmal Zeit, denn der Körper möchte uns auf ein brisantes Thema hinweisen.

Bis wir das Thema erkannt und dann auch geeignete Schritte zur Lösung in Gang gesetzt haben, vergeht eben nicht nur eine Nacht. Oftmals sind es Wochen, bis wir überhaupt reagieren können; es braucht Zeit zum Verstehen.

Zusätzlich noch vorausgesetzt, wir erkennen den Fingerzeig, also die Sprache des Körpers. Wenn wir nur am Symptom herumdoktern, kann wenig im Inneren heilen und sich auch wirklich verändern.

Wir kennen das alle: Ausgerechnet am Wochenende sind wir so richtig krank, mit Bettruhe und allen unvorteilhaften Begleiterscheinungen, fühlen uns matt, elend und kraftlos, so schlimm, dass wir im Bett bleiben müssen.

Im Kopf sind wir traurig, denn wir hatten uns auf das Wochenende gefreut. Vielleicht einen schönen Ausflug geplant, Freunde eingeladen oder wir wollten einfach nur ein wenig relaxen. Unser Körper jedoch benötigt eine absolute Auszeit und Gespräche mit uns selbst. Weil unser Körper alles hört, weiß er auch, dass du während der Woche niemals krank sein darfst, denn im Geschäft wirst du dringend gebraucht, deshalb hast du dich auf das Wochenende so gefreut. Nun ist es aber so, dass die Reserven im Moment aufgebraucht sind, selbst Freunde und ein schöner Ausflug lenken dich vom inneren Problem, mit dem du dich heimlich herumschlägst, zu sehr ab. Also zieht unser Körper die Handbremse und sagt: „Wir müssen reden."

Tja, der Körper denkt hier dänisch: „Das ist nicht so schön", und bringt dich zum Liegen. Der kostspielige Skiurlaub mit Exklusivhotel und teurem Skipass wird nun im Bett des Hotels verbracht. Wenn du inzwischen gelernt hast, auf deinen Körper zu hören, wird dir einfallen, warum du darniederliegst und gestrandet bist. Und schon brauchst du nicht mehr auf deinem Körper herumhacken, sondern kannst die Ruhepause für dich nutzen und genießen.

Wie wir wissen, meint es unser Körper so richtig gut mit uns. Ihm sind der Luxus und Preis für den Skipass völlig gleichgültig. Mithilfe einer fetten Grippe dürfen wir nun richtig und wirklich ausruhen, länger schlafen, mildes Essen zu uns nehmen, liegen, abspannen und erholen. Wenn es gut läuft, uns auch noch vom Partner verwöhnen lassen.

Aus Sicht des Körpers ist das ein imposanter Reibach; und das ist super.

Meine Ausstrahlung

Jeder Mensch darf für sich da sein, und doch brauchen wir uns gegenseitig, als Spiegel für uns selbst, als Freund, Liebschaft oder für ein Zusammensein in Freude und Humor. Freilich kann ich auch mit mir selbst lachen, mich freuen und schöne Dinge handwerkeln oder, was auch immer mir gefällt, einfach tun. Allein sein bedeutet eben nicht, dass wir All-ein-sein gewählt haben. Ab und zu benötigen alle Menschen Zuwendung, Lob, Kommunikation, gemeinsames Lachen, vielleicht ein Reiben oder liebevollen Körperkontakt. Im Zeitalter der Handybotschaften dürfen wir ruhig alle wieder etwas mehr zusammenrücken und eine direkte Menschlichkeit in den Vordergrund rücken.

Auch die Benutzung unserer Worte und Sprache sind sehr eindrücklich.

Nimmt man das Wort Be-Ziehung auseinander, wird klar, dass eine Beziehung eventuell der falsche Umgang ist. Vielleicht ist schon der Wortgebrauch richtungsweisend, denn einer zieht, der andere gibt nach. Ich persönlich bevorzuge das Wort Partnerschaft oder Freundschaft für meine Mitmenschen oder eben Bekanntschaft oder meine große Liebe.

Wir lieben und stellen uns zur Ver-fügung. Na ja, so ganz zufällig sind Bekannte nun einmal nicht, sie fallen uns zu oder wir ziehen Menschen an.

Strahle ich aus, dass ich mich benutzen lassen kann? Wer hat den Nutzen daraus? Ich oder der andere? Meine Aus-Strahlung kann verschieden sein: kraftvoll, lebensbejahend, mutig, verdrossen, traurig, verschlossen, manchmal aufbrausend oder offenherzig. Ist das Schein (Strahlung) oder meine Realität? Meine derzeitige Wirklichkeit im Innen ist im Außen sichtbar. Strahle ich manchmal eine falsche Erscheinung, eine Laune oder meinen derzeitigen Grundcharakter aus?

Ob es uns bewusst ist oder nicht, haben wir immer eine Ausstrahlung. Strahle ich aus, dass ich mich zur Verfügung stelle oder brauche ich jemanden, der sich zur Verfügung stellt, mich zu brauchen?

Sei, was du sein möchtest, aber mit Hirn und Disziplin und du wirst es sein: Aktion ist Reaktion. Habe ich mich bisher vielleicht als Projektionsfläche benutzen lassen, von Eltern oder Partnern? War ich das schwarze Schaf der Familie, als Streitobjekt oder Mittel zum Zweck? Nach außen hin sind wir eine Fläche;diese strahlt aus und zieht an.

Wenn du deinen Körper als unrecht empfindest und dir eigentlich peinlich ist, wie du „aussiehst", dann musst du dich nicht wundern, wenn Menschen in dein Leben treten, die deinen Körper auch nur als Gebrauchsgegenstand sehen. Ihn benutzen, zum Arbeiten und Reiben. Das darfst du ab sofort ändern, denn dein Körper hat größte Liebe verdient. Dein Körperbewusstsein freut sich so sehr, wenn du anerkennend mit dir umgehst.

Kann ich diese Fläche in mir selbst verändern, mein inneres Bild, meine Ausstrahlung, mein Körperbild verändern?

Natürlich, ich bin, was ich bin. Gelegentlich haben wir schon einmal einen schlechten Tag, das ist menschlich, sollte nur eben nicht zur Gewohnheit werden. Ansonsten ist es eben sehr hilfreich, sich hinzusetzen und genau zu überlegen: Wer bin ich jetzt und wer wollte ich immer sein? Was war einmal mein größter Wunsch und was ist jetzt mein größter Wunsch? Bin ich gerade da, wo ich gern sein möchte? Setz dich einmal in Ruhe zu Tisch und schreiben genau auf, wie du sein möchtest, wer du sein möchtest.

- Möchte ich gern reich und schön sein?
- Möchte ich hilfsbereit sein?
- Möchte ich gern gut gekleidet durch Städte laufen?
- Welche Gedanken verbinde ich mit Reichtum oder Armut?
- Möchte ich wirklich alleine sein?

- Möchte ich mich benutzen lassen?
- Möchte ich gesund sein?
- Möchte ich so leben wie gerade eben?
- Möchte ich klug sein?
- Möchte ich gelassener sein?
- Möchte ich zuverlässig und verantwortungsvoll sein?

Dann tue es einfach, verändere über Taten und kleine oder größere Umwandlungen im jetzigen Leben deine Ausstrahlung.

Gehe, wenn es die derzeitige finanzielle Lage nicht erlaubt, teure Kleidung zu kaufen, doch einfach in einen Secondhand-Laden, kaufe ein einzelnes Stück, was dich rumreißt vor Freude und ziehe es so oft wie möglich an.

Laufe offenherzig durch die Straßen, grüß doch einfach einmal Menschen, die du gar nicht kennst, lächle sie an und du wirst sehen, ein freudiges Lächeln kommt zurück. Brezel dich auf, wie du dir einen schönen reichen Menschen vorstellst und laufe erhobenen Hauptes durch eine Stadt. Wenn du dich es im näheren Umfeld noch nicht zutraust, verlagere dein neues Aussehen probehalber in ein neues Gebiet, macht gar nichts, einmal etwas auszuprobieren. Warum ist denn Fasching so beliebt? Weil zu dieser Zeit die Menschen einfach einmal anders sein können, vielleicht Prinzessin, Revoluzzer, Gauner oder Tänzerin; und damit ihre Ausstrahlung testen möchten.

Ein Teilchen im Hologramm sind wir alle. Wenn du dich verwandeln möchtest, gibt es immer auch eine Anpassung in deinem System und Umfeld. Verändere ich meine äußere Erscheinung, vollzieht sich diese andere Haltung in allen Zellen deines Körpers und auch die Position im Gesamtbild des Universums. Kleider machen Leute. Wertfrei dürfen wir zunächst ganz praktisch ausprobieren, was uns gefällt. Solange ich niemandem schade und mir eine Freude oder auch einmal eine Herausforderung biete. Meine Vorstellung vom voll-endeten Glück kann ich jederzeit ausprobieren, das ist hilfreich und gesund erhaltend für mich und mein Umfeld.

Wie lange wollen wir noch warten, über irgendwelchem Griesgram faltig werden und am Ende den Körper weinen lassen? Eine Anpassung an die wirklich gewünschte, heiß ersehnte Ausstrahlung bringt uns Meilensteine voran. Ich darf jegliche Hilfe annehmen und aussuchen. Möchte ich einfach einmal zu einem Stilberater, nur weil ich Lust habe? Warum nicht? Möchte ich liebend gern einen Garten? Dann ein Stückchen gepachtet! Möchte ich einen anderen Beruf? Wer sagt uns denn, dass wir nichts anderes können als das bisher Getane, was zwar gut läuft und unsere Miete sichert, aber ein Schaudern am Morgen hervorruft.

Nur die Taten können uns bei der Auswahl neuer Lebenseinstellung überzeugen oder eben auch einmal enttäuschen.

Denn durch Veränderungen ziehe ich auch Menschen an, welche in echt durch die Welt laufen. Und wenn du dieses Buch schon bis hierhin gelesen hast, hast du allen Mut der Welt, Dinge auch einmal anders auszuprobieren.

Tja, da sind wir wieder beim Lieben: Liebe dich selbst. Ist doch auch gar nicht schlimm, wir haben es nur abtrainiert bekommen. Ganze Generationen haben Selbstliebe als Egoismus beschimpft. Nun darf ich also von vorn beginnen und ganz sachte ausprobieren, was ich für mich tun kann. Keine Sorge, für die allermeisten von uns ist das die schwerste Aufgabe des Lebens. Wir lieben gern Menschen, machen Komplimente, sorgen und behüten. Nur bei uns selbst sind wir absolute Anfänger. Es ist jedoch bekannt, dass wir uns lieb haben dürfen, denn aus einer reichhaltigen Fülle kann ich überfließen und dann aus vollem Herzen geben. Beginne jeden Tag damit, dich herzlich zu begrüßen und dir vorzunehmen, dass heute alles gut ist. Allerdings warne ich hier aufrichtig. Übertriebene Selbstliebe auf Kosten anderer ist keine Selbstliebe, sondern Raub.

Zuweilen lassen wir uns auch von Menschen mit übertriebener Selbstverliebtheit aussaugen, auch energetisch, bis wir fast leer sind, ausgesaugt, ausgenutzt und unser Körper mit Krankheit vor sich hin weint. Erst dann habe ich die Kraft, mich auf mich zurückzuziehen, zu be-sinnen, meinen Sinn und meine tief verborgenen Ziele und Wünsche in diesem Leben zu erforschen und zu rekonstruieren.

Ich darf hier ungehemmt abgucken, mir Spickzettel schreiben, Seminare besuchen, alle Informationen einholen, die ich für mich, meinen Aufbau und meine Würde benötige. Ich darf anfassen, ausprobieren, verändern, durchstreichen und wiederholen. Ich darf eine Klasse wiederholen oder eine Stufe überspringen, ich darf mich am Lernen erfreuen und dabei lernen, was mir gut gefällt und guttut. Mal ehrlich, wenn es vielen Menschen so richtig gut geht, kann diese Welt im Handumdrehen viel liebevoller und friedfertiger werden. Wir Menschlein dürfen das. Und darum gleich einmal beginnen, sich wohlzufühlen, mit anderen Menschen lachen und genießen, alles Gute ist erlaubt. Auch die anderen Mitmenschen stellen sich mir zur Verfügung. Gehen wir in die materialistische Welt und verändern, was das Zeug hält.

Meine Seele hat es eilig
(Verfasser unbekannt)

„Ich habe meine Jahre gezählt und festgestellt, dass ich weniger Zeit habe zu leben, als ich bisher gelebt habe.
Ich fühle mich wie dieses Kind, das eine Schachtel Bonbons gewonnen hat:
Die ersten isst es mit Vergnügen, aber als es merkt, dass nur noch wenige übrig sind, beginnt es, sie wirklich zu genießen.
Ich habe keine Zeit für endlose Konferenzen, bei denen die Statuten, Regeln, Verfahren und internen Vorschriften besprochen werden, in dem Wissen, dass nichts erreicht wird.
Ich habe keine Zeit mehr, absurde Menschen zu ertragen, die ungeachtet ihres Alters nicht gewachsen sind.

Ich habe keine Zeit mehr, mit Mittelmäßigkeiten zu kämpfen.
Ich will nicht in Besprechungen sein, in denen aufgeblasene
Egos aufmarschieren.
Ich vertrage keine Manipulierer und Opportunisten.
Mich stören die Neider, die versuchen, Fähigere in Verruf zu brin-
gen, um sich ihrer Positionen, Talente und Erfolge zu bemächtigen.
Meine Zeit ist zu kurz, um Überschriften zu diskutieren. Ich
will das Wesentliche, denn meine Seele ist in Eile. Ohne viele
Süßigkeiten in der Packung.
Ich möchte mit Menschen leben, die sehr menschlich sind.
Menschen, die über ihre Fehler lachen können, die sich nichts
auf ihre Erfolge einbilden.
Die sich nicht vorzeitig berufen fühlen und die nicht vor ihrer
Verantwortung fliehen.
Die die menschliche Würde verteidigen und die nur an der Seite
der Wahrheit und Rechtschaffenheit gehen möchten.
Es ist das, was das Leben lebenswert macht.
Ich möchte mich mit Menschen umgeben, die es verstehen, die
Herzen anderer zu berühren. Menschen, die durch die har-
ten Schläge des Lebens lernten, durch sanfte Berührungen
der Seele zu wachsen.

Ja, ich habe es eilig, ich habe es eilig, mit der Intensität zu le-
ben, die nur die Reife geben kann.
Ich versuche, keine der Süßigkeiten, die mir noch bleiben, zu
verschwenden.
Ich bin mir sicher, dass sie köstlicher sein werden als die, die ich
bereits gegessen habe.
Mein Ziel ist es, das Ende zufrieden zu erreichen, in Frieden
mit mir, meinen Lieben und meinem Gewissen.
Wir haben zwei Leben und das zweite beginnt, wenn du er-
kennst, dass du nur eins hast."

Verfasser ist mir unbekannt.

Was zum Auflockern:
Wie kamen Krankheiten und Heilmittel in die Welt?

Ein Vorwort zu seinem Buch von Dr. Wolf-Dieter Storl: „Kräuterkunde"
Die östlichen Waldindianer erzählen dazu folgende Geschichte:

Einst gab es weder Hunger, noch Krankheit. Die Menschen lebten glücklich.

Die Tiergeister schenkten den Jägern Wild und die Frauen sammelten Wildgemüse, Wurzeln, süße Beeren und Nüsse. Aber im Laufe der Zeit wurden die Menschen achtlos und undankbar.

Sie jagten mehr, als sie brauchten, sie schlachteten ganze Herden ab. Und die kleinen Tiere, die Käfer und Ameisen zertrampelten sie rücksichtslos. Auch nahmen sich die Menschen nicht mehr die Zeit, mit den Tieren zu reden oder sie gar freundlich zu grüßen.

So konnte es nicht weitergehen!!!

Alle Tiere versammelten sich in einer Höhle tief im Berg unter dem Vorsitz des alten weißen Bären, um zu beratschlagen.

Nur die Hunde blieben der Versammlung fern, sie mochten die Menschen, halfen ihnen beim Jagen und bekamen dafür Knochen und Kot zu fressen und im Winter manchmal einen warmen Platz zum Schlafen.

Die Tiere drängten darauf, die Menschen zu strafen. Da aber keiner von ihnen mit Pfeil und Bogen oder mit dem Kriegsbeil umzugehen wusste, entschieden sie sich für die Zauberei.

Die Hirsche wollten den Jägern, die sich für das erlegte Wild nicht bedankten, Rheuma in die Glieder zaubern. Die Schlangen und Lurche entschieden sich, den Menschen schreckliche Alpträume zu schicken. Die Vögel wollten sie in den Wahnsinn treiben. Der Specht wollte den Frevlern pochende Kopfschmerzen schicken. Und die Käfer und Insekten, die am meisten gelitten hatten, dachten sich dermaßen schreckliche Seuchen aus, sodass die Menschheit ganz von der Erde verschwinden würde. Damit waren aber die anderen Ratsmitglieder nicht einverstanden, also mussten die Insekten, deren Anführer ein Madenwurm war, diesen Entschluss zurücknehmen.

Zum Glück waren die Pflanzen den Menschen wohlgesinnt. Sie freuten sich, wenn sie ihre Blüten bewunderten, wenn ihnen die saftigen Beeren schmeckten und wenn sie für die Bäume schöne Lieder sangen.

So kamen sie überein, den Menschen zu helfen, sie würden ihnen Heilmittel gegen die Krankheiten geben.

Nur mussten die Menschen zu ihnen kommen und sie danach befragen. Sie mussten ihre Medizinleute, die mit den Pflanzen reden können, zu ihnen schicken, wenn sie ihrer Hilfe bedurften.

Dr. Wolf Dieter Storl

Klarheit oder die Esel-Geschichte

Bei einem Esel-Trecking mit meinem Sohn, einer Reisebegleiterin und drei Eseln, erlangte ich in zwei Tagen tiefere Einsichten auf direktere und ungeschminktere Weise als in mehreren Seminaren zusammen.

Esel laufen viel langsamer, als ich mir vorstellen konnte. Bedacht. Sie fressen unterwegs gern Falläpfel oder Blätter und ich als der Partner und eigentlicher Führer des Tieres lasse es zu. Das ist Entschleunigung in purer Version. Ich betrachte mir in Ruhe die Umgebung, sehe Pflanzen lang an, kann Verbindung mit der Natur aufnehmen. Kann mich erden.

In einer Situation blieb der Führ-Esel einfach stehen. Wenn der Führ-Esel stehen bleibt, machen die anderen Esel sowieso nichts mehr, also da brauchten wir nicht anfangen. Wir versuchten also alles, um den Hauptesel zum Weitergehen zu motivieren. Unsere Annahme war, dass hier für den Führ-Esel ein noch unbekannter Weg beginnt und er diesen nicht beschreiten mochte, Punkt.

Also lockten wir mit unseren menschlichen Mitteln. Wir probierten, mit leckeren Möhren und Äpfeln und schönen Blättern zu verführen. Als das nicht fruchtete, versuchten wir es mit Gutzureden, dann mit Ziehen oder Anschieben, nichts, aber auch gar nichts bewegte sich, im wahrsten Wortsinn.

Wir Menschen waren ziemlich verzweifelt. Was mich schwer berührte, war die Tatsache, dass Esel beim Stoppen keinerlei Miene verziehen, nicht aufgeregt scharren oder wiehern, nicht fressen, nicht verlegen kratzen oder sich hinschmeißen, nein, sie standen beide da, ganz ruhig, gelassen und schauten geradeaus. Den Kopf in Mittelstellung, nicht wie bei Pferden nach oben getragen, sondern einfach nur geradeaus. Ich hatte auch den Eindruck, dass mich die Esel nicht ansehen, nicht fixieren. Ich sah irgendwie keine Pupille – ein menschlicher Punkt, den wir über Spiegelneuronen gern betrachten, um die Gefühle des Gegenübers wahrzunehmen.

Nach einer Dreiviertelstunde des Bemühens rief die Trekkingführerin einen Kollegen an und bat um Rat. Die genauen Worte des Beraters weiß ich nicht, das Gespräch dauerte jedenfalls nur Sekunden.

Die Antwort musste aber ungefähr so gelautet haben: **„Sei klar!"** Binnen von Sekunden ging es dann wirklich weiter. Die Reiseleiterin sagte unumwunden und mit voller *innerer Überzeugung und Inbrunst* zum Leittier: „So, jetzt gehen wir weiter, ich bin hier der Chef und möchte vorankommen, Punkt!"

Das heißt, alle unsere Versuche, die Esel zu überzeugen, waren bis dahin noch mit Zweifeln bedeckt. Wir waren unbewusst unsicher, wollten den Tieren nichts zumuten, waren wohl eher fragend, sehr gern bittend, aber eben nicht klar. Das spürten die Tiere und wurden dadurch unsicher. Unsere Ausstrahlung der Unsicherheit ließ die Esel stehen bleiben, denn es drohte für sie offensichtlich Gefahr.

Klarheit bedeutet die innere aufrechte Überzeugung, dass mein Weg der richtige ist, dass wir sehr wohl bewusst diese unsere Route ausgesucht haben und ein Ziel erreichen möchten, um uns dann im Zufriedensein auszuruhen oder weiterzugehen.

Klarheit bedeutet, dass ich meine innere Erfüllung und Überzeugung ausdrücke, nicht mit Worten, nicht mit Möhren, sondern mit meinem Körper und mit meiner Ausstrahlung, meinen Gedanken. Dass ich mir vorher überlegt habe, wie und warum ich das Endziel erreichen möchte, und jetzt im Augenblick davon hundertprozentig und restlos überzeugt bin. Ich habe mir vor der Routenplanung einen Höhepunkt gesetzt, einzelne Unbekannte miteinbezogen, aber im Moment, im Hier und Jetzt gibt es kein Anhalten, sondern eine Absicht. Keine Sorge, nichts ist in Stein gemeißelt, auch Ziele dürfen verändert werden.

Und ganz wichtig ist die Frage: WOZU möchte ich mein Ziel erreichen? Was gefällt mir am Ziel, wie werde ich mich fühlen?

Noch verliebt?

Liebe ist speziell. Nach anfänglicher Zuneigung und Verliebtheit kommt zuweilen eine zwischenmenschliche Missgunst zu Tage. Aus Zuneigung wird Abneigung. Auch in der Liebe reagiert unser Körper sehr zuverlässig und meint es gut mit uns. Würden wir uns nicht verlieben, käme es nicht zur Fortpflanzung und das wäre das frühzeitige Aus für den Homo sapiens. Ich muss immer schmunzeln, wenn ich Hochzeitspaare vor dem Standesamt sehe und überlege, ob die beiden ahnen, was da jetzt auf sie zukommt. Eine riesige Portion Mut, Zuversicht, Durchhaltevermögen und Humor sollte in einem Sack wie beim Weihnachtsmann bei der Zeremonie ausgehändigt werden.

Zwei Menschen lernen sich kennen, das Herz springt, die Augen leuchten, alles ist toll am anderen. Das ist genau der richtige Partner, der Seelenpartner, wie wir ihn uns erträumt haben.

Der eine glaubt vom anderen, durch ihn jetzt in Sachen Geborgenheit und Zukunft abgesichert zu sein. Schließlich hat man Erfahrungen und von nun an wird alles zusammen besser.

Wir ziehen das an, was wir kennen, ganz nach dem Resonanzprinzip schwingen wir auf derselben Wellenlänge. Wir glauben, dass ein Partner, der aus ähnlichen Familienverhältnissen stammt, uns sowieso leichter versteht und gemeinsam wuppen wir nun das Leben.

Später folgen die kleinen antrainierten Mangelerscheinungen, die wir noch aus der Kindheit mitbringen. Wir alle haben Bedürfnisse nach Sicherheit, Liebe, Zugehörigkeit und Geborgenheit. Die allerwenigsten von uns dürfen behaupten, dass sie da völlig abgedeckt sind. Wenn wir nicht das Bedürfnis nach Liebe hätten, gäbe es keine Verliebten und dann wären wir keine Rudelmitglieder, sondern Einzelgänger und stürben aus. Nach meiner Auffassung haben wir alle keine vollkommen glückliche Kindheit gehabt. Vielleicht in unterschiedlichem Ausmaß, aber alle, die dieses Buch lesen, kommen aus Generationen der Er-

Ziehung. Heute sagt man, du bräuchtest deine Kinder nicht zu erziehen, die würden dir sowieso alles nachmachen.

Aber was macht das schon, wir haben alle die Entscheidungsmöglichkeit, uns von alten Erfahrungen zu befreien und das Allerbeste daraus zu machen. Leider hat sich in unserer Gesellschaft irgendwie eingeschlichen, dass wir verschiedenste Kindheitserlebnisse wie Brandmarken auf uns hocken haben. Möglich, dass es unfeine Erfahrungen waren. Wenn wir unser Leben auf einem Zeitstrahl ansehen, sagen wir von 10 cm Länge, so ist doch die Kindheit nur ungefähr 7 mm lang, dann kommt sehr viel Zeit des Erwachsenenlebens – und das sollten wir nutzen. Freilich möchte ich jetzt nicht gegen die Bearbeitung von Kindheitstraumen sprechen, ich bin aber überzeugt, dass wir mit etwas mehr Leichtigkeit der Kindheit gegenüber an unser Erwachsenenleben herangehen sollten. Hast du schon einmal eine Therapieform kennengelernt, die das ganze vermeintliche Gräuel der Kindheit einfach in den Humor zieht? Nach dem Motto: „Eine schlechte Kindheit erlaubt mir noch lange nicht, mich als Erwachsener wie ein Arschloch zu benehmen."

Für mich ähneln die derzeitigen Verfahren eher einer monatelangen Strafarbeit für Eltern und Kinder.

In jeder Hundeschule lernen wir, dass über Spaß und Freude das Lernen und Einspeichern viel schneller geht. Im Kapitel Shabby-Look gehe ich auf Strategien zum Erhalt der Liebe ein. Zunächst sei gesagt, Liebe muss erhalten und gepflegt werden, von allen Beteiligten. Heute tauschen wir einfach aus. In Deutschland ist mittlerweile jede zweite Ehe geschieden. Trennung ist in der heutigen Zeit das angesagte Mittel der Wahl. Wir bekommen eingetrichtert, dass Loslassen von unbequemen Dingen der richtige Weg sei. Die Evolution zeigt und beweist uns jedoch, dass der Zusammenhalt von Lebewesen eine gemeinsame Weiterentwicklung fördert. Nicht Konkurrenz, sondern Gemeinsamkeit hilft uns Menschen, etwas aufzubauen und zu pflegen. Aber hier ist noch Platz nach oben. Wir preisen die künstliche Intelligenz, haben aber in der menschlichen Intelligenz noch lange nicht alles ausgeschöpft. Wenn dem so wäre, gäbe es längst keine Kriege mehr.

Shabby-Look oder die Erinnerung an langsamere Zeiten

Heute kommt die Müllabfuhr, die Tonnen stehen hübsch geordnet vor der Haustür. Das Müllauto kommt, kippt rein, fertig. Aus dem Auge, aus dem Sinn. Wir wissen, dass Plastikmüll ca. 2000 Jahre erhalten bleibt, reden uns ein, es wird zerkleinert und wieder verwendet, als Stoßstange, Bierkasten oder Blumentopf. Schöner Gedanke, beruhigend, schließlich haben wir den Müll getrennt, vielleicht sogar gesäubert; und wenn der Müll mal weg ist, ist er weg. Verfolgen wir den Weitergang? Na ja, ein Beitrag im TV hat uns eventuell aufgeklärt, dass es manchmal nicht ganz so „sauber" zugeht, aber wir trösten uns mit dem Gedanken, dass es schon gut gehen wird.

Viele Menschen lieben alte Möbel. Derzeit ist der sogenannte Shabby-Look ganz „in". Neue Möbel werden sogar auf alt getrimmt, restauriert, mit Farbpigmenten bearbeitet und abgekratzt, sodass die Möbel wie lange gebraucht und doch noch erhalten aussehen. Wir erinnern uns damit an Zeiten, als die Menschen ihre Schränke noch viele Jahrzehnte benutzen, Zeiten, als der Küchenschrank noch von Generation zu Generation weitervererbt wurde. Unser alter Tisch, den Oma schon beim Einkochen versehentlich bekleckste, das Sofa, auf dem Opa schon die Pfeife rauchte. Eine Zeit also, in der noch Werte galten. Zeit zum Reden noch ausreichend da war, schließlich konnte man sich abends noch mitteilen, denn es schauten nicht alle in einen viereckigen Kasten (verschiedener Größe). Heute holen wir uns bewusst diese Zeiten in Form alter oder hergerichtete Gegenstände in unser Leben, als Ruhepunkt, als Erinnerungen, die stehend warnen. Es gibt Menschen, die restaurieren alte Autos, mit viel Liebe und Hingabe werden Ersatzteile beschafft, Bleche ausgebeult, Innenausstattungen gepfriemelt, Hauben lackiert. Mann macht sich Gedanken über Ursachen von Motorschäden, recherchiert im Internet nach Erfahrungen anderer Monteure.

Komisch, in Partnerschaften sieht es oft sehr anders aus. Wir sind ein Volk geworden, bei dem nur noch die Eigenliebe zählt. Die Medien quellen über von Ratschlägen, wie man sich selbst in den Mittelpunkt der Welt stellt. Die Betonung liegt hier in übertriebener Eigenliebe. Dabei gibt es nur noch Opfer, die weder verzeihen noch andere wirklich lieben können, sie lieben sich selbst, das reicht wohl aus. Wir ziehen ein Volk von Narzissten heran. Es ist aus der Mode gekommen, sich gegenseitig zu helfen, für andere einfach da zu sein. Trennung ist trendig und wird gefeiert. Der Partner wird entsorgt, dann sind die Sorgen weg. Freiheit ist das neue Ziel. Alles muss so sein, wie man es in den romantischsten Spielfilmen oder gar in Pornos sieht.

Jetzt gibt es aber doch keine Müllabfuhr für Menschen, wöchentliche Abholung inklusive. In Partnerschaften und Familien wird heute weniger ausgebeult, recherchiert, lackiert, genäht. Da wird entsorgt. Was daraus wird, ist egal, was Neues muss her, was jetzt passt, was jetzt vermeintlich besser funktioniert. Okay, ein paar Beulen haben der oder die Neue auch, aber das ist erträglich oder in der Neukaufphase zu übersehen.

Viele Lebensberater raten dazu, sich doch ab einem gewissen Alter dem Lebenssinn zu stellen, sich zu fragen, ob man sich nicht völlig vom Partner entfremdet hat und ob nicht ein Wechsel angebracht wäre, um es sich den Rest des Lebens noch einmal so richtig gut gehen zu lassen. Schließlich haben wir alle das Beste verdient, es soll uns gut gehen, mieses Karma ist nun weitgehend abgearbeitet, also noch einmal LEBEN in Hülle und Fülle. Alles bisher gemeinsam Aufgebaute ist plötzlich nichts mehr wert, Loslassen ist die Devise und wird in aller Breite propagiert. Fürsorge gegenüber Mitmenschen wird als Helfersyndrom und krankhaft bezeichnet.

Hm, wieso glauben wir, dass hier ein Shabby-Look weniger reizvoll ist? Ein gewinnbringender Gedanke an alles bisher Erarbeitete im gemeinsamen Leben, was die Beulen und Schrammen hervorbrachte, wäre es allemal. Wieso wird hier so selten an den Auslösern und Ursachen für Kritik gesucht und der Frage nachgegangen, weshalb das gute Teil, sprich der Partner, nicht mehr so recht funktioniert? Warum wird hier gesagt: „Du hast gar keine Ausstrahlung mehr!" Geht das Aufpeppen der Ausstrahlung nur in materiellen Dingen? Ich finde, auch menschlich und in Ehen und Partnerschaften dürfen wir ruhig genauer über zukünftige Ziele und gegangene Wege nachdenken. Im Gespräch ergeben sich am Ende wieder Gemeinsamkeiten. Wenn einer also kränkelt, dürfen wir in Ruhe gemeinsam nach Hintergründen suchen und diese in Zusammenarbeit hinterfragen und Probleme lösen. Die wichtigste Frage in einer Ehe wäre doch: „Wie kann ich helfen?"

Interessant ist auch die jetzige Mode, Patchwork-Decken auf das Sofa zu drapieren. Eigentlich Flickwerk aus verschieden Stoffresten, sieht urgemütlich aus, macht wohnlich und gibt Geborgenheit vor. Sind wir so weit, dass wir im jetzigen Zeitalter lieber die Materie für unsere Geborgenheit benutzen?

Also liebe Leser, wann ist bei euch die nächste Müllabfuhr? Sehen wir doch einmal ganz bewusst die entsorgten Dinge an. Vergehen die wirklich? Was machen unsere Familie, unsere Freunde? Gibt es da etwas zu reparieren? Ist der Angetraute vielleicht angebeult? Sicher kann ein Flickwerk Geborgenheit geben. Lasst uns LEBEN mit den erarbeiteten Falten und Gebräuchen, lasst uns das Gute und Schöne im anderen sehen, lasst uns die Bäume des Lebens Schatten spenden, darunter ausruhen.

Shabby-Look ist in!

Die Arnika-Generation

In der heutigen Zeit erlebe ich den Aufschwung der Homöopathie zwiegespalten. Einerseits ist klar, diese Präparate helfen uns. Andererseits sehe ich mit Verwunderung, dass Mütter von kleineren Kindern ihr Globuli-Gläschen in jeder Handtasche zur Verfügung haben und bei kleinsten Wehwehchen ihr Kind sofort mit Arnika oder anderen Globuli versorgen.

Es wird dem Kind damit impliziert, dass bei Schmerzen sofort ein Mittel geschluckt werden kann, was dann hilft. Dem Kind wird schon in jungen Jahren eine gewisse Gläubigkeit und Abhängigkeit von Mittelchen gegen Schmerz vermittelt. Für Kinder wird es damit zur Selbstverständlichkeit, bei Unwohlsein ein Gegenmittel in substanzieller Form einzunehmen. Das gute alte Pusten ist leider verschwunden. „Heile, heile Katzendreck, morgen Früh ist alles weg", hat doch immer prima geholfen. Kinder spüren damit die liebevolle Zuwendung, Mitgefühl und eine absolute Überzeugung, dass die Schmerzen dann weg sind. Mit „Mittelchen" werden die Kinder später abhängig von Medizin.

Der Gedanke, dass das Therapeutikum nur pflanzlich ist und sowieso nichts passieren kann, sitzt ebenso in den Köpfen der Kinder. Wir brauchen uns später nicht wundern, wenn Drogen verharmlost werden. Wenn Kinder später angeblich pflanzliche Substanzen unreflektiert einwerfen. Schließlich haben sie gelernt, dass bei jedem Unwohlsein ein Mittel zur Verfügung steht. Egal, welche Zeitung oder Werbeeinblendung, ständig wird uns vorgeführt, dass gegen jede Krankheit ein Kraut gewachsen ist. Nur sind es eben in der heutigen Zeit nicht mehr nur Kräuter, sondern Pillen.

Jugendliche behelfen sich für Prüfungen ohne eigenständiges Nachdenken mit verschiedenen Medikamenten und jeder sieht weg. Schließlich muss das Abitur oder eine andere Herausforderung geschafft werden. Das lässt mich dann aber schon hinterfragen, warum Psychotherapeuten derzeit eine Warteliste von bis zu einem Jahr haben. Jeder kleine Stress wird inzwischen als Panikattacke und Burn-out bezeichnet und braucht dann, wie gewohnt, Hilfe von außen. Es gilt inzwischen als normal, dass Tabletten eingenommen werden müssen. Gewohnheiten werden in der Kindheit angeeignet und gefestigt. Zumindest sollten wir uns öfter überlegen, ob situationsbedingt jetzt wirklich ein Mittelchen oder vielleicht doch Zuwendung die bessere Hilfe ist. Präparate und Medikamente sind natürlich schnell zur Hand, es wird kaum noch nachgedacht. Unser Körper wird von Kindesbeinen an darauf trainiert, dass Selbstheilungskräfte gar nicht erst in Anspruch genommen werden müssen, sondern dass fremde Hilfe die einzige Lösung darstellt.

Ritalin

In einer Sonderschule war ich kurzzeitig als Schülerbetreuerin eingesetzt und bekam sehr deutlich den Schulalltag einer ersten Klasse mit. Am Anfang sind alle Kinder hochmotiviert, aufgeregt, wissbegierig und voller Stolz. Die Lust am Lernen vergeht innerhalb der ersten drei Wochen. Einen derart rapiden Abfall der Begeisterung muss man erst einmal schaffen, unser Schulsystem ist da super ausgerüstet und schafft das!

Ich sitze nun also in einer ersten Klasse als Schülerbegleitung für ein schwer krankes Kind, bin fünfzig Jahre alt, habe viele Schulen hinter mir.

In dieser ersten Klasse sitzt ein Junge und ist etwas unruhig, neugierig, strotzt vor Ideen und ... kann es noch nicht so gut steuern. Er ist halt etwas ungebremst, ja, eben ein kleines Kind, ein Junge, sechs Jahre alt und wild. Das Stillsitzen fällt ihm noch gar nicht leicht. Nur zusehen und auf eine Aufgabe warten eben auch noch nicht. Das ging genau neun Tage. Neun Tage wurde der kleine Junge ermahnt, gestutzt, zurechtweisen. Am zehnten Tag ist er überraschend ruhig, er sitzt als Erster, wenn es gefordert wird, er „räumt die Arme als Erster auf", so nannte das die Lehrerin. Das heißt, Arme verschränkend am Tisch sitzen. Er sagt nichts mehr und wenn, dann nur auf Aufforderung, er sitzt wie ein Zombie in der Klasse, meldet sich brav, hat Geduld. Also so richtig prima für die Lehrerin. Nach ihrem Verständnis müssten alle Schüler so ruhig sein. Das wäre ein Leben, so wie früher, als Kühe noch Glocken trugen, die Hühner noch frei im Garten liefen, die Schweine noch stinken durften und Essensreste fraßen und ... als Kinder noch draußen den ganzen Nachmittag spielten oder vielleicht auf dem Feld mitarbeiten mussten und für Familie nützlich und notwendig waren. Als Kinder noch in Herden umherzogen und schlicht und einfach abends müde waren und schliefen. Am nächsten Morgen in der Schule saßen sie gern auf dem Stuhl, weil sie wussten, heute Mittag geht es wieder rund. Der Junge bekam nun Ritalin, das beruhigt, auch ohne sich austoben zu müssen.

Tja, Marcello steht nun unter Ritalin, das hilft eben auch – und wie. Der sechsjährige Junge ist jetzt verlangsamt, sieht die Lehrerin aufmerksam an. Ich frage mich, ob er einfach zu langsam ist, um da wieder wegzuschauen oder ob er zu gedämpft ist und somit einfach eine Zeit braucht, um durch den Nebel die Aufgaben doch noch zu verstehen. Was sich einzeln bewegt, sind seine beiden Hände, er reibt sie dauernd, dreht die Ärmel und wischt oft den Mund ab, denn ein Zeichen der Nebenwirkungen von Ritalin sind Sensibilitätsstörungen und Mundtrockenheit.

Als Cranio-Sacral-Therapeutin behandele ich Jugendliche, die bereits mehrere Jahre unter Ritalineinnahme standen. Sie beschreiben den Zustand wie „aus dem Körper entlassen", als wären Kopf und Körper etwas völlig Verschiedenes. So ungefähr wie „der Geist ist willig, aber das Fleisch ist schwach". Irgendwo im Inneren ist da noch die Idee von Mobilität, Neugier, Agilität, aber alles wirkt wie vergessen, so als fehle die Bewegungsidee, der Startknopf ist verborgen.

Wenn nach einigen Stunden die Wirkung des Medikaments nachlässt, werden die Kinder in zwei verschieden Zustände gleichzeitig katapultiert. Einerseits ist da eine Ahnung, wo der Startknopf für Bewegung ist, andererseits treten Müdigkeit und Unruhe gleichzeitig auf. Ein Zustand, der im Körper eigentlich nicht gleichzeitig vorhanden ist. Wir haben das vegetative Nervensystem zur Regulierung des Körpers, um auf gegebene Situationen schnell reagieren zu können. Parasympathikus ist für die Ruhe und Erholung zuständig und Sympathikus für Flucht, Aggression und Handlung. Das ist die völlig vereinfachte Erklärung, aber wir wollen hier auch auf die körperlich-menschlichen Situationen eingehen.

Diese Kinder und Jugendlichen leiden bis zur nächsten Einnahme des Medikamentes unter Entzugserscheinungen. Aber das bekommen die Lehrer und Institute nicht mit, denn dieser Zustand kommt am Nachmittag, oft wenn die Kinder allein damit sind.

Sie beschreiben, dass die Entzugserscheinungen höllisch sind. Wenn das Ritalin also morgens und am Nachmittag eingenommen werden soll, dann sind die letzten beiden Stunden vor der Nachmittagseinnahme als unerträglich zu beschreiben, sie zittern, haben Kopfweh, sind unruhig und es gibt ein Kribbelgefühl im und am Körper, so wie wenn Ameisen im Körper herumlaufen.

Seit zwanzig Jahren erzählen uns bekannte Wissenschaftler, dass unser Schulsystem dringend geändert werden muss. Es passiert nichts. Aber dafür gibt es jetzt Medikamente und konkrete Auslese. Denn betuchte Eltern stecken ihre Kinder nicht in öffentliche Schulen.

Medikamente können unseren Körper unterstützen. Inzwischen bin ich aber enttäuscht, dass so viele Kinder und Erwachsene verinnerlicht haben, dass der Körper eine Maschine ist, welche eben mithilfe von Chemikalien geölt, instand gehalten und aufgepeppt werden muss.

Krankheit als Lebensinhalt?

Andererseits erlebe ich natürlich auch immer wieder Menschen, die mit und in ihrer Krankheit ein erfülltes Leben mit ausreichendem Gesprächsstoff lieben. Da gibt es eine Patientin, die erzählte mir wirklich jede Woche, wie schlimm alles ist. Der rechte Arm schmerzt seit vier Jahren, am rechten Ringfinger funktioniert gar nichts mehr. Wir wissen inzwischen, es geht um die Partnerschaft dieser Dame. Das dazugehörige und über Körpersprache ausagierte Thema beinhaltet die Kontroverse, ob sich der Mensch als gute Partnerin oder keine gute Partnerin hinterfragt. Das Ganze geht seit vier Jahren; und seit vier Jahren saust diese Patientin von Orthopäde zu Chirurg, lässt sich da mal ein neues Gelenk einsetzen und da mal eine Spritze geben und an weiteren Körperstellen wieder Kortison spritzen. Natürlich ist inzwischen jeder Orthopäde im Umkreis abgeklappert.

Ich fragte diese Frau immer wieder, ob sie einfach einmal hinsehen möchte, was dieser Arm sagt. Logisch, die Schmerzen als Hilfeschrei ihres Körpers zu betrachten und zum eigentlichen Thema Stellung zu nehmen, wäre der leichtere Weg.

Mit diesem „kranken" Arm hat diese Frau jedoch immer Gesprächsstoff. „Ach, stell dir vor, ich war bei dem Arzt, der kann mir auch nicht helfen, und der andere Arzt, dieser kann mir auch nicht helfen." Ihr eigentliches Körperthema ist, dass Arbeit und Partnerschaft seit langer Zeit unerträglich für diese Frau sind. Alle Ideen, sich selbst eine andere Arbeit zu suchen, weil sie im jetzigen Job überqualifiziert ist, scheitern aus purer Gewohnheit.

Auch in der derzeitigen Partnerschaft wäre eine Klärung notwendig. Aber eigene Gewohnheiten zu ändern, ist natürlich auch mit Arbeit verbunden. Dann muss ich mich umgucken, wo ich eine andere Arbeit finde, ich muss Bewerbungen schreiben, ich muss mich hinstellen und muss letztendlich um einen neuen Job bitten. So ist es nun mal heutzutage und ich muss mich komplett verändern. Müsste wirklich dann auch sagen: „Okay, jetzt beginnt offenbar ein neuer Zeitabschnitt, mein alter Job der mir doch irgendwo ans Herz gewachsen ist, den müsste ich jetzt sausen lassen. Das heißt, ich müsste wirklich einiges verändern." Mit Gesprächen über Krankheit aber kann das „Leid" immer und überall präsentiert werden. Bei Kollegen, bei Partnern, bei Freunden. Egal, was ist, der Mensch kann immer Opfer sein. Diese Patientin erzählte mir, sie hätte jetzt einer Freundin beim Umzug geholfen. Sie hat nun Kisten getragen und schwupp, hat dieser Arm wieder ganz dolle wehgetan. Damit bekommt sie wieder Zuwendung und zwar doppelte Zuwendung. A) Du bist zur Freundin gekommen, du bist ein toller Mensch und b) jetzt hast du dir auch noch mit fremden Kisten wehgetan. Ergeben ist diese Freundin nun dankbar. Und so bekommen Opfer immer wieder Zuwendung, Zuwendung, Zuwendung. Gehen von einem Arzt zum nächsten und jeder kümmert sich und jeder fasst da mal hin und greift da mal und zerrt und drückt.

Der eine Arzt verschreibt eine Schiene, der andere einen Gips, der dritte wie gesagt ein künstliches Gelenk. Die Kranke ist immer irgendwie im Gespräch, hat immer etwas vor, nämlich ein Arzttermin. Es gibt immer mit Bekannten und Freunden etwas zu erzählen nach dem Motto: „Wie geht es dir?" „Ach, stell dir vor, dieser und jener konnte mir auch wieder nicht helfen. Die sind doch alle doof."

Anstatt die Symptome, also die Sprache des Körpers zu reflektieren und zu sagen: „Okay, also ich glaube, ich habe da ein echtes Thema, hier darf ich vielleicht hingucken", wird nach außen projiziert. In diesem Beispiel rüttelt der rechte Arm. „Hey, Mädel, komm, wir sollten das Leben verändern, irgendwann liegen wir auf der Bahre und der Pulli muss noch schnell zu Ende gestrickt werden. Die geliebte ‚Liste vor der Kiste'. Was möchte ich wirklich noch erreichen? Eines Tages ist es zu spät."

Ich finde die Weisheit der Indianer sehr beeindruckend. Im Geiste sitzt der Tod als Wesen auf der rechten Schulter. Gilt es wichtige Entscheidungen zu treffen, dann besprechen sich Indianer mit dem Tod: „Lieber Tod, was sagst denn du dazu? Welcher Weg an dieser Abzweigung ist jetzt im Hinblick auf mein und das Leben meiner Lieben der wahre Weg?" Man bekommt sehr schnell Antwort. Eines Tages ist es wirklich zu spät, dann brauche ich nicht mehr anzufangen, mir einen neuen Job zu suchen. Wenn ich mir meine Endlichkeit in die Gegenwart hole und mir vorstelle, ich hätte vielleicht gar nicht mehr so lange Zeit zum Entscheiden, kann ich meine derzeitigen Lösungen deutlicher treffen. Auch der Tod braucht nicht mit Angst gesehen zu werden, sondern als Tatsache. Wir haben jetzt unser Leben, wir dürfen jetzt ganz viel erleben, wir dürfen jetzt unsere Tage mit Leben erfüllen. Nicht die Vielzahl der Tage zählen wirklich, sondern ihre Füllung. Von Montag an schon auf den Freitag warten? Es ist an der Zeit, jeden Tag als weiteren Tag im Leben zu begrüßen, als Gelegenheit zu überdenken, was ich heute noch gestalten, noch erleben kann und möchte. Eines Tages ist es vorbei.

Wie ziehen wir uns gegenseitig an?

Deine Lebenseinstellungen und damit dein bisheriges Weltbild kannst du wie folgt vergleichen:

Stell dir vor, einen Kuchen mit Mutters Rezept zu backen. Also, wir backen einen Käsekuchen mit altbewährten Zutaten und füllen den Teig in eine Springform. Mit der Zeit verändern wir aber die Zutatenliste ein wenig, weil uns Freundinnen neue Tipps für eine Variante der Zutaten geben. Du nimmst immer mehr Zutaten dazu, ohne andere dafür wegzulassen. Irgendwann wird der Geschmack des fertigen Kuchens undefinierbar und nicht unbedingt schmackhaft.

Wenn wir wirklich einen neuen Kuchen mit neuen Zutaten backen möchten, benötigen wir also auch eine neue Springform mit anderen Zutaten, dann passt es wieder.

Ebenso ist es häufig mit dem Umgang in unseren Beziehungen. Wir packen unseren Partner in die bisher bekannte Rezeptur. Wir erwarten unbewusst, aus alter Erfahrung, dass er beispielsweise fremdgeht, weil wir denken, dass alle Männer fremdgehen oder wir erwarten, dass eine Frau immer etwas zornig ist, oder was auch immer wir für Erfahrungen aus der Vergangenheit mitbringen. Eine kleine Geste des Partners reicht dann schon aus, um mein festes Denken an dieses alte Rezept anpassen zu können. Nach der ersten Verliebtheit sehen wir unseren Partner dann wieder mit altgewohnten Augen und übersehen seine wertvollen, bisher unbekannten Anteile. Das kann so weit gehen, dass ich zuweilen denke: ‚Oje, warum habe ich mir ausgerechnet *diesen Partner ausgesucht? Ich dachte, inzwischen hätte ich so viel gelernt, dass mir meine alten Glaubenssätze nicht mehr begegnen.*‘ Dann tritt ein interessantes Phänomen auf: Es ist mir peinlich vor mir selbst, dass ich mir wieder einen Partner ausgesucht habe, der angeblich wie mein Vater oder meine Mutter zu sein scheint. Ich schäme mich innerlich vor meiner Dummheit, und stelle mich daraufhin selbst dumm. Das fühlt sich in meinem Inneren besser an, als wenn ich mir meine Scham erlaube. Ich funktioniere nun also ebenso mit altem Rezept, mit alten Verhaltensweisen, damit glaube ich, auf der sicheren Seite zu sein.

Jetzt aber kommt der Wandel. Wenn ich mir von sofort an vorstellen kann, meinen Partner und mich in eine völlig neue Springform zu bringen und mit neu zubereitetem Teig fülle, kommt ein delikater Kuchen dabei heraus. Dazu ist es aber nun wirklich notwendig, altbewährte Lebenseinstellungen zu verabschieden, damit ein neues Weltbild in mir entstehen kann. Unser eigener Kuchen also.

Ich visualisiere ab diesem Moment eine interessante Beziehung mit meinem Partner. Ich stelle mir vor, wie es zu Anfang in der Verliebtheit war und male Bilder, wie es zukünftig wieder sein soll. Wir benutzen unsere Bilder und Vorstellungskraft für eine glückliche und freudvolle Zukunft. Damit erkenne ich dann auch die schönen Charakterzüge meines Partners wieder. Diese hatte ich nur in meinem alten Glaubensmuster untergehen lassen.

Ebenso ist es mit unserer Beziehung zum eigenen Körper:

Bisher glaubten wir, dass uns unser Körper einen Strich durch die Rechnung macht, er manchmal nicht funktioniert oder gar eine Krankheit von langer Dauer beschert.

Von jetzt an wirst du neue Rezeptzutaten für dein Leben verwenden.

Ich sehe meinen Körper mit völlig neuen, staunenden Augen an und bin fasziniert von der Weisheit und Güte dieses Organismus. Wie gesagt, der Einzige, der es wirklich gut mit dir meint, ist dein Körper.

Ich sage immer: „Lass uns doch im Jetzt bleiben. Kindheit ist wichtig, aber vorbei, Ahnen sind wichtig, sogar alte Leben sind wichtig, aber bitte lasst uns im Jetzt gucken. Jetzt reagiert der Körper instinktiv auf Emotionen, Sorgen, Nöte, die jetzt gerade aktuell sind."

Wie ist deine Lebenseinstellung geprägt?

Unser Körper reagiert auf unser Denken, das wissen wir inzwischen. Wie häufig haben wir allerdings unbewusst übernommenes „Wissen" in uns, was wir gar nicht wahrnehmen können, weil wir die Gewohnheiten für wahr, richtig und in Stein gemeißelt halten. Wie oft sehe ich die sichtbaren Symptome eines Patienten und bespreche die Ursachen im Jetzt und Hier. Wir selbst haben manchmal das berühmte Brett vor dem Kopf, denn wenn wir wüssten, wo und wozu wir Symptome herstellen, hätten wir keine Symptome, sondern könnten die Problematik direkt verändern.

Erst wenn unser Körper zum Innehalten mahnt, suchen wir Hilfe. Vielleicht zunächst bei verschieden Ärzten und Therapeuten, bis wir zum wahren Sprachgebrauch unseres Körpers gelangen. Vorsichtig dürfen wir dann zusätzlich hinter die Kulissen schauen. Auf Dauer des Lebens haben wir uns verkleidet und die Klamotten unserer Eltern abgetragen, wie ein Chamäleon unserem Umfeld angepasst. Was unsere Eltern gut gemeint mitgaben, ihre Gedanken, ihre Gefühle und ihre Ausstrahlung, haben uns regelrecht infiltriert. Tropfenweise wurde uns eingetrichtert, dass die Eltern Recht haben und als Kind müssen wir das glauben, das ist Evolution. Nach sechs Jahren sind wir bereits von den Ideen unserer Eltern so geformt, dass wir nur mit Mühe im Erwachsenenalter schaffen, das Geröll auszusieben. Meist nach einer schweren Erkrankung oder familiären Zusammenbrüchen kommen wir auf den Trichter, nachzusehen, worin unser Kummer in Wirklichkeit besteht.

Für meine Eltern war ich eine Last, zugegeben, es war nicht einfach für ein Pärchen, was sich nicht recht liebte, plötzlich das Ergebnis einer Bett-Geschichte praktisch vor Augen zu haben. Von Anfang an belastete mein Dasein beide Elternteile, ich war eine Last und es wäre besser, wenn ich nicht da wäre. Auch sie konnten nichts dafür. In meiner Embryonalzeit wurde ich von Beginn an darauf geprägt, eine Last zu sein. Mein festgeschriebener Glaubenssatz war: Es ist besser, wenn ich nicht da bin. Wenn ich nun schon da bin, muss ich die Sache auch alleine ausbaden. Meine Mutter war entsprechend dünn, ihren leicht gewölbten Bauch, also mich, sah man gar nicht. Diese vermeintliche „Dummheit" meiner Mutter, also die ungewollte Schwangerschaft, durfte keiner sehen. Auch ihr Körper reagierte brav und man sah nicht, dass sie schwanger war.

Zu meiner Geburt war meine Mutter alleine, Vater war auf Montage und erhielt die Nachricht über die Geburt seiner Tochter per Telegramm, was er dann auch mit den Kollegen gebührlich trinkend feierte.

Am Wochenende kam er, um seine Tochter leibhaftig anzusehen. Nicht um die Frau zu beglückwünschen oder sich nun über eine kleine Familie zu freuen, sondern um das Ergebnis seiner für sich beanspruchten tollen Gene in Anschein zu nehmen. Er brachte auch keine Blumen oder lieben Worte, sondern wollte schon von Beginn an bei den Krankenschwestern und anderen Menschen mit „seinem" Kind prahlen. Durch „Zufall" kam es, dass man ihm beim nächsten Besuch versehentlich ein falsches Baby zeigte. Mein Vater bemerkte das aber und sagte: „Meine Kleine ist etwas ganz Besonderes, dieses Baby ist das falsche, zeigt mir meine Carola." Meine Mutter war ganz glücklich, weil sie hoffte, dass nun etwas im Vater und Ehemann verändert ist und er sich nun doch für die Familie und Liebe entschied. Aber auch mein Vater hatte durch Krieg und schwere Erlebnisse sein Schicksal und wurde Narzisst, was bedeutet, dass Mitgefühl für andere Mitmenschen schlicht unmöglich ist.

Als Baby hatte ich nun folgendes Rezept: Ich hatte nun gespeichert: Ich bin eine Last und ich muss etwas ganz Besonderes sein, um anerkannt zu werden. Das zog sich dann als Programm durch mein Leben. Irgendwie schaffte ich es nie, wirklich einer Gruppe anzugehören. Ich war besonders schnell, im Sport immer die Erste, besonders frech in der Schule, besonders krank und habe es auch noch geschafft, meinen beiden Kindern unter besonders schwierigen Umständen ein Zuhause zu bieten und sie natürlich allein betreuen zu dürfen. Mein besonderes Leben würde ein zweites Buch füllen, was im Hinblick auf Programmierung wirklich lustig wäre.

Mit sechs Wochen kam ich dann in eine Wochengrippe und wurde montags um sechs Uhr morgens abgegeben und freitags gegen achtzehn Uhr wieder dort abgeholt. Besuche von Eltern waren nicht erlaubt, da würden die Babys nur unruhig; und das kann keiner brauchen. Einen Trostschnuller gab es auch nicht. Schließlich können die Schwestern nicht den ganzen Tag irgendwelche Schnuller für dreißig Babys in der Gruppe suchen. Die Babys weinten also, bis sie nicht mehr konnten, und verinnerlichten schnell und gänzlich, dass es keinen Sinn hat, um Hilfe zu rufen.

Schon mit sechs Wochen war also klar, dass man sich um sich selbst kümmern muss, um überleben zu können. Nun stellt sich bei einem Säugling in fremder Umgebung schnell heraus, dass ein solch kleines zierliches Wesen zunächst einmal nichts Besonderes ist, zumal es unter dem Vorzeichen der eigenen Ursprungsfamilie und deren Last zu leben beginnt. Als Säugling schrie ich sehr viel und laut. Heute weiß ich, dass Säuglinge die Ausstrahlungen der Eltern, das Magnetfeld, die Gedankenfelder direkt aufnehmen. Ich weinte also, weil ich mit dieser Unsicherheit, dem Zwiespalt zwischen Last und Anspruch nicht zurechtkam und ständig allein war.

Hier geht es nicht um die Schuld der Eltern. Nein, es geht darum, was unser Körper bereits sehr früh wahrnimmt und als Rezept zum Überleben speichert.

Verstehen wir uns richtig, die genauen Wort denkt ein Kind nicht, aber die Emotionen sind mit diesen Worten und dem verinnerlichten Verhalten fest verkoppelt.

Die lange Zeit in Krankenhäusern war nun folgerichtig besonders, meine schulischen Leistungen waren besonders, weil ich so viel Ausfall hatte und trotzdem alles schaffte. Natürlich war ich schon alleinerziehend, als meine Kinder zwei und drei Jahre alt waren und mit besonderer Erschwernis. Ohne Wochenenden, an denen der Vater der Kinder mal einsprang, nein, ich war sogar besonders, indem ich es schaffte, dass ich kein Geld vom Vater für die Kinder bekam. Das hatte in meinem Umfeld keine Frau geschafft. Natürlich hatte ich auch keine Großeltern zur Entlastung, denn für meine Eltern war ich ja selbst schuld an meinen Umständen.

Mein angelerntes Rezept lautete: Ich schaffe das und ich muss besonders kämpfen, um geliebt zu werden.

Ein Leben lang zog ich Partner an, die mir die alleinige Verantwortung für alles überließen und dann auch noch sagten, es wäre besser für sie, wenn ich gar nicht da wäre. Dann wäre es für sie leichter. Ich bekam sogar die Schuldzuweisung für das Fremdgehen dieser Männer, schließlich hätte ich Schuld, dass er unglücklich ist. Diesen Satz bekommen leider viele Frauen um die Ohren gehauen.

Ich war besonders überarbeitet und alleine und glaubte, eine Last für alle zu sein, die mir näherkommen. Also suchte ich mir Partner, die meine Hilfe brauchten. Indem ich helfen konnte, dachte ich unbewusst, würde ich nicht zur Last für meine Partner. Schnell stellte sich aber immer heraus, dass diese mich doch als Last empfanden, kein Wunder, denn meine Ausstrahlung war: Ich bin eine Last! Egal, was ich tat, die Ausstrahlung ist es. Da kommt es zu unnötigen Streitereien, zu Erlebnissen von außen. Meine Strategie im Leben für meinen Körper ist gewesen zu bestätigen, dass ich ja eine Last bin, so hatte ich es verinnerlicht.

Zur körperlichen Verstärkung meines belastenden Daseins hatte ich immerzu an Gewicht verloren. Vor allem bei Streit kann ich nichts essen, es geht gar nicht. Nur mir Vernunft kann ich mich zwingen, etwas Essbares zu mir zu nehmen. Ich wurde dünner und dünner. Der Körper reagiert auf das Wort Last, also mache ich mich körperlich leicht, damit es leichter wird für mich und den Partner, den ich liebe.

Dann konnte mein Partner übrigens sagen, siehst du, du bist eine Last für mich. Mit einem so dünnen Etwas kann man ja nichts anfangen, und als Gipfel wurde mir gesagt, ich würde dem Partner die Energie ziehen. Zwei Partner mit falschen Glaubenssätzen haben es nicht unbedingt einfach.

Unsere Eltern und Großeltern haben uns geprägt, verschiedene Glaubenssätze aufgestempelt, in eine Verpackung gestopft. Dann müssen wir zunächst mit dieser Verpackung langsam groß werden.

Erst, wenn wir diese Verpackung entfernen, sehen wir unsere Schönheit, Liebe, Naivität und das Wunder in der Welt. Es ist so wertvoll, sich bei dieser Gelegenheit selbst kennenzulernen.

Ich beginne inzwischen jeden Morgen mit einem kleinen Gebet: *„Danke für einen weiteren Tag und eine neue Gelegenheit, mein wahres Selbst zu sein."*

Na ja, es dauert ein wenig, bis man alle diese Dinge durchschaut hat, aber es geht. Und wenn wir begreifen, dass unser Körper nicht krank im üblichen Sinne ist, sondern nur unsere Gedanken und Ausstrahlung bestätigt und zeigt, kann es ein Wunder sein, sich selbst liebevoll zu betrachten.

Dann bin ich mit Übung und pränataler Traumaarbeit zur Überzeugung gekommen, dass ich eine Bereicherung und nicht automatisch eine Last bin.

Jeder ist eine Bereicherung im Leben eines anderen. Wie alle großen Leute schon sagten: *„Eine Begegnung mit einem Menschen ist entweder eine Schulung oder Bereicherung."*

Manchmal braucht es wirklich viele und gründliche Abstürze im Leben, um wirklich die verinnerlichten Glaubenssätze zu erkennen und endlich zu drehen. Ich wurde mehrmals von Männern aus meinem schön hergerichteten Zuhause rausgeworfen. Jedes Mal landete ich finanziell und emotional am Abgrund, wie ich es als Baby bereits kennengelernt und als richtig und leider eben normal abgespeichert hatte: dass es besser ist, wenn ich weg bin. Richtig schade für jeden, der so fühlen musste.

Mein Gegenüber wurde von seiner Mutter als Partnerersatz benutzt. Das ging so weit, dass er sogar erotisch an ihr herumfummelte, weil er Liebe und Zuwendung brauchte und sie nicht anders bekam. Die Mutter hatte diese Art der Zuwendung bevorzugt und damit nicht in die richtigen Bahnen einer Mutter-Sohn- Liebe gelenkt, sondern genoss diese Zuwendung sogar. Sie stellt sich dem kleinen Jungen gegenüber als arme traurige Mama hin, die getröstet werden muss. Mit den Worten: „Die Mama ist doch so traurig über den bösen Vater, tröste mich, mein Kleiner, sonst bin ich noch trauriger", ließ sie ihn seine kindliche Neugier und Not ausprobieren. Er kannte ja nichts anderes. Bis ins hohe Alter ist dieser Mann einzig und alleine mit seiner Mutter verheiratet, obwohl er drei Frauen standesamtlich geheiratet hat. Er blieb der Partner seiner Mutter. Dieses Geheimnis tragen seine Mutter und er bis ins Grab hinein. Bei seiner Eheschließung traute er sich nicht einmal, seiner Mutter Bescheid zu geben, dass er nun eine neue Frau hat. Nein, er konnte nie wirklich auf die eigenen Scham- und Schuldgefühle sehen. Er musste viele Seminare zur Selbstfindung absolvieren und sah doch nie, dass sich sein ganzes Leben einzig und alleine um sich selbst und den Zwiespalt zwischen Verlust und ewiger Verbindung mit der Mutter drehte. Er übernahm nie wirkliche Verantwortung für irgendjemanden. Seine Mutter hatte ihm früh eingetrichtert, andere Frauen als sie selbst würden ihn nur ausnutzen. Obwohl das keiner Wahrheit entsprach, lauerte er ständig darauf ausgenutzt zu werden, stellte säuberlich Listen auf, was jeder Ehepartner finanziell und aktiv ausgibt. Er fühlte sich sein Leben lang als Opfer und glaubte, dass er im Mangel und benachteiligt ist. Er hat nie dazugelernt, was ein Ehemann in einer Partnerschaft zu tun hat, erlebt immer nur seine Ehefrau als Freundin und Liebhaberin, denn er ist mit Mutter verheiratet. Fremdgehen ist okay, sein Vater machte das schließlich auch. Und auch sein Vater behauptete, dass seine Frau an seinem Unglück schuld sei. Die alten destruktiven Gefühle des Kind gebliebenen Mannes in Bezug auf Mann und Frau und ein gesundes Rollenverhalten zwischen erwachsenen Partnern hat er bis heute nicht auflösen können. Schamgefühle erlauben oft kein wirkliches Hinsehen, denn Schamgefühle sind verbunden mit übergroßer Angst. Naturgemäß gehen wir Lebewesen unserer panischen Angst, entdeckt und damit gefressen zu werden, aus dem Weg.

Zu diesem Thema gibt es einen überragenden deutschen Film: „Die Hände meiner Mutter".

Tja, so läuft das manchmal mit der „großen Liebe" und wie wir zusammenfinden.

Jeder Mensch ist eine Bereicherung im Leben eines anderen. Und glaube mir, es ist eine riesengroße Bereicherung, dass es dich, lieber Leser, in diesem Leben gibt, dass du auf dieser Erde zu dieser Zeit hier bist.

Du bist eine Bereicherung für deine Kinder, Familie, dein Umfeld und deinen Körper. Du hättest nicht bis hierher gelesen, wenn da nicht eine unbändige Kraft, Neugier und Freude in dir wohnt.

Sage es dir bitte, bitte täglich mehrmals laut und leise vor:
ICH BIN EINE BEREICHERUNG FÜR MEINE MITMENSCHEN.

Expertenwissen und Körperwahrnehmung

Ich finde es immer besonders spannend, wenn der Arzt fragt: „Was fehlt Ihnen denn?" Hier müssten wir innehalten. Keine körperlichen Schmerzen benennen, sondern dem wirklichen Herzschmerz über die verloren gegangenen Dinge einen Namen geben und Realitätsbezug herstellen. Was fehlt mir denn wirklich? Herzensliebe, Nestgeborgenheit (Nierenschmerzen), Zuwendung (Zeigefingerschmerzen- und Verletzungen), Ansprache oder Frieden (Kopfschmerzen), Achtung und Anerkennung (Mittelfingerproblematik oder Leberbeschwerden)?

Zuweilen benötigen wir ein Höchstmaß an sozialer Beweglichkeit, wenn wir einen Facharzt besuchen.

Fachgebietler bleiben heutzutage gerne in ihren angestammten Fachgebieten stecken. Da sind sie Koryphäen und fühlen sich wohl. Oft sind sie nicht in der Lage, über den Tellerrand ihres Fachgebiets hinweg zu schauen und ziehen mögliche Alternativdiagnosen selten in Betracht.

Ein selbst erlebtes Beispiel: Ich war beim Zahnarzt. Eigentlich war es wie immer, wenn ich mit Ärzten zu tun habe. Man glaubt mir nicht. Es ging darum, einen Zahn zu überkronen, genauer gesagt, eigentlich drei Stück. Zwei davon waren bereits mausetot, einer eben nicht. Beim Bearbeiten hatte ich Schmerzen. Der Zahnarzt meinte, das könne gar nicht sein. Dieser Zahn wäre Wurzel-behandelt und damit eben unempfindlich. Da er abgestorben ist. Die Wurzel und der Nerv könnten nicht mehr schmerzen. Das wäre dann wohl eher vorauseilender Schmerz.

Zugegeben, ich bin so gar kein Held und kann mir sogar vorstellen, dass ich vor lauter Angst schon mal Schmerzen spüre, die gar nicht passend sind. Aber blöd bin ich nicht. Ich spüre, wenn ich echte Schmerzen habe, egal, ob mir das mein Arzt glaubt oder nicht. Vor allem egal, ob das sein kann oder nicht. Weil der Zahn und ich nun gar keine Ruhe ließen, wurde das

Ganze noch einmal geröntgt und siehe da, mein Zahnnerv läuft irgendwie anders als bei anderen Menschen. Viel krummer und höher. Somit waren eben meine Schmerzen schlussendlich doch erklärbar, denn teilweise lebte dieser Nerv noch.

Beim Beispiel menschlicher Körper geht es also ab und zu in der Praxis anders zu als theoretisch geplant. Ich spüre meinen Körper und dazu stehe ich.

Schon in meiner Kindheit habe ich Erfahrungen mit Ärzten sammeln dürfen, die von mir beschriebene und erlebte Schmerzen und Gefühle aus schulmedizinischer Sicht nicht sofort einordnen konnten. Kindliche Bildhaftigkeit geht eben nicht konform mit einem medizinischen Anatomieatlas.

Mein persönlicher Wunsch an die Ärzte ist ganz klar: Hören wir doch den Menschen genauer und offen zu. Das beschriebene Leid kann dann mit dem üblichen diagnostischen Wissen kombiniert werden. Wir ersparen uns damit viel Leid und Zeit.

Und zum Schluss ein trauriges Beispiel für das Nicht-Zuhören und Nicht-Wahrnehmen von manchen Spezialisten.

Ein Beispiel aus der Praxis:

Hanna kam wegen Rückenschmerzen. Sie hatte bereits verschiedene Ärzte aufgesucht, wurde geröntgt und untersucht. Keine Veränderungen oder Erkrankungen der Wirbelsäule konnten erkannt werden. Sie glaubte langsam, dass sie sich die Probleme nur einredete, aber jede Bewegung schmerzte höllisch. Es gab auch keine Unfälle oder Stürze vor dem Beginn der Schmerzen. Während der Cranio-Sacral-Therapie ertastete ich eine stark vergrößerte Leber und besprach mit Hanna, dass sie sich bitte schnellstens einem Internisten vorstellen möge und bis zum Termin Lebertee trinken solle. Hanna starb nur wenige Wochen später an einer Lebererkrankung. Die Diagnose kam zu spät. Wenn für Rückenschmerzen keine knöcherne Ursache im Röntgenbild zu erkennen sind, heißt es eben nicht, dass die Schmerzen nicht da sind. Hier dürfen und müssen auch die Ursachen in den inneren Organen einbezogen werden. Leider ist unsere Medizin inzwischen so spezialisiert, dass die Spezialisten in ihren Scheuklappen diagnostizieren müssen.

Eine Lebervergrößerung dient im Übrigen immer der Entgiftung im Umfeld des Menschen. Ganzheitlich diagnostiziert hätte dies bei Hanna erkannt werden können. Durch jahrelanges Mobbing in ihrer Firma entgiftete sie die täglichen Erniedrigungen mithilfe ihrer Leber. Die Leber wächst mit ihren Aufgaben, wie wir inzwischen wissen. Eine Leber verursacht keine direkten Schmerzen, sondern zieht aufgrund der Vergrößerung am umliegenden Gewebe und das wird dann als Rückenschmerz wahrgenommen.

Unsere Gedanken sind kraftvoll und wir nutzen das jetzt

Es gibt eine sehr konkrete und deutlich sichtbare Methode, seine eigene Gedanken-„Ausstrahlung" zu prüfen und sichtbar zu machen. Ich spreche hier von dem bekannten Wünschelruten-Prinzip.

Nimm zwei Metall-Wünschelruten oder einfach zwei Metallkleiderbügel. Solche, wie wir sie manchmal im Geschäft oder in der Reinigung mitbekommen, aus ganz dünnem Metall. Daraus biegst du dir zwei rechtwinkelige Ruten.

Nun hältst du die Stäbe locker in den Händen, damit sich die Metallstäbe frei bewegen können. Wenn du unsicher bist, ob du vielleicht die Ruten mit deinen Händen zu fest hältst, kannst du die Stäbe zusätzlich in Strohhalme stecken, dann bewegen sich die Metallstäbe im Halm. Nun nimmst du die Arme in 90°-Stellung vor deinen Körper. Du stehst ganz ruhig, schließt die Augen und kommst zunächst in Ruhe.

Die beiden Stäbe sind gerade in Parallelstellung vor deinem Körper.

1. Zunächst denkst du an eine sehr widerliche Situation, die dir passiert ist. An eine Situation, in der du dich gedemütigt und verurteilt gefühlt hast und vielleicht Angst

hattest. Denke dich in diese Situation richtig rein. Fühle diese Demütigung, diese Schmach, die Enttäuschung, das schlechte Gefühl und die Scham in dir. Das kann ruhig 2–3 Minuten oder länger dauern. Dann wirst du bemerken, wenn du jetzt die Augen öffnest, dass die beiden Metallbügel vor deinem Körper zusammengehen, sie drehen sich nach innen und kreuzen sich, weil dein Magnetfeld und deine Ausstrahlung sich zusammenziehen. Das ist eine ganz persönliche, magnetische und normale Reaktion deines Körpers.

2. Nun schüttelst du dich ein wenig, machst dich locker und verabschiedest dich völlig von diesen Gedanken. Denk an einen Strand oder Wald. Oder auch an dein Zimmer, in dem du dich befindest. Dann bringst du dich erneut in Position, die Bügel vor dir am Körper, Ellenbogen in 90°-Beugung, schließt die Augen und kommst zur Ruhe. Nun denkst du an eine Situation, in welcher du ganz und gar glücklich warst. Eine Situation, in der du stolz, freudestrahlend und sehr herzerquicklich warst. So etwas wie die Geburt deines Kindes, einen anerkannten Erfolg, die schönste Liebeserklärung deines Lebens oder eine Auszeichnung, die dir die Schmetterlinge im Bauch fliegen ließ. Denke an diese Situation, fühle den Stolz und das Glück. Lass in dir die Bilder aufsteigen, sicherlich kommt automatisch ein Lächeln auf dein Gesicht. Fühle und fühle, bis du ganz in dieser Situation bist. Auch das kann etwa 3 Minuten dauern. Dann öffnest du die Augen und siehst, wie sich die beiden Bügel nach außen bewegt haben. Dein Magnetfeld hat sich geöffnet, du bist offenherzig und die Bügel reagieren über das Magnetfeld entsprechend.

Ich rate dir ganz herzlich, diesen Test einmal zu versuchen, es ist so wundervoll, seine Gedankenkraft sichtbar machen zu können.

Diese Methode ist aus dem Buch „Wie Ihre Gedanken die Welt verändern" von Pam Grout.

Wünschelrute

Es wird immer bekannter: auch Bäume kommunizieren untereinander. Pilze, Pilzkreise und Pflanzen teilen sich untereinander mit. Wir Menschen reagieren u. a. auf Strahlungen, Pflanzen, Steine und den Mond.

Wenn Oma mit den Pflanzen spricht, gedeihen diese besonders gut. Lenken wir unser Augenmerk auf Pflanzen, reagieren diese.

Es gibt die Versuche des Forschers Cleve Backster: Er stellte Setzlinge von Mutterpflanzen neben die Mutterpflanze auf seine Fensterbank im Labor. Alle Setzlinge wurden von ihm an ein hochsensibles Lügendetektor-Gerät angeschlossen. Morgens, wenn er hereinkam, streichelte er fast alle Pflanzen und einen der Setzlinge zwickte er.

Es hat sich gezeigt, dass, wenn dieser Mann den Raum betrat und sich die Tür öffnete, diese gezwickte Pflanze massiv reagierte, menschlich bezeichnet mit Angst! Auch seine Versuche mit einem Drachenbaum, welcher auf Gedanken reagierte, blieben immer umstritten. Wir dürfen darüber denken, was wir möchten.

Warum soll eine Pflanze nicht Angst haben können? Diese wissenschaftlichen Versuche und Demonstrationen werden zunehmend bekannt. Veröffentlicht sind derartige Forschungen schon lange. Inzwischen kann aufgrund einer wunderbaren Vernetzung auch im Internet alles angesehen werden.

Unser Wissen über menschliche Reaktionen außerhalb der bisher festgemauerten Ursachen kommt uns entgegen. Jeder, der mehr wissen möchte und Interesse für sich und sein Umfeld zeigt, kann die neuen Erkenntnisse erfahren. Es ist inzwischen leicht erreichbares Wissen. Da fällt mir dieser Spruch ein: „Denken ist wie googeln, nur krasser."

Im Übrigen werden Worte und Sätze heute sehr schnell umformuliert, die alten Weisheiten der Sprache werden beschönigt. In spirituellen und therapeutischen Kreisen wird heute gern geraten, man solle mit einem Menschen nicht mit-*leiden*, sondern mit-*fühlen*.

Beschreiben wir doch einmal das Wort Mitgefühl. Ich glaube, nur wenn wir wirklich die Größe besitzen, auch einmal mit einem Menschen mitzuleiden, können wir auch die Stärke aufbringen, diesem Menschen zu helfen. Wenn ein Freund Trauer empfindet, kann ich mich zu ihm setzen, ihm zuhören und versuchen, die Gefühle der Leere und Machtlosigkeit nachzuempfinden.

Gedanken-Schwingungen können sogar unsere Technik beeinflussen

So ist es einem Freund von mir recht deutlich gezeigt worden. Er arbeitet in einem Altenheim als Pfleger. Der Kontakt mit den alten Menschen gefällt ihm. Nun sind wir inzwischen in einem recht zeitdeduziertem Pflegealltag gelandet und er macht sich täglich große Sorgen um seine Alten. Fast schon heimlich versucht er, sich mehr Zeit für Gespräche und freundschaftliche Beziehungen mit seinen Bewohnern zu nehmen.

Privat fällt ihm auf, dass er in letzter Zeit häufiger kleine und größere Macken nur rechts an seinem Auto fabriziert. Er fährt gegen das Gartentor, wird von einem anderen Auto beim Ausparken gerammt, sogar ein Wildschwein stellt sich zur Verfügung, in die rechte Seite des Wagens zu laufen. Ich weise darauf hin, dass es immer die rechte Seite des Wagens betrifft und frage natürlich, was ihm dazu zum Thema Arbeitsstelle einfällt und wo er jetzt und in Vergangenheit in der Arbeit ausgebremst und beschädigt wird. Wo bekommt seine menschliche Achtung in seiner Arbeit Kratzer? Wird er selbst in seiner Geschwindigkeit im Altenheim nicht ernst genommen? Wo hat er den Eindruck, sein Gesicht, also den Lack zu verlieren? Wo fühlt er sich in seiner Mobilität und damit in seiner Beweglichkeit auf Arbeit erzwungen falsch wahrgenommen? Seine Antwort ist schon so deutlich, dass wir lachen müssen. Mein Freund antwortet gleich im ersten Satz:

„Ich hoffe, dass mir da nicht mal jemand an den Karren fährt. Wenn die Chefetage merkt, dass ich mir zu viel Zeit für meine Leute nehme, kann das ein Unglück nehmen."

Also bevor ein Fremder mir an den Karren fährt, mache ich es doch lieber selbst, mit meinem eigenen Wagen, da habe ich es unter Kontrolle.

So funktionieren Unterbewusstsein, die eigene Schwingung und Ausstrahlung im und um den Körper.

Die Batterie ist alle

Vor einiger Zeit hatte ich ein entsprechendes Erlebnis gehabt. Ich war beim ersten Block meiner Ausbildung zum Thema „Erfahrungen in der eigenen Schwangerschaft". Hierbei geht es um die noch immer wirkenden (also auch jetzt im gewissen Alter) Verhaltensmuster, die wir bereits in unserer eigenen Embryonalzeit einprogrammiert haben. Mit sehr viel Selbsterfahrung und heiklen Themen werden die eigenen Schuldgefühle gesehen und integriert. Eine wundervolle Arbeit, sich seinen bisher festgelegten Ängsten und Befürchtungen zu stellen und damit den unbewussten Verhaltensweisen auf den Grund zu gehen. In solchen intensiven Selbsterfahrungen reagiere ich immer mit außergewöhnlichem Durchfall. Jede noch so kleine Pause nutzte ich, um es laufen zu lassen. Mein gesamter Körper *fühlte sich leer und schwach an,* obwohl ich regelmäßig aß. Im Inneren und in meiner Mobilität fühlte ich mich lahmgelegt. In dieser schönen Landschaft im Seminarort wollte ich viel spazieren gehen, kam aber nicht dazu, weil ich immer eine Toilette in meiner Nähe brauchte. Am dritten Tag musste ich nun aber trotzdem zum Bankautomaten in die Stadt. Die Technik reagierte: Mein Auto ließ sich schon gar nicht per Fernbedienung öffnen, denn die *Batterie war völlig leer.* Ein Start war unmöglich. Ich brauchte also den Autoservice, um durch einen Fremdstart und eine zugeführte Batterieladung überhaupt fahren zu können. Die Ursache war technisch gesehen, dass ich versehentlich mein Notlicht im Innenraum des Wagens leuchten gelassen hatte. Na so was, die Notleuchte.;-) Also ich sehe hier den Zusammenhang zwischen von uns nah verbundener Technik mit uns selbst sehr deutlich. Ich fühlte in mir keine Energie mehr und mein geliebtes Auto konnte es mir spiegeln.

Wasserhaushalt im Körper

Ab und an reagieren wir hitzköpfig und aufbrausend. Unser Gehirn arbeitet ähnlich einem Hochleistungscomputer. Die größte Herausforderung unseres Körpers besteht darin, dieses System im Fluss zu halten.

Gerne sagen wir: „Ah, was für ein Hitzkopf!" Wenn wir im Kopf überhitzt sind, reagieren wir rein evolutionär. Das bedeutet, unsere Reaktionsmuster sind rein instinktiv, ohne den kühlen Kopf zu behalten, ohne nachzudenken.

In meiner Praxis begegne ich oft Menschen, die täglich ein Medikament als Blutverdünner einnehmen. Gleichzeitig trinken sie aber viel zu wenig. Wir Menschen bestehen zu 70 % aus wässriger Lösung. Sind also nur Gurken mit Gefühlen.;-) Jede Faser unseres Körpers ist ein Feuchtgebiet. Fügen wir unserem System nicht ausreichend Flüssigkeit zu, ähneln wir einem ausgetrockneten Schwamm. Dann brauchen wir uns nicht zu wundern, wenn das Herz beginnt, schneller zu pumpen. Schließlich bringt es dann eine dickflüssige Masse in Schwung. Innere Organe werden poröser, Schleim wird zähflüssig, die Nieren versuchen, die angedickte Flüssigkeit zu entgiften.

Wir lernen in der Schule einiges vom Verdauungstrakt und zu einem späteren Zeitpunkt erörtern wir den Blutkreislauf. Dass beide in engem Zusammenhang stehen, bleibt unerwähnt. Nehmen wir wieder ein praktisches Beispiel: Trinken wir Alkohol, landet dieser zunächst im Magen. Der benebelnde Einfluss kommt über den Magen und, vereinfacht gesagt, dann über das Blut zum Gehirn. Der Blutkreislauf, dessen Inhaltsstoffe und Flüssigkeitsgehalt werden also nicht am Anfang des Lebens als feststehender Bestandteil des Organismus in einem Schlauchsystem festgelegt. Von unserem Nahrungs- und Trinkverhalten wird unser Blutzustand täglich, eigentlich sekündlich reguliert. Irgendwie hat sich in den Köpfen der Menschen festgesetzt, dass

Trinken nur den Verdauungstrakt und die Nieren beeinflusst. Oft höre ich: „Wenn ich so viel trinke, muss ich so viel zur Toilette und das möchte ich nicht." Viel Umsatz im Flüssigkeitshaushalt wiederum ist eine Entgiftung des Körpers und ist sehr wichtig für uns Lebewesen. Eine Bauchspeicheldrüse stellt ihre Sekrete schließlich auch nicht für sich selbst her, sondern für das Gesamtsystem des Körpers. Eine Gallenflüssigkeit stellt die Leber nicht für sich her, sondern zur Fettspaltung für das körperliche Wohlbefinden während und nach der Nahrungsaufnahme.

Ein Schmerz ist niemals die Ursache, sondern immer ein leidender Punkt, der von einem anderen Auslöser malträtiert wurde.

Nieren filtern, Blut transportiert wichtige Botenstoffe und Informationen, eben WEIL das Blut in Verbindung mit der zu sich genommenen Flüssigkeit in Verbindung steht.

Lieber Freund, hier eine dringliche Empfehlung: Bitte viel trinken!

Es muss kein fades Leitungswasser sein. Das Getränk darf auch schmecken, zum Beispiel ein Lieblingssaft, ein Tee aus Kräutern von der Wiese. Oder gerupfte Brennnessel, die auf dem Weg zur Arbeit mitgenommen und aufgebrüht wurde.

Mein Tipp: Ich habe es mir zur Angewohnheit gemacht, immer wenn ich unterwegs bin, einen Gärtnerhandschuh einzustecken. Wenn ich dann einer Brennnessel oder einem anderen schönen Kraut begegne, packe ich eine Handvoll Brennnessel mit dem Handschuh an und drehe das ganze einfach beim Ausziehen herum. Wenn ich dann zu Hause bin, freue ich mich auf einen frischen Tee mit Honig – ein wahrer Genuss. Wir müssen unseren Körper am Laufen und Fließen halten. Er muss in Schwung bleiben, ein zähflüssiger Brei fließt eben nicht in alle Ritzen; und kühlen kann er auch nicht sonderlich. Und auch Blutverdünner brauchen Wasser. Denn ohne Wasser kann nichts verdünnt werden. Natürliche und logische Mittel und Verhaltensweisen werden oft lächerlich gemacht.

Wozu wird die Naturmedizin immer noch, wie im Mittelalter, als Scharlatanerie bezeichnet und betont lächerlich gemacht?

Begründet alleine dadurch, dass die Pharmaindustrie schon seit Beginn ein sehr großes Interesse hat, die Selbstheilung durch eigene innere Kraft als Wunder oder Zufall zu beschreiben. Danke, dass es Menschen gibt, die einfach ganzheitlich sehen und anders fühlen dürfen. Sich obendrein dann sogar noch auf den Weg machen, Wissen zu sammeln, den menschlichen Körper auch universitär studieren und mit ihrem Wissen Menschen in ihrer wirklichen Heilung unterstützen.

Nenne es vielleicht sogar hellseherisch oder Nahtoderfahrung, feinspürig, spirituell oder Meisterschaft. Nenne es Berufung, es ist wirklich egal. Friedlichkeit und Gesundheit ist wichtiger als Namen. Frauen haben immer noch mehr Angst, ihre Fähigkeiten zu zeigen, weil sie die Hexengeschichten deutlich häufiger verinnerlicht haben. Es gab auch Ketzer, die verbrannt wurden, aber doch weniger. Im Übrigen wurde das Ende der Hexenverbrennung dadurch eingeleitet, dass sich Frauen zusammenschlossen und gemeinsam hochkarätige Männer der Kirche als Ketzer anschuldigten. Erst als es den Männern an den Kragen ging, wurde von den Frauen abgelassen. Heute schließen sich erfreulicherweise wieder Frauen zusammen, um ihr Wissen, ihre Weiblichkeit und Freude neu zu kreieren und zu schöpfen. Es braucht Menschen, die sich hinstellen und sagen: „Jawohl, ich habe keine Lust, mich dafür zu entschuldigen, dass ich schlau und anders bin."

Da fällt mir ein Slogan ein:

„Religion ist für Menschen, die Angst vor der Hölle haben. Spiritualität ist für Menschen, die schon da waren."

In Bezug auf die Naturmedizin wird oft mit dem Argument gearbeitet, dass Naturmedizin aus eigener Tasche bezahlt werden muss. Das heißt, als Selbstzahler kommen diese Patienten dann zusätzlich unter den Druck „fremdgegangen von der Krankenkasse oder dem Arzt" zu sein. Der Körper hört alles. Zuweilen kann dieser Glaubenssatz dann einer Gesundung im Weg stehen.

Aber auch hier dürfen wir nicht vergessen, dass Therapeuten nach gründlicher universitärer Ausbildung unzählige Seminare besuchen und sich spezialisieren. Denn das ist bei Therapeuten etwas anders als bei Ärzten. In einem Seminar für Ärzte war ich doch sehr erschrocken, wie provokativ manche Zuhörer die Füße auf den Tisch legten, einschliefen oder aber ständig beim Verzehr ihrer Lachsschnittchen schmatzten. Der Dozent ist von der Pharmaindustrie gesponsert. War das nun provokant gegen die Pharma oder ein Zeichen im Sinne: Wir wissen doch sowieso schon alles?

Wie erklärt man einem Wissenschaftler die „Sprache des Körpers" am Beispiel der Schilddrüse

Vor kurzer Zeit hatte ich ein überaus interessantes Treffen mit einem Wissenschaftler, den ich schon seit längerer Zeit kenne und dem ich ab und zu vom biologischen Dekodieren, also dem Entschlüsseln unserer Sprache des Körpers erzähle. Kurzgefasst, egal, was ich ihm erzähle, er glaubt nicht an die Sprache des Körpers, also das Lesen der wirklichen Ursachen für Erkrankung.

Er erzählte mir, dass er eine Schilddrüsenerkrankung hatte und dass dieses Organ, also die Schilddrüse, nun entfernt sei. Ich bedauerte dies sehr und fragte ihn, warum er mich nicht angerufen habe. Ich hätte ihm erzählen können, dass es sich bei der Schilddrüsenerkrankung um das Thema Zeit und Schutz handelt. Er entgegnete: „Carola, du weißt doch, ich glaube nicht daran." Ich erwiderte: „Okay, du brauchst nicht daran zu glauben, aber das ist einfach eine Erfahrung. Offenbar hat sich deine Schilddrüse vergrößert. Die Lösung ist jetzt, anders über das Thema Zeit nachzudenken. Oder aber du gehst das Thema Zeit und die damit verbundenen Konflikte konkreter an, benennst die Probleme und arrangierst dich damit neu. Beim Thema Zeit geht es nicht darum, einfach nur zu sagen, dass man Stress habe. Es geht auch darum, das Problem klar zu erkennen. Was ist denn Stress? Fühlst du dich unterfordert? Fühlst du dich überfordert? Hast du Angst, eine bestimmte Aufgabe nicht beenden zu können? Sind Jüngere schneller als du oder eben einfach frecher? Das sollte deine Angst nicht sein, wir Älteren haben den großen Vorteil der Erfahrung, diese Erfahrung kann man weder in Büchern noch in Seminaren erlernen."

Für dein ausgeprägtes Technikergehirn kann ich dir auch Folgendes erzählen:

Bei jeder Erkrankung gibt es verschiedene Stadien. Es gibt eine Normalität, die eine Ausgewogenheit im Körper und Geist definiert, dies wird Normotonie genannt. Es gibt eine Sympathikotonie. Dann gibt es eine Vagotonie und es gibt ein Schockerlebnis. So werden die verschiedenen Zustände beim biologischen Dekodieren genannt. Zum Verständnis solltest du wissen, dass diese biologischen Gesetzmäßigkeiten damit im Zusammenhang stehen, dass unser Körper nach biologischem Stress immer im Sinne des Überlebens reagiert.

Ich kann dir von Diagnoseschocks und Konflikten erzählen. Ich kann vom Exoderm und Mesoderm erzählen, was je nach Entwicklungsstadium entweder mit einem Gewebeaufbau reagiert, hier sprechen wir dann von einem Tumor. Oder es wird mit einem Gewebeabbau reagiert, in diesem Fall bedeutet dies eine Nekrose. Ich kann dir von sekundären Konflikten erzählen, beispielsweise davon, dass es bestimmte Bedingungen zur Genesung gibt, nämlich die Lösung des Konflikts zum einen und die praktische Lösung als zweiten Weg. Ich kann dir auch erzählen, dass dein Gehirn nicht in der Lage ist, zwischen Wirklichkeit und dem symbolischen Ereignis, also dem vorgestellten Ereignis, zu unterscheiden. Ich kann dir erläutern, dass es schizoide Phasen gibt, dass unserer Großhirnrinde alle Organe des Ektoderms zugeordnet werden und dass im Hirnstamm die Relais für die Organe des Endoderms liegen. Ich kann dir auch erzählen, dass die Aktivität und Konfliktlösung die Postkonfliktolyse heißen.

Bevor ich Menschen aber mit diesen Informationen überfordere, verweise ich lieber auf die wunderbaren Aufzeichnungen von Dr. Mc Peter, M.C. Kern. Ich verweise sehr gerne auf die Bücher von Giorgio Mompretti und Jean Seravin.

Was möchte ich mit dieser Geschichte über einen Techniker erzählen?

Jawohl, die neue Wissenschaft beweist, dass krankmachende Ursachen tiefer liegen, als wir es zurzeit noch betrachten und allgegenwärtig anerkennen können. Es bringt unseren Patienten jedoch nicht weiter, wenn wir mit Fachbegriffen um uns werfen und in unverständlichem Latein erzählen. Patienten, die zu mir kommen, möchten eine Heilung durch eigene Veränderung erfahren. Sie möchten in der Regel gerne mit einfachen Worten beraten und angenommen werden, möchten mich und vor allem sich selbst und ihren Körper verstehen lernen.

Worte sind sehr wichtige Informationsträger.

Wir lernen die Sprache als Kleinkind und speichern die Begriffe im Unterbewusstsein ab. Also reagieren wir auf Worte immer zuerst unbewusst!

Ein Beispiel, wie stark die Energie der Worte ist, erkennen wir gut am derzeit beliebten Begriff LOSLASSEN.

In psychologischen und esoterischen Sitzungen wird das Wort „Loslassen" nahezu geliebt. Du sollst eine Situation loslassen. Du sollst die Versuche, schnellstmöglich an Geld zu kommen, loslassen. Du sollst menschliche Gewohnheiten loslassen usw.

Stelle dich dir jetzt als Kind vor. Verschiedene Glaubensmuster und Sätze erlernen wir im Kleinkindalter also wie nebenbei, um Gefahren aus dem Weg zu gehen.

Der Befehl „loslassen" bedeutet aber für ein Kind eine *Gefahr*, denn das Kind soll die Hand der Mutter beim Überqueren der Straße *nicht* loslassen. Das Kind darf das Schwesterlein zur Sicherheit *nicht* loslassen. Das Seil im Sportunterricht beim Seilziehen soll *nicht* losgelassen werden. In unseren Köpfen ist das Wort „loslassen" gekoppelt mit dem Gedanken: ‚*Bitte nicht loslassen, Gefahr!*' Jetzt im Erwachsenenalter sagt jeder Therapeut oder Freund zu dir, du sollst die Situation loslassen üben. Eigentlich brauchen diese Experten nur zu sagen, dass du dies dringend behalten musst. Es kommt auf dasselbe Ergebnis.

Ich kann nur empfehlen, bei wichtigen Themen und Informationen die Sprache so zu ändern, dass es auch ein Kind verstehen würde! Statt „loslassen" wäre es besser, von „verändern" oder „anders machen" zu sprechen. Dies ist viel wertvoller für dein Unterbewusstsein. Auch den Begriff Transformation versteht übrigens kein Kind, das sollte einfach Umwandlung heißen. Das könnten die Menschen auch innerlich begreifen.

186

Nähkästchen-Geschichten

In den Nähkästchen-Geschichten plaudere ich aus meinem Praxis-Alltag. Hier kannst du mit mir Geschichten nacherleben, die real passiert sind. Das bedeutet für dich nun nicht, dass du dein Symptom eins zu eins hier wiederfindest. Hier erhältst du Anregungen, Ideen, wie es bei dir sein könnte. Meine Nähkästchen-Plaudereien sollen dir einen möglichen Weg weisen, wie du deinen Körper verstehen kannst. Bei jeder Nähkästchen-Plauderei schauen wir uns gemeinsam das betroffene Körperteil aus Sicht des Körpers an. Mein Wunsch ist es, dass du deinen Körper am Ende des Buches verstehst. Zum Verstehen und Kennen gehört jedoch etwas Grundverständnis der Körperanatomie. Die Erfahrungen mit deinem Körper sind dann aus einem völlig anderen Blickwinkel gänzlich anders. Um die Vielfalt der Sprache und deren Analyse zu zeigen, schreibe ich kleine Anekdoten auf, die vielleicht zunächst so unglaublich klingen mögen; und das bisher einstudierte Denken wird dir vielleicht ein Kopfschütteln verursachen. Lass es einfach sacken und wirken. Beim nächsten Zwickerchen an deinem Körper kannst du mit dem Gefühl einer Mutter, deren Baby weint, auf die Suche gehen, was dem Unwohlsein zugrunde liegt.

Wenn ich aus der Praxis erzähle, staunen die Zuhörer immer, wie schnell die Zusammenhänge offen erkannt werden können. Dann kommt jedoch oft die „Ja-aber-Ansage". Es ist für unsere Gesellschaft immer noch sehr schwer zu erkennen, dass wir durch unseren Körper viel mehr erkennen können, als uns beigebracht wurde. Dann höre ich oft: „Ja, aber ich bin vom Fahrrad gefallen, oder das Messer war zu scharf, die Steine im Weg, der Berg zu uneben usw."

Doch unser Körper verletzt sich niemals umsonst an genau dieser Stelle zu genau dieser Zeit. Beweise für die Sprache des Körpers gibt es millionenfach.

Die Hand

Auch unsere Hände zeigen uns über Symptome unsere wahren Herzschmerzen an. Bevor wir am Herzen erkranken und dann wirklich in Lebensgefahr sind, zeigt uns der Körper den Stand der Dinge im jetzigen Leben. Wie gesagt, unser Körper meint es gut mit uns und möchte mit uns sprechen, uns warnen, zum Zuhören animieren, bevor wir gänzlich zugrunde gehen.

Seit über zwanzig Jahren bin ich Handtherapeutin und bekomme immer wieder von den Patienten bestätigt, dass die von mir aufgestellten Zuordnungen und Themen der Hand- oder Armverletzung mit der Verletzung übereinstimmen.

Zuerst schauen wir uns gemeinsam einmal dieses wundervolle Werkzeug namens Hand an. Welche Fertigkeiten, welche HANDlungen, wie viele HANDgriffe müssen unsere Hände Tag für Tag bewerkstelligen. Oder sollte ich lieber sagen: erdulden?

Zwei Hände, die zwar geschickt miteinander arbeiten, aber durchaus auch in der Lage sind, unabhängig voneinander zu greifen, zu schreiben, zu kochen oder zu werkeln. Und da unsere Hände viel genutzte Werkzeuge sind, gibt es unendlich viele Möglichkeiten der Beschwerden und der Verletzungen.

Zunächst dürfen wir unterscheiden und genau hinsehen, um welche Art von Verletzung es sich handelt.

Ist es eine Fraktur (ein Bruch), eine Gelenksverletzung, eine Quetschung oder eine Haut-, also eher Schnittverletzung?

Bei einer Fraktur beispielsweise bricht oder zerberstet ein Knochen, weil von außen eine starke Kraft einwirkt.

Bildlich stellen wir uns einen dünnen Ast vor. Biegt man zu weit, bricht der Ast, stößt man den Ast kraftvoll auf den Boden, bricht er auch.

Bei einer Fraktur ist das Grundthema ein sehr großer *Zwiespalt* zu einem bestimmten Thema. Die Körperstelle der Fraktur verrät, zu welchem Thema dieser Konflikt gehört.

Eine Gelenksverletzung dreht sich um das Thema *Machtverhältnisse.*

Zwei Parteien sitzen je an einem Hebel. Jede Partei versucht dabei, am längeren Hebel zu sitzen. Ein Gelenk verbindet zwei Knochen miteinander, mit dem Ziel, eine Beweglichkeit in die gesamte Länge zu bekommen. Somit wäre ein Finger ohne Gelenke eine ziemlich steife und ungeschickte Verlängerung der Handfläche. Durch die Unterteilung in drei Gelenke bei einem Finger, kann ich die Beweglichkeit des Fingers genau an die verschieden zu greifenden Gegenstände anpassen. Es gibt zum einen das Grundgelenk. Also das Gelenk, zu dem wir im Sprachgebrauch die großen Knöchel der Hand sagen. Dann das Mittelgelenk in der Mitte des Fingers und das Endgelenk, was die Fingerspitze noch anpassungsfähiger macht.

Grob zusammengefasst sind Gelenke von einer sehr stabilen Gelenkkapsel umgeben. Dies ist eine Hülle; in dieser wiederum befindet sich die Gelenksflüssigkeit. Also die Schmiere für das Scharnier.

Seitlich gibt es verschiedene Bandstrukturen (Wer führt die Machtstrukturen?), um dem Gelenk noch mehr Halt und Führung geben zu können. Ich gehe hier nicht auf die genauen Strukturen ein. Unser Körper ist eine hochintelligente Konstruktion; jede einzelne Struktur zu erklären, würde zu weit führen. Es soll ja kein Anatomieunterricht werden, sondern eine etwaige Vorstellung vom Aufbau und vor allem eine Vorstellung davon geben, warum und wozu eine Verletzung entsteht. Dabei brauchen wir nur aufmerksam und offen hinsehen und hinhören, was unser Körper erlebt.

Handlungsunfähig sein

Eine meiner Patientinnen hat sich aus verschiedensten Gründen zur Lebensaufgabe gemacht, die Welt retten zu müssen. Sie umsorgt die Familie unter erschwerten Umständen großartig.

Außerdem ist sie im Job sehr gefragt. In ihrer Führungsposition ist sie hochgradig geduldig, einfühlend und eben immer mit dem Anspruch, alles muss gut, liebevoll und gerecht sein. Natürlich müssen alle Bedürfnisse jedes Mitarbeiters gesehen und befriedigt werden. Okay, das ist jetzt ein wenig übertrieben, aber so ungefähr spielt sich das Leben der Frau ab. Wie das Leben eben spielt, ist es unmöglich, alle verschiedenen Bedürfnisse unter einen Hut zu bringen. Wenn ich auch alles bedenke und ordnend strukturieren kann, andere Menschen sind anders und wie wir wissen, gibt es bei nicht wenigen Menschen immer einen Grund zu meckern, da kann man machen, was man möchte.

Wie wir uns nun schon vorstellen können, hat diese Frau ständig Schmerzen. Stets an verschiedenen Körperstellen, je nach Problematik freilich. Unser Körper reagiert immer an der repräsentativen Stelle, mit welcher ein Ausweg gefunden werden könnte, wenn man sich das Thema des Schmerzes ansehen und bearbeiten würde.

Irgendwann erzählt mir die Patientin, nun schon völlig verzweifelt: Selbst in einem Meeting, bei dem sie weder mitschreiben noch irgendetwas anderes hantieren konnte, hätten ihre Hände höllisch wehgetan und fühlten sich lahm und schwer an.

„Ach", sage ich, „Sie hatten also die *Hände in den Schoß* gelegt?" Meinen Schalk im Nacken kennt die Frau natürlich. „Ja", sagt sie. „Und was haben Sie während der Sitzung gedacht?" Es ging hier im Meeting offensichtlich um größere personelle Schwierigkeiten, Kündigungen, Abteilungsschließungen und ähnlich brisante Dinge.

Das wurde mir bejaht und die Patientin sagt plötzlich ganz spontan: „Ich habe gedacht, *wo hätte ich nur früher eingreifen können*, damit das nicht so schiefgeht?"

Es gibt aber nun einmal Situationen im Leben und in Firmen, da können wir nicht die Welt retten, da stehen finanzielle Strukturen im Vordergrund, teilweise menschliches Unvermögen oder andere Randsituationen. Als Wellenreiter kann ich nun ein schlechtes

Gewissen bekommen, mich schuldig fühlen und im Erdboden verschwinden mögen. *Die Hände dieser Patientin drückten die Herzschmerzen dieser Frau aus.* Ihr schmerzhafter Gedanke, doch vermeintlich nicht ausreichend gehandelt oder gar Handlungen verpasst zu haben, legte ihre Hände lahm. Wenn mein Hirn als Mensch mir die Aufgabe auferlegt, ich muss immer für alle da sein und alles richtig machen und handeln, dann schmerzen irgendwann die Hände – und zwar so höllisch, dass der Mensch eben gar nicht mehr handeln kann, weil ein Ein-greifen unmöglich wird. In unserer Gesellschaft werden wir dann krankgeschrieben, untersucht, geröntgt und so weiter, eine physiologische Ursache muss nicht unbedingt gefunden werden, bildet sich jedoch fast immer. Zuweilen wird es dann auf die Psyche geschoben, in unseren Kreisen ist das aber nun völlig verpönt, jeder denkt, ich rede mir das ein, bin doch nicht dumm.

Die Idee, dass mehr hinter Schmerzen steckt, ist doch klasse. Leider verbinden wir aber allein schon das Wort „Psyche" damit, eine Macke zu haben, und mit Faulheit.

Wie gesagt, Krankheit heißt straucheln, ich darf auch einmal anerkennen, dass ein eingeschlagener Weg, eine lebenslange Gewohnheit zuweilen und auf Dauer in die Irre führen kann. Dann muss ich nicht gleich ins Irrenhaus, sondern darf beruhigt meinem Körper lauschen, meinem Freund. Mein wirkliches Ich sagt mir dann schon, wo ich besser hinsteuern sollte.

Kurze Zusammenfassung der „Finger-Hinweise"

Hier einige Beispiele zu den Themen und Konflikten, die gerade „über-Hand-nehmen". Aktuelle Lebenssituationen, die nicht ausgesprochen oder gerade nicht gelöst werden können, werden über Symptome sichtbar. Unsere Gedanken manipulieren uns zuerst innerlich, bis die Verletzung auch äußerlich erkennbar werden muss.

Hier habe ich über viele Jahre alle Zusammenhänge dokumentiert und erforscht, bis ich die entsprechenden Symptome einzeln aufgliedern konnte, die dann von meinen Patienten stets bestätigt wurden.

Zeigefinger

Dieser Finger trägt seinen bedeutungsvollen Namen nun regelrecht vor sich her. Mit dem Zeigefinger zeigen wir auf Menschen und Gegenstände. Gibt es beim Zeigen und Hinweisen im jetzigen Leben ein Problem, was wir nicht recht einordnen, benennen, abändern und zugeben können, macht uns der Zeigefinger auf die Notwendigkeit der Klärung aufmerksam.

Wie zeigen die Familie oder der Kollege auf mich? Auch hier spielt wie immer der Rudelgedanke die maßgebliche Rolle. Wenn ein Rudelmitglied meinen Wert beobachtet und eine Kritik an mir äußert, auf mich zeigt, kann es passieren, dass ich mich gedanklich und gefühlsmäßig aus dem Rudel ausgestoßen fühle und alleine bin. Dem Instinktverhalten des Frühmenschen sind mit dem Ausschluss aus dem Rudel vor allem Einsamkeit und Angst vor dem Verlassensein gleichbedeutend. Wenn ich also fühle, dass Menschen ungerechter Weise auf mich zeigen und deuten, ich keinen Ausweg aus dieser Situation erkenne, muckt der Zeigefinger.

Dazu einige Fragen, wozu Verletzung entstehen, um die innere Krise zu erkennen:

Wie zeigen die Leute auf mich, was sollen die Nachbarn denken? Zeigen meine Familie oder die Schwiegereltern dauernd auf mich? Jemand schämt sich für mich oder ich schäme mich für mein Ansehen. Beispielsweise: Was sollen die Eltern denken, wenn ich nun doch kein Professor bin, mich scheiden lasse, meine Kinder nicht gut genug in der Schule sind? Wie denken die Leute, wenn ich unordentlich bin oder mein Partner das Haus nicht im Griff hat? Hier werden dann Vergleiche herangezogen. Wenn also andere Menschen vermeintlich besser als ich sind.

Alles, was mit dem Thema „Was sollen denn die anderen denken, wie zeigen Bekannte und Verwandte auf mich?", das „Hinter-dem-Rücken-Reden" und heimliche Intrigen, welche aber bemerkt werden, drücken sich in Verletzungen und Veränderungen im Zeigefinger aus.

Im Grundgelenk betrifft das schlechte Gewissen die Ursprungsfamilie, Eltern und Großeltern, welche ganz subtil oder gar offen an mir Kritik ausüben.

Im Mittelgelenk liegt die Sorge über die Kritik oft im Beruf, im Kollegium oder den Nachbarn. Eine Verletzung in der Fingerspitze zeigt, dass ich mich oft selbst kritisiere und mir in Gedanken ständig vorwerfe, ich wäre nicht gut genug. Der Zeigefinger zeigt auf mich und andere.

Im Übrigen: Wenn ich auf mich selbst zeige, also das Zeichen für ICH BIN, liegt mein Zeigefinger automatisch auf meinem Brustbein in Höhe der Thymusdrüse. Dieses Organ ist, im Groben gesagt, dafür zuständig auszusortieren, was biologisch zu mir gehört oder eben nicht. Eine Drüse, welche u. a. das Immunsystem steuert, also: Was ist für mich giftig und was nicht?

Mittelfinger

Hier äußert sich über Verletzungen am Mittelfinger eine missliche Lage zum Thema Sexualität und Intimität. Dahingehend unausgesprochene Probleme, Ängste und Handlungen, die mich im Inneren verletzen, werden durch den Mittelfinger angezeigt.

Manchmal werden in einer Zufallssituation wieder Erinnerungen auf frühere sexuelle Probleme hervorgerufen, die wir noch nicht verdaut haben. Vernachlässigte liebevolle Sexualität, unbefriedigte sexuelle Bedürfnisse oder Abneigung gegen die derzeitigen sexuellen Gewohnheiten oder Überraschungen. Neue Sexualpartner, die mit Enttäuschung reagieren oder uns im Inneren enttäuschen, schlechtes Gewissen bei der Selbstbefriedigung, erotische Wünsche, die nicht erfüllt werden.

Auch hier geht es bei Verletzungen im Grundgelenk, wie Schnappfinger-Symptomatik um Erinnerungen und Erfahrungen aus dem ursprünglichen Familienbereich. Erlebe ich meine derzeitige Erotik wie die meiner Mutter? Waren die Eltern schon für mich sichtbar übergriffig in ihrer Sexualität und ich fühle mich einer Wiederholung ausgesetzt? Wurde von sexueller Gewalt in der Familie erzählt und ich fühle mich auch vergewaltigt? Das Mittelgelenk erzählt von der Gleichberechtigung in der Intimität? Werden meine innersten Wünsche erfüllt? Muss ich mich anpassen, um Frieden in der Beziehung und im Bett zu wahren? Gibt es für mich unangenehme Stellungen, die ich aber nicht ändern kann, weil es mein Partner immer wieder so wünscht?

Die Fingerspitze erzählt über Zärtlichkeiten, das fehlende Feingefühl in der Intimität, dem Wunsch nach mehr Sanftheit, die nicht ausgesprochen werden kann und auch nicht erfüllt wird.

Ringfinger

Der Partnerfinger. Wir tragen hier von jeher den Ring, welcher unsere Zugehörigkeit zu einem Partner anzeigt. Krisen in der Ehe oder eheähnlichem Verhältnis, Scheidungsabsichten, Ängste vor dem Verlust des Partners, auch der Wunsch nach Heirat, der Antrag, der ewig auf sich warten lässt, werden hier deutlich. Fremdgehen eines Ehepartners macht unsicher. Hier kann es wieder über Frakturen den Zwiespalt deutlich machen, ob ich diese Misere aushalten kann oder daran zerbreche. Eine Gelenksverletzung spricht über ungute Machtverhältnisse in der Partnerschaft, eine Schnappfinger-Symptomatik erzählt vom Hin-und Hergerissensein zwischen dem Gedanken, ob die Partnerschaft erhalten oder beendet werden sollte. Die On-off-Beziehungen, die meist mit einem Narzissten durchgemacht werden müssen, sind ein Beispiel dafür. Wichtig zu wissen ist, an welchem Ort des Fingers ein Symptom entstanden ist. Beispielsweise ist bei der Schnappfinger-Symptomatik das Ringband am Grundgelenk, (also am sogenannten Knöchel) zu eng geworden, auch physiologisch. Dadurch verklemmen sich die Beugesehnen bei Kraftausübung und somit ruckt der Finger beim Zugreifen. Hier müsste der Konflikt an der Wurzel gepackt werden. Die Überlegungen sollten dahingehend geprüft werden: Welche Grundmuster und Glaubenssätze bringe ich aus meiner Ursprungsfamilie, den Eltern und Großeltern mit? Gibt es hier einen Grundgedanken derart, dass ich bewusst oder unbewusst häufig denke, dass ein Partner sowieso unzuverlässig ist? Habe ich diese wortbrüchige Stabilität in der Ehe meiner Eltern und Großeltern bereits erlebt? In meiner jetzigen Ehe erlebe ich dann eine Wiederholung, die mir Angst macht, weil ich doch so gerne eine sichere Ehe wollte. Im Mittelgelenk geht es um die Machtverhältnisse der eigentlich gleichberechtigten Partner. Hier stellt sich die Frage, ob ich mich ausgeliefert und abhängig gegenüber meinem Partner fühle. Übt mein Partner Druck über Kontrolle und Kritik auf mich aus? Muss ich immer alles richtig machen und mich anpassen, damit sich mein Angetrauter fair mir gegenüber zeigt? Kann ich es noch aushalten, dass ich immer lächerlich gemacht und nicht ernst genommen werde?

Im obersten Teil des Ringfingers geht es eher um die Spitze des Eisberges, das Feine. Wie oft werde ich noch gestreichelt und sanft berührt? Wünsche ich mir mehr Fingerspitzengefühl bei unseren Auseinandersetzungen und Beziehungsstreitereien? Brauche ich mehr Feingefühl und Zärtlichkeit, kann es aber nicht aussprechen, weil es mein Partner sowieso nicht versteht und es vielleicht sogar eigentlich gut mit mir meint?

Manchmal hinterlässt eine Verletzung eine große Narbe oder eine Kontraktur des Fingers, sodass dann auch kein Ring mehr übergezogen werden kann, damit hat mein Körper das Problem vermeintlich gelöst. Auch Schwellungen im Gelenk lassen ein Überziehen eines Ringes kaum zu.

Kleiner Finger: Der Kinderfinger

Wie oft haben wir Grund zur Sorge um unsere lieben Kleinen und doch wollen wir natürlich fest daran glauben, dass die Kinder schon ihren Weg gehen. Kinder sind Gäste, die nach dem Weg fragen. Zuweilen bringen uns unsere Nachkommen an Grenzen, weil wir alles richtig machen möchten. Spätestens in der Pubertät brauchen wir die Atemübungen, die wir im Geburtskurs kennengelernt haben. Dann entstehen manchmal Fingerverletzungen im Mittelgelenk des Kleinfingers. Hier geht es um die Thematik, wer am längeren Hebel sitzt. Gerade in der Pubertät und im frühen Jugendalter kann es zu Hochspannungen kommen. Die Eltern möchten beispielsweise, dass jetzt endlich eine Lehre begonnen wird, aber der Sprössling sieht sich derzeit nicht in der Lage, morgens pünktlich das Bett zu verlassen. Oder wir müssen zusehen, wie der Pubertierende in bedenkliche Kreise rutscht und wir sind machtlos (Gelenk), weil Teenager in ihren Vorstellungen sehr eigensinnig sein können. Wenn das Herz der Eltern vor lauter Sorge zu brechen droht, macht sich das Thema zunächst über den kleinen Finger bemerkbar. Dann klemme oder verletze ich mich „zufällig". Leider verstehen die Erwachsenen diesen Hilfeschrei ihres Körpers nicht und lassen sich vom Chirurgen und Therapeuten die Gelenksverletzung behandeln ohne den wirklichen Hintergrund des Traumas zu kennen. Natürlich ist dann durch „Zufall" ein kleiner Unfall passiert. Eine Schnittverletzung beim Brotschneiden oder eine andere Verletzungsmöglichkeit wird vom Körper kreiert, um auf sich und das anstehende, belastende Thema zu lenken.

Auch ein ungelöster Kinderwunsch, eine Abtreibung, Probleme mit den eigenen Kindern in der Schule oder Ausbildung können Ursachen für eine „Krankheit" am Kleinfinger auslösen. Meine Kinder geraten vermeintlich auf eine schiefe Ebene, ich kann die Kinder nicht loslassen, kann die Kinder nicht halten, Kinder werden mir entzogen, ungeborene Kinder sind in Gefahr.

Hier ist zu hinterfragen, wie wir konkrete Schritte für die Veränderung des Konfliktes einleiten können. Habe ich wirklich einen neutralen Standpunkt?

Was kann fassbar geändert werden? Welche greifbare Handlung führt uns zu einem erstrebenswerten Ziel? Selbst ein Kinderwunsch kann von verschiedenen Seiten beleuchtet werden. Die wirklichen Ursachen der Kinderlosigkeit müssen ergründet werden? Vielleicht fühlt sich die Mutter zu alt oder der potentielle Vater passt nicht aus dem Herzen heraus zu meinen Familienvorstellungen.

Als Kinder kommen hierbei auch *Projekte* in Betracht, also eventuell die Firma, Selbstständigkeit oder eine neue Erfindung, welche ich als *„mein Baby"* betrachte.

Der Daumen steht für uns als Person

Unser Daumen steht in Opposition zu den Fingern, steht also den Fingern gegenüber. Er gibt dem Griff einen angemessenen Druck und passt sich in seiner Stellung der Größe eines Dinges an. Habe ich ein großes Glas, einen schweren Hammer mit schmalem Griff oder eine Stecknadel in der Hand, der Daumen ermöglicht erst den angemessenen Halt und die Anpassung an den Umfang und das Gewicht des Gegenstandes. Halte ich etwas fest, brauche ich dosierte Kraft und eine angepasste Stellung des Daumens. Großer Griff, großer Umfang. Kleiner Gegenstand, kleiner Umfang und zarter Griff.

Wie viel Druck brauche ich für meine Handlung? Wie viel Kraft brauche ich, um etwas festzuhalten? Den Daumen zeige ich auch in der Körpersprache hoch – hopp oder top. Es geht nach oben oder nach unten. Der Daumen nimmt uns also erst einmal den Herzens-Schmerz ab. Wenn mein Herz den Druck im Leben nicht mehr aushält, reagiert das entsprechende Körperteil, somit ist zunächst mein Überleben gesichert. Mit Knochenschmerzen lässt es sich leben, wenn das Herz aber endgültig zu zerbrechen droht, wird es eng. Wozu?

Meistens steht hier diese Frage im Vordergrund: Wie soll ich das nur schaffen? Ist es gut genug, wenn ich es doch bis Ende der Woche nicht gepackt habe? Habe ich sauber genug gearbeitet oder nimmt sich mein Chef oder Partner jetzt jemand Besseren? Bin ich gut genug für das Projekt? Wie soll ich es schaffen, im Pflegeheim meiner Mutter eine einigermaßen gute Tochter zu geben und gleichzeitig für meine Familie am Abend da zu sein?

Fragen zum Daumen:

Wer macht mir Druck in Form von Kritik und Kontrolle über meine Tätigkeiten? Habe ich ein Dilemma, ein schlechtes Gewissen, wenn ich angeblich nicht gut genug hantiere. Wer kritisiert meine handwerklichen oder haushaltsmäßigen Möglichkeiten? Darf ich eventuell nicht ausdrücken, dass für mich eine Handlung oder Lebenssituation zu groß, zu schwer ist?

Oft haben Menschen mit einer Daumenproblematik einen riesengroßen Leistungsanspruch an sich selbst. Alles muss 100 % genau und sauber abgeliefert werden. Durch Druck von mir nahestehenden Personen und meinem eigenen Anspruch kann der Daumen mit Schmerzen reagieren. Schulmedizinisch heißt das dann Schnappdaumen, Rhitzarthrose, Sehnenscheidenentzündung, Fraktur oder Prellung. Unser lieber Körper passt sich aber auch hier liebevoll an. Der Daumen wird dann eben wahrlich starr, ein Gelenk verweigert die Funktion, möchte sich aufgrund der Situation im jetzigen Leben einfach mal steif machen. Im Zwiespalt zur Situation bricht der Knochen, denn nach Fraktur-Heilung kommt es zu besonders hartem Knochengewebe, dem Kallus. Einmal gebrochen, wird der Knochen an dieser Stelle zumindest nicht mehr brechen. Tja, da hat er wohl dem Druck nicht standgehalten, der Daumen ... Oder eben – und das ist genau der Grund – der Mensch, welcher dranhängt.

Der Daumen und sein Mensch fühlen sich kritisiert und schreien nach Zuwendung, Lösung und Veränderung einer konfliktreichen, bedrückenden Situation. Beobachte einmal Folgendes: Du sitzt in einem Bewerbungsgespräch oder in einer angstbesetzten Situation. Automatisch umschlingt ein Daumen den anderen, er schützt ihn, man sich selbst. Natürlich haben wir inzwischen gelernt, dass die Handstellung beobachtet wird und korrigieren aktiv die Hände. Die erste Reaktion unseres Körpers aber, lässt *uns selbst* mit dem Festhalten meines Daumens umarmen, der Daumen steht für uns als Person. Wie geht es dir? Daumen hoch oder runter? Man muss nur hinsehen, was wir Menschlein so alles tun. Auch unsere Sprache ist wunderbar hilfreich: Ich drück dir die Daumen, also: Ich umarme dich.

Ärgerbeispiele:
Linke Hand/rechte Hand beim Rechtshänder:

Daumen links:
Ich bekomme Druck von meiner Mutter, ständig hält sie mir vor, ich würde mich nicht kümmern, Druck von der Schwester im o. g. Bereich. Bei erwachsenen Töchtern dann Druck von der Tochter, ich solle das und jenes endlich tun, ins Heim gehen, das Haus besser pflegen, mich mehr um die Enkel kümmern.
Rechts:
Druck vom Arbeitgeber oder Partner: Hier liegt eher der Bezug zum männlichen Gegenüber. Meine Schriftstücke oder meine Arbeit werden kritisiert. Ich fühle mich nicht gut genug, wenn ich meine Höchstleistung gerade nicht erbringen kann oder meine Arbeit nicht anerkannt wird.

Linker Zeigefinger:
Alles, was mit dem Zeigen in Richtung Weiblichkeit zu tun hat. Die Leute zeigen ja schon, wie unordentlich du gekleidet bist, die Leute denken, du bist nicht ausgebildet genug, die Leute denken, du bist eine schlechte Ehefrau, eine schlechte Mutter, hast den Haushalt nicht im Griff. Alles, was mit der Meinung der Leute in Bezug auf Fraulichkeit und Mutter, Reinlichkeit und Nest zu tun hat.

Rechts:
Die Kollegen in der Arbeit zeigen auf dich, Verrat in der Arbeit, Schuldspruch, du hättest etwas falsch gemacht. Die Leute reden über deine finanzielle Situation, das Auto, was dem Nachbarn ein Dorn im Auge ist.

Mittelfinger links:
Ich bin eine schlechte Sexualpartnerin, ich bin prüde, nicht attraktiv genug, ich habe keine Lust auf Erotik und Netzstrümpfe, werde aber dazu in der Partnerschaft gezwungen und muss mich beugen. Alles, was mit Konflikten in der weiblichen Sexualität zu hat.
Rechts: Eher konkret im Bezug zum Partner. Der Wunsch nach häufigerem Sex, einer lustvollen und würdevollen Sexualität.

Kleiner Finger links:
Kinderfinger, hier betont auf weibliche Kinder, Wunsch nach einem Mädchen, eine Tochter gerät auf die schiefe Bahn, meine kleine Tochter wird in der Schule gemoppt, sie begreift die Schulaufgaben nicht und tut mir so leid, meine Tochter kann sich nicht ausreichend wehren, meine Tochter hat sich verletzt oder droht sehr krank zu werden.
Rechter Kleinfinger:
Eher im Bezug zum Sohn.

Beim Linkshänder ist das Ganze umgekehrt. Hierzu ist der Klatschtest hilfreich, ob Sie ein wirklicher Rechtshänder oder Linkshänder sind.
Dazu spontan Applaus klatschen. Die Hand, die obenauf liegt, ist die Haupthand.
Hände falten.
Beim Händefalten wie im Gebet liegt der Daumen der Haupthand über dem anderen Daumen, also der obere Daumen gehört zur Haupthand.
Hierzu ist es hilfreich, die Hände hinter dem Kopf zu falten.
Ist die Händigkeit nicht ganz eindeutig, sollte im Gespräch geklärt werden, welches Thema besser passt.

Einige Beispiele aus der Praxis:
Geschwollener Ringfinger, hier Entzündung mit „unbekannter Ursache"

Ein junger Mann, Mitte dreißig kommt in die Praxis. Seine rechte Hand ist komplett angeschwollen, ballonartig. Begonnen hatte die Entzündung am rechten Ringfinger, dem Finger, auf dem er einen Ring tragen wollte.

Auf meine Frage, was denn wohl nach Meinung des Patienten die Entzündung auslöste, erzählt er mir, dass er vor einigen Wochen mehrere Tätowierungen an der Hand einarbeiten lassen hat. Dieser Eingriff war wieder nur der Auslöser, nicht die wirkliche Ursache der Verletzung. Nun gut, da kann schon mal eine Entzündung im weiteren Verlauf entstehen, hierbei suchen wir aber nicht irgendeine Schuld bei irgendwelchen Tätowierungen, sondern wir achten natürlich auf den wirklichen Grund der Entzündung im Ringfinger. Die Tätowierung oder vielleicht eine andere kleinste Schnittverletzung waren nur für die Reaktion des Körpers und den Hilfeschrei notwendig, damit der Ringfinger laut und hörbar, vor allem sichtbar reagieren kann. Damit die Sprache des wirklichen Kummers endlich angesehen werden kann, wenn es sein muss, mit einer riesigen Wunde und späteren Narbe.

Die derzeitige Lebenssituation des Patienten war in seiner Beziehung – hier der Ringfinger entsprechend – makaber. *Sein innerster Impuls lautet: Nie wieder einen Partner; eine Trennung ist zu schmerzhaft.*

Vor einigen Monaten ist er mit seiner geliebten Freundin in eine gemeinsame Wohnung umgezogen. Alles ist so weit gut, die Wohnung für zwei Personen ausreichend geräumig und prima eingerichtet. Die beiden wollen nun baldigst heiraten. Aus verschiedenen Gründen zieht diese Freundin plötzlich wieder aus, will einfach nicht mehr gemeinsam leben – und wohnen und heiraten schon gar nicht. Der Schock des jungen Mannes ist nachvollziehbar. Jetzt sitzt er in einer viel zu großen Wohnung, die Kosten kann er allein gerade so tragen, zu allem Übel liebt er diese Frau und kann den plötzlichen Wandel noch immer nicht fassen. Im Ergebnis dieser Situation jedenfalls macht sich nun die Hand des Patienten so dick, dass vermeintlich nie wieder ein Ring auf den Ringfinger passt. Komme, was wolle, mit mir nicht mehr, gibt sowieso nur Ent-Täuschung und Unmut, also sagt der Körper für den Patienten: „Mit mir nie wieder, mein Finger bleibt dick und krumm."

Als ich die wirkliche Ursache mit dem Patienten klären konnte, war die Hand tatsächlich am nächsten Tag abgeschwollen. Ich gab ihm noch den Rat, sich einen Freund zu schnappen und sich richtig das Herz auszuschütten, alles zu erzählen, sich den ganzen Kummer und Frust von der Seele zu reden.

Es ist einfach so, dass der Spruch:

„Sich das Herz ausschütten", von viel größerer Bedeutung ist, als man so allgemein hinsagt und denkt.

Wenn ich mir meinen Kummer von der Seele rede, mein Herz ausschütte, kann dieses Problem aus dem Körper herausfließen, er muss das nicht mehr er-tragen. Wir gehen hier davon aus, dass wir dann mit einem guten Freund sprechen, der uns zuhört und uns hilft, einiges aus anderem Blickwinkel anzusehen. Oft neigen wir dazu, Schuld bei uns zu suchen; wir denken: ‚Hätten wir uns mehr Mühen gegeben, vielleicht netter reagiert, mehr gehandelt, wäre alles anders gekommen.' Na, hier haben unsere Eltern starke Arbeit geleistet, von der Schulbildung ganz zu schweigen. Ständig und immer bekommen wir eingetrichtert, dass wir selbst an allem schuld sind, wären wir bloß artiger gewesen, wäre alles gut ausgegangen. Wir haben glücklicherweise unseren Körper als wahren Freund, der uns auf die Sprünge hilft, wenn wir geradewegs einen falschen Weg einschlagen. Hier ist der Begriff „falsch" so gemeint, dass dieser Weg eben nicht wirklich zu uns passt. Wenn wir den Weg eines anderen gehen und unsere eigenen Grenzen und Bedürfnisse damit über alle Maße übertreten, zeigt unser Körper sogenannte Symptome.

Zeigefinger: der Pfeil und das Urteil

Mit dem Zeigefinger reagierte ein Patient nach seiner Scheidung. Er trennte sich den Finger versehentlich mit einer Säge komplett ab. Die geschiedene Ex-Frau verkraftete die Scheidung nicht und rutschte völlig ab. Sie blieb im bisher gemeinsamen Haus, konnte dieses aber weder finanziell, handwerklich noch sauber erhalten. In ihrer Überforderung wurde sie alkoholkrank, ließ das Haus verkommen, vermüllte alles. Die Nachbarn beobachteten das Ganze mit großer Sorge und gaben dem Ex-Mann, der ebenfalls noch im Dorf wohnte, die Schuld, dass er seine Frau so im Stich gelassen hatte. Immerzu wurde er von Nachbarn angerufen und darauf hingewiesen, dass seine ehemalige Frau wieder den Müll gesammelt hat, und er solle sich doch bitte kümmern, schließlich hätte sie sonst keine Hilfe, denn andere Verwandte und Freunde gab es nicht mehr. Was passierte nun dem Patienten? Er schnitt sich versehentlich den Zeigefinger beim Sägen einfach radikal ab. Seinen Kummer um die ständige Verwicklung mit den Problemen zur ehemaligen Frau konnte er nicht mehr ertragen. Eine realistische Lösung war derzeit nicht parat. Er musste im Dorf bleiben, weil er dort die eigene Schreinerei schon lange aufgebaut hatte, umziehen ging also nicht. Einerseits wollte er die Ex-Frau auch nicht aus dem bisher gemeinsamen Haus verweisen, denn es war ihr einziges geborgenes Zuhause, andererseits sah er auch, dass es so nicht weitergehen konnte. Der Zeigefinger machte jetzt die Lösung, die für uns Menschen zunächst unsinnig erscheinen mag. Es ist die unbewusste Not des Körpers, des Rudelmitgliedes im Dorf. Der Finger zeigt nur, was der Mensch am liebsten möchte und braucht. Die anderen sollen aufhören, auf ihn zu zeigen, er hat keine Lösung parat.

Beim Zeigefinger kommt durch Verletzungen und Vernarbungen oftmals das sogenannte Streckdefizit zum Einsatz unseres Körpers. Wenn dieser Finger nicht ganz zu strecken ist, kann ich nicht mit geradem Finger in die direkte, pfeilartige Richtung zeigen. Mit halb gebeugtem Finger wird mein Zeigen und damit vermeintlich auch das Zeigen der anderen in eine runde Richtung gelenkt, ein direktes Zeigen ist damit unmöglich. In Familien geht es meist um die Anerkennung aus den höheren Riegen, sprich der Eltern. Sind die Eltern mit dem Weg der Nachkömmlinge unzufrieden, macht sich der Zeigefinger bemerkbar. Entweder hat der Sohn keine ausreichend anerkannte Position in der Firma erreicht, hat angeblich den falschen Partner oder macht Musik als Hobby, obwohl er doch Musikprofessor wie der Papa werden sollte. Haben wir also eine Verletzung am Zeigefinger, ist auch diese nie zufällig. Selbst eine kleine Schnittverletzung beim Gemüseschneiden ist ein Hilferuf deines Körpers. Erinnere dich einfach an den letzten Tag oder die letzte Stunde vor dieser Verletzung und dir wird beim Erkunden deiner Gedanken eine Situation einfallen, in welcher du dich beobachtet und kritisiert gefühlt hast, jemand hat falsch auf dich gezeigt.

Zeigefinger reagieren oft mit Schmerzen, wenn es um eine falsche Beurteilung von anderen Leuten geht. Wenn ein Geschäft nicht so läuft, wie wir es gern hätten, die Nachbargeschäftsleute das eventuell mitbekommen könnten und wir uns dafür schämen. Wenn eine Scheidung in der Familie stattfindet und die Nachbarn könnten mies darüber denken. Wenn pubertierende Kinder gerade einmal ihre Grenzen bis zum Äußersten ausloten und wir uns für die Ergebnisse fremdschämen. Wenn Angehörige aufgrund dementer Erkrankungen komisch werden und die Nachbarn oder andere nahe Angehörige urteilen, wir würden uns nicht recht kümmern.

Rhitzarthrose/Daumenglenk:
Die Schneiderin bekommt Druck von der Chefin

Rosa ist Nachkriegskind. Schon früh musste sie für die Geschwister sorgen, die Mutter war den ganzen Tag Geld für die Familie ohne Vater verdienen. Geld und Essen waren knapp und Rosa hatte zusätzlich die Aufgabe, aus alten gesammelten Kleidungsstücken neue Kleider anzufertigen. Weil das Material beschränkt und die Zeit zum Nähen noch knapper war, musste sie peinlich genau darauf achten, keinen Stoff zu verschwenden.

Die Mutter war abends müde und wenn Rosa versehentlich einen Fehler gemacht hatte, schimpfte die Mutter unaufhörlich. Schließlich sollte sie darauf achten, dass wenigstens nach außen hin die Familie ordentlich und sauber aussah. Wenn man ungepflegt herumläuft, wird man vom Dorf verschrien.

Später arbeitet Rosa als Schneiderin in einer Boutique. Sie ändert für die Kundschaft die gekaufte Kleidung, wenn kleine Anpassungen nötig sind. Ihre Chefin hat immerzu an ihrer sorgfältigen Arbeit etwas auszusetzen und droht ständig mit Kündigung. Täglich bangt Rosa auf dem Weg zur Arbeit. Sie hat inzwischen Angst vor der Schelte dieser Frau und macht dadurch kleine Fehler, welche dann über alle Maße gemaßregelt werden.

Jetzt im frühen Rentenalter bekommt Rosa täglich von ihrem Mann unzufriedene Beschimpfungen. Das Geschirr würde nicht glänzen, die Wäsche wäre ungebügelt, sie würde ungepflegt aussehen und andere Frauen hätten das alles wohl besser im Griff. Er bedrängt sie, sie solle eine bessere Brille besorgen und das Essen schmeckt ihm auch nicht mehr. Sie hört eine Wiederholung aus ihrer Kindheit. Jetzt ist Rosa allerdings nicht mehr stark genug, dem täglichen Druck standzuhalten. Sie entwickelt nun also kompensatorisch eine *Rhitzarthrose, eine Arthrose im Grundgelenk ihres Daumens*. Sie hat große Schmerzen im Daumen, die bis hin zum Handgelenk und zur Daumenspitze reichen. Jede Bewegung und somit jede Handlung ist eingeschränkt. Ein perfektes Arbeiten ist damit unmöglich. Jetzt allerdings hat Rosa einen „Grund", um dem Druck ihres Mannes zu widerstehen. Sie kann nun einfach nicht mehr kochen, nähen, putzen und schrubben, denn schließlich trägt sie jetzt die verordnete Lagerungsschiene; und große Kraft kann schmerzbedingt auch nicht mehr aufgebracht werden. Der Körper hat also den seelischen und moralischen Druck von Rosa abgenommen.

Schulmedizinisch wird die Ursache einer Abnutzung des Gelenkknorpels zugeschrieben. Aufgrund einer Überbelastung im Alter ist Verschleiß natürlich möglich. Wenn wir nun auf die Geschichte dieser Frau sehen, wird uns klar, dass ihr Körper wieder eine geniale Lösung für das *Nörgel-Problem* herstellt. Weil es sich hier um eine Gelenks-Erkrankung handelt, wissen wir von oben, dass die Machtverhältnisse neu austariert werden müssen. Wer sitzt am längeren Hebel? Jetzt sitzt Rosa am längeren Hebel und der Mann muss nun selbst kochen.;-) Rosa kann nun für sich neu überlegen, ob sie in der Lage ist, Dinge konkret auszusprechen. Nörgeleien nicht persönlich zu nehmen und für sich Fairness zu beanspruchen, löst körperliche Schmerzen auf. Es gibt immer beide Möglichkeiten. Entweder ich wähle das Symptom oder ich hinterfrage meine Einstellung zum Thema und ändere konkret und handfest diese Situation.

Arnika-Salbe, Beinwell-Wickel und Wärme lindern Schmerzen. Mit Mut und Respekt darf ich mir aber gleichzeitig meine derzeitige Lebenssituation verdeutlichen. *Wie viel Druck wird auf mich ausgeübt? Halte ich dem stand?* Oder übe ich auf jemanden Druck aus, einfach weil ich finde, dass es notwendig ist? War es in meiner Kindheit ein Thema, äußerem Druck standzuhalten? Ähnelt die jetzige Lebensphase damaligen Erfahrungen? Warum reagiere ich jetzt ausgerechnet mit Symptomen, gibt es da Parallelen zu früheren Erinnerungen? Sehr liebevoll weist uns unser genialer Körper auf Ungereimtheiten zum Stand der Dinge hin.

Natürlich ist es einfach, wenn es zwickt oder zwackt, eine erprobte Tablette einzuwerfen. Viel trinken, abwarten, Schmerz weg. Eine segensreiche medizinische Entwicklung erlaubt uns, trotz Wehwehchen weiterzumachen. Wie die Werbung uns erzählt, froh gelaunt ins Kino zu gehen, nachdem wir wegen lästiger Kopfschmerzen noch kurz davor dem Freund absagen wollten. Unsere wunderbare Medizin ist inzwischen so weit fortgeschritten, dass es kaum noch gesunde Menschen gibt.

Für den Menschen angeblich schädliche Bakterien können vernichtet, Lepra geheilt, Frakturen verdrahtet werden. Fein. Großer Dank an alle hellen Köpfchen, die sich nächtelang zunächst höchstverborgen, zum Teil in Selbstversuchen, dafür berufen fühlten, der Menschheit große Hilfe zu leisten.

Zur Unterstützung der Medizin braucht es allerdings die Hilfe unseres Inneren, das Lauschen, das Begreifen. Wenn wir hinhören, was uns der Körper mitteilen möchte, kann die Heilung nur glücklich ausgehen.

Der Mittelfinger in meiner Praxis

Bei Schnappfinger-Symptomatik im Mittelfinger entsteht in meiner Praxis immer dasselbe Phänomen. Bisher drehte sich der Schmerz des Patienten um den Finger und jetzt wird völlig unerwartet ein sehr intimes Thema von einem bisher unbekannten Menschen und Therapeuten angesprochen. Das Thema Sexualität ist nun nicht unbedingt ein Gesprächsstoff, bei dem wir mal ebenso nebenbei drüber reden, natürlich ist Intimität sehr persönlich. Da geht ein Ruck durchs Kirchenschiff.

In diesem Beispiel litt der Patient einige Zeit unter Schmerzen und Bewegungseinschränkungen im Mittelfinger. Oft geht der Finger nicht von allein in die Streckung, sondern bleibt regelrecht auf halber Strecke klemmen, dann muss man den Finger bewusst gerade ziehen, darum heißt das Schnappfinger. Nach einiger Zeit besucht der Leidende einen Arzt, die Diagnose ist schnell gefasst. Zunächst wird versucht, über verschieden Maßnahmen wie Massage oder Creme den Schnappfinger zu beruhigen. Wenn alles nichts hilft, wird operiert, das Ringband im Grundgelenk wird gelöst. Ist nach der Operation noch keine Besserung aufgetreten und ein Mensch landet in meiner Praxis, geschehen nun völlig unerwartete Situationen. Nach kurzer Einleitung und

Behandlung frage ich, wo denn nun genau das Problem mit der Sexualität liegt.

Ehrlich, ich muss selbst immer schmunzeln, was das für Erstaunen auslöst, weil dieser Fingerzeig nun vermeintlich für den Patienten bisher so gar nicht zum Finger passt.

Liebe Leser, in all den Jahren meiner Praxis habe ich noch keine Mittelfinger-Problematik ohne sexuellen Hintergrund kennengelernt. Wenn der Mittelfinger hakt, bricht, sich beugt oder gestreckt bleiben möchte, hakt es in der Sexualität. Entweder haben die Partner verschiedene Vorstellungen und Wünsche in Sachen Sex und Zärtlichkeit oder es gibt Widersprüche im Zeittakt. Manchmal geht es auch darum, dass einer der festen Partner fremdgeht oder es ihm peinlich ist, dass es mit der Potenz nicht mehr so recht klappt. Bei Frauen ist häufig zu beobachten, dass sie unter dem Sexwunsch ihres Partners leiden, entweder er will zu oft oder eben gar nicht mehr.

Dieser, im Beispiel erwähnte Patient litt darunter, älter zu werden. Nun, er war ein Lebemann in Ehe. Bis vor einiger Zeit war er beruflich viel unterwegs und war auch mit 70 Jahren noch sehr attraktiv. Ich konnte es mir gut vorstellen und er bestätigte mir, dass er mit Charme so manche nette Affäre aufzählen konnte. Nun war der Mann in Rente und weil er noch so fit war, baute er sein Haus um. Vorausschauend plante er zunächst, sein Badezimmer schon mal für das Älterwerden anzupassen und eine ebenerdige Dusche einzubauen. Sollte einmal eine Gehbehinderung eintreffen, wäre er vorbereitet.

In diesem Zusammenhang kamen nun aber die großen *Ängste vor dem Altwerden* und damit Arthrose und Schnappfingersymptomatik in beiden Mittelfingern. Die Finger schmerzten bei Beugung und Streckung und zum Teil ganz „von alleine". Seine Lieblingsbeschäftigung, das Flirten und damit sein zur Schaustellen und Nutzen der Männlichkeit und der angeblichen Potenz war mit dem Gedanken ans Altern sichtbar am Ende. Ein Mann, welcher Stärke und Geborgenheit ausstrahlen wollte und doch in sich zu schwach war, eine Familie zusammenhalten zu können. Mit dem Umbau seines Badezimmers bekam dieser Mann eine sehr schmerzende Schnappfingersymptomatik in beiden Mittelfingern, weil er sich dem voraussichtlichen Gebrechen bewusst wurde. Natürlich wurden die Beschwerden bisher auf die schwere Arbeit bei den Sanitärarbeiten gelegt. Nachdem wir den Zusammenhang des Symptoms und der Angst vor dem Älterwerden und damit verbundenen Verlust seines Sex-Appeals geklärt hatten, konnten die Mittelfinger heilen.

Klar wird jedem irgendwann bewusst, dass die Vitalität in der Sexualität mit den Jahren nachlässt bis wegfällt. Je nachdem, wie viel Wert und Wichtigkeit ich der Sexualität beimesse, reagiert der Mittelfinger und macht uns auf unsere Krise aufmerksam. Der Schmerz im Mittelfinger kann das Problem nur zeigen, wir Menschen brauchen dann die Klärung der Realitätsumstände und konkrete Schritte einer Veränderung oder aber der schlichten Einsicht, dass Dinge im Älterwerden einfach auch der Vergangenheit angehören. Abschied ist nicht leicht.

Nur der Umgang mit den Prioritäten kann sich verändern, indem ich dann eben andere Dinge in den Vordergrund meines Lebens bringe. Leider wird in unserer Zeit und Gesellschaft propagiert, dass Potenz bis zum Lebensende der absolute Bringer ist, keine Zeitschrift kommt mehr ohne eine Anzeige für Potenzmittel aus. Dann ist es ein Kreislauf. Die Werbung verspricht großes Glück mit erhöhter Potenz und wir glauben, ohne diese Mittel wären wir unglücklich.

Liebe wird gleichgesetzt mit dem Grad an sexueller Aktivität. Intimität und leidenschaftliche, ehrliche Liebe hat aber ein völlig anderes Bild. Durch wahre Liebe entsteht automatisch auch das Bedürfnis nach dem Ineinanderverschmelzen. Das Verschmelzen wird nicht umgekehrt dadurch gefördert, dass wir einen Akt aus Fortpflanzungszeiten praktizieren. Das ist vergleichbar mit verschiedenen Situationen im Leben. Wenn ich ein wunderschönes Haus baue, heißt das noch lange nicht, dass wir uns darin auch wohlfühlen. Wir haben nur versucht, einen äußeren Rahmen zu bieten. Wenn wir uns wirklich lieben, brauchen wir kein riesiges Haus, sondern innerlich gefühlte Geborgenheit. Intimität bedeutet Geborgenheit, Vertrauen, Behaglichkeit und vor allem Privatsphäre. Wenn ich mich wirklich öffnen kann und möchte, dann kommen Lust, Energie und Potenz ganz von alleine hinzu. Bei jüngeren Menschen kommt die Mittelfingersymptomatik eher selten vor und wenn, dann als Schnittwunde oder Knochenbruch. Zum Thema Sexualität reichen hier die Konflikte von der Zwangsheirat bis zum verdeckten Schwul- oder Lesbischsein und dem Schmerz, wenn ein Partner fremdgeht. Na, da darf der Mittelfinger schon einmal anschwellen und vor allem schmerzen. Eine Operation am Finger ist dann vielleicht nicht unbedingt gewinnbringend.

Interessant sind dann auch die verschiedenen Schmerzzustände im Alltag. Manchmal sind die Schmerzen unerträglich, an anderen Tagen wieder geht es besser. Selbst im Verlauf eines Tages verändern sich die Schmerzen. Das hängt mit unseren Gedanken zusammen. Ein Beispiel: Wir leben mit unserem Partner seit langer Zeit zusammen, die Ehe ist zur Wohngemeinschaft mit gelegentlichen sexuellen Befriedigungen mutiert. Die Frau möchte eigentlich keine Intimitäten mehr, weil die häufigen verbalen Verletzungen die Liebe und damit die Intimität zum Erlöschen brachten. Nun möchte aber der Ehemann gelegentlich seine angeblich ehelichen Rechte einfordern und schläft mit der Frau, die sich dem Ganzen ausliefert, aber weder Freude noch Liebe erlebt. An diesen Tagen hat die Frau besondere Schmerzen im Mittelfinger, weil ihr Herz und ihr Körper rebellieren. Oder diese Frau trifft einen anderen Mann, in Gedanken kommt ihr so ein Gefühl auf: ‚Mit diesem Mann wäre vielleicht eine intime Beziehung möglich.‘ In der Realität würde sie diesen Gedanken weder aussprechen noch verwirklichen, weil sich das als verheiratete Frau nicht gehört. Nach einer solchen Begegnung schmerzt der Mittelfinger. Beim Erkennen der Sprache des Körpers sind diese Schmerzen dann aber weder komisch noch unerklärlich. Wenn wir den Zusammenhang zum Lebensthema wissen, können wir fast schon lachen und vor allem staunen, wie blitzartig unser Körper und Teile von uns reagieren.

Unser lieber Körper nutzt den Mittelfinger, um seinem Menschen die Dringlichkeit einer Klärung zu intimen Themen zu verdeutlichen.

Erst neulich rief eine Frau bei mir an. Sie hätte gehört, ich wäre eine Handtherapeutin, würde ganzheitlich arbeiten und ihr Mann hätte immer einen gefühlten *Kloß im Hals und Schmerzen in den Händen.*

Zum ersten Termin kam die Ehefrau mit ins Zimmer, um angeblich meine Behandlung ansehen zu dürfen. Schon hier weiß ich, dass wir eine eingeschränkte Vertrauensbasis zwischen beiden Ehepartnern finden werden. Angeblich wäre der Anfahrtsweg so weit und die Route gemeinsam besser zu bewältigen. Aus Erfahrung weiß ich, dass ein Beziehungsthema vorliegt, wenn zur Behandlung gleich beide erscheinen. In der Körpertherapie fühlte ich bei diesem Mann, dass eine unendliche *Traurigkeit* im ganzen Körper zu spüren war. Ich fragte, welche Situation sich zu dieser Traurigkeit zuordnen lässt, wusste aber, dass es sich um die Liebe dieser beiden Partner handelte. Ihm fiel nichts ein. Wie auch, wenn der Ehepartner danebensitzt und sein Körper Symptome zeigt. Zumindest im Herzen und Kopf ist dem Mann die Thematik klar, er hat nur noch nicht gewusst, dass sein Körper eine Sprache hat. Er hätte im Beisein seiner Frau zugeben müssen, dass es sich um eine für ihn ungenügende Sexualität handelt. Im ersten Gespräch ist das oft zu viel verlangt, da muss sich langsam herangetastet werden. Im Gegensatz zur Paartherapie ist eine Körpertherapie und Körpersprache-Übersetzung für den Hilfesuchenden eine rein persönliche Lösung. Die Ehefrau übernahm die Kontrolle und überspielte die Situation. Das Thema Sexualität lag über Witzeleien des Manns in der Luft, wurde dann aber auf ein berufliches Thema gelenkt. Weil der Körper immer alles mithört und nach Heilung Ausschau hält, erzählte der Mann plötzlich, dass eigentlich die *Schmerzen in beiden Mittelfingern* sein größeres Problem in seinem Wohlbefinden darstellen. Ob ich wohl danach noch einmal sehen könnte? Innerlich musste ich über die große Weisheit seines Körpers schmunzeln. In der Realität und der jetzigen Sitzung zeigte sich jedoch deutlich, dass das Thema Sexualität sprachlich jetzt keinesfalls berührt werden möchte. Der Körper sprach und der Mann war regelrecht innerlich gezwungen, auf die Mittelfinger zu verweisen. Wir behandelten noch schulmedizinisch die beiden Mittelfinger und verabredeten uns für weiterführende Behandlungen.

Inzwischen kam die Frau zu mir in Behandlung, wieder saß der Mann mit im Zimmer. Auch hier wurden zunächst Unbehaglichkeit im Hals beschrieben und behandelt. Das Thema Sexualität konnte noch immer nicht thematisiert werden. Erst in der nächsten Sitzung, als die Frau endlich allein kommen konnte, berichtete sie von Schmerzen im Unterleib. Auch hier wurde das Thema Sexualität erst am Ende der Sitzung angesprochen. Beide Partner waren schon so lange verzweifelt, dass wir wirklich Schicht für Schicht abtragen mussten, um an die tiefen Verletzungen heranzukommen. Auch hier weiß unser Körper sehr genau, wann wir ein Thema ansehen dürfen. Grundthema war die gegensätzliche Vorstellung der erotischen und sexuellen Wünsche der beiden.

Wie so oft hörte ich die Klage einer Frau: „Männer wollen immer. Ich kann das nicht, nicht so oft, nicht nach einer Beleidigung, nicht ungeduscht und nicht ohne meine Zähne geputzt zu haben. Für mich ist das Zusammenschlafen sonst eine reine Befriedigungsmaßnahme und das geht über meine Grenzen."

Ich habe bis jetzt noch nicht herausfinden können, ob Männer wirklich so oft Sex wollen oder ob es nicht von den Medien eingeredet wird. Was genau steckt hinter dem Wunsch, so oft wie möglich eine sexuelle Erregung zu provozieren. Ist es der Kick, der sonst im Alltagsleben fehlt? Warum sind Pornozeitschriften so beliebt? Schon kleine Jungen sehen sich diese Variante von Sexualität in krassen Bildern an. In Pornos geht es nicht um Zärtlichkeit und Würde. Der Schoß einer Frau wird nicht gerade als Heiligtum betrachtet, sondern eher als Abreaktionsportal. Was wünschen wir uns wirklich? Ist es ein Kontroll- und Machtverlangen, ein Bedürfnis nach körperlichem Abreagieren? Die Lust, noch tiefe Emotion zu fühlen, wo sonst keine wirkliche Freude am Leben mehr besteht? Ein Orgasmus ist ein wirklich tiefes Gefühl. Wenn ich im Alltag keine tiefen Gefühle mehr erzeugen kann, brauche ich natürlich ab und an den absoluten Kick. Wo bleiben dann die Intimität und Zärtlichkeiten? Ist es der Wunsch nach Zärtlichkeit, der sonst nicht ausgesprochen wird, oder eher eine Suche nach Anerkennung, Liebkosung, wirklichem Körperkontakt und Geliebtwerden? Ist es vielleicht ein Wunsch nach Geborgenheit, vielleicht der Mutterliebe, einer uneingeschränkten Liebe, die eventuell nie erlebt wurde? In der Intimität sind wir zumeist nackt, wir haben Hautkontakt und fühlen einen anderen Menschen. Was genau möchte die Werbung erreichen, wenn in jeder Zeitschrift ein Medikament zur Potenzsteigerung angeboten wird? Wir bekommen eingeredet, dass wir bis ins hohe Alter sexuell aktiv sein dürfen und auch wollen, sonst wären wir nicht normal und hätten unser Leben nur halb im Griff. Evolutionär betrachtet sind wir jedoch noch weit zurück. Frauen bekommen nicht ewig Kinder und werden ab dem 50. Lebensjahr zunehmend trockener im Genitalbereich, weil es für den Fortpflanzungsakt keinen Bedarf mehr gibt. An diese Stelle tritt jetzt die Rolle als bleibende Mutter, die für ihr Rudel sorgt und es zusammenhält. Dazu braucht sie auch im richtigen Leben zuweilen Halt und Unterstützung, Arme, die halten und Menschen, die trösten. Ein Streicheln vom Partner, die körperliche Zuneigung als Zeichen der Innigkeit und Verbundenheit. Der größte Wunsch von Frauen ab 50 sind stake Arme, in die sie sich in Zeiten der Not fallen lassen kann. Halt, Geborgenheit und gemeinsame Zuversicht. Eine Art Versprechen, gemeinsam alt zu werden, ohne sich dauernd bemühen zu müssen, ein Angenommensein. Natürliche Zärtlichkeit, Erotik und Sinnlichkeit. Auf die Raus-rein-Nummer kann sie getrost verzichten, sie wird nicht mehr als lustbringend empfunden. Männer sind meist länger zeugungsfähig und damit auf Orgasmus und Erektion programmiert. Das muss dann auch körperlich ausgelebt werden. Genau hier kommen sich dann Paare in die Haare. Männer sind weniger auf Zärtlichkeit programmiert. Wie gesagt, die Medien machen es nicht leichter. Zärtlichkeit sehen die Jungen schon von den Pornos nicht. Warum gibt es in Kriegsgebieten so viele Vergewaltigungen? Ist es Aggressionsabbau oder Machtverhalten und Kontrollsucht nach Angst und dem Versuch, eigene Gefühle abspalten zu müssen? In diesem Buch können wir nur spekulieren und nachdenken. In meiner Praxis erlebe ich jedoch täglich, dass Frauen und Männer unter ihrer tatsächlich gelebten Sexualität mit ihrem Partner leiden. Viele Frauen schlafen mit ihrem Mann, um den Frieden in der Ehe zu erhalten, damit Ruhe ist. Manche, damit er nicht fremdgeht, manche, um so wenigstens ein wenig Zärtlichkeit zu erhaschen. Leider zeigt sich hier ein trauriges Bild. Dabei hatten wir doch gedacht, dass wir in den Sechzigern das Thema Sexualität nun völlig aufgeräumt haben. Wir dachten, von nun an kann auch dieses Thema laut ausgesprochen und diskutiert werden. Eine hilfreiche Einleitung zum Thema Gleichberechtigung war es allemal. Dann schliefen die Gemüter wieder ein. Noch heute stellen wir ein gewisses Unvermögen fest, wirklich unsere Bedürfnisse im Intimleben mit dem Partner zu besprechen. Noch immer sind Scham und Übervorsichtigkeit im Alltag vorrangig. Wir möchten nicht kränken. Glauben, ausgerechnet wir seien nicht normal. Frauen bekommen zudem noch eingeredet, es wäre komisch, wenn sie nicht mehrmals wöchentlich Sex möchten. Diese These wird von Männern gern gehört und unterstützt. Weil wir alle eine riesige Kiste mit dem Schamgefühl innehaben, wird die Sache ziemlich kompliziert. Scham ist das tiefste und störendste Gefühl, das wir überhaupt fühlen können. An die Tiefe des Schamgefühls kommt kein anderes Gefühl heran, auch nicht die schlimmste Wut. Unser Schamgefühl wird oft schon im Kleinkindalter missbraucht und missverstanden. Die meisten von uns schämten sich beispielsweise, weil sie Angst vor dem Weihnachtsmann hatten. Da wurde gesagt, wir bräuchten keine Angst zu haben, und dann verinnerlichten wir uns, dass wir uns für Angst schämen müssen, weil die Furcht unbegründet wäre. Vielleicht schämten wir uns vor anderen Kindern, weil uns Mutter wieder einmal ein Kleid anzog, das wir gar nicht schön fanden. Dann sagt die Mutter, dass das Kleid doch sehr schön sei und ich mich bestimmt irre. Damit wird unser Schamgefühl wieder und wieder als falsch bestätigt und landet dann ganz tief im Kessel des Verdrängten. Wie bei einem Dampfkochtopf wird es immer dichter im Kessel und irgendwann, wenn weiter angeheizt wird, platzt der Druck aus dem Topf heraus. Um nicht zu platzen, unterdrücken wir unser Schamgefühl und reden uns ein, dass dieses Gefühl sowieso falsch sein muss. Aber es ist da. Bei Gesprächen über unser Intimleben versuchen wir also dem Gegenüber zu glauben, meine Scham und mein Bedürfnis nach Ehrlichkeit wäre schlecht verständlich. Meine wirklichen Wünsche und Hoffnungen kann ich nur sehr eingegrenzt und zögerlich vertreten. Aus der Kindheit weiß ich noch, dass meine Scham unbegründet sein könnte, und bin verunsichert. Und genau da setzt die Werbung ein. Management ist eben gelernt und sehr ausgereift.

Männer schämen sich, wenn sie nicht potent und stark sind, wenn sie nicht dauernd Sex wollen oder können. Frauen schämen sich, wenn sie eingeredet bekommen, sie wären nicht normal, frigide und alt. Dann kommen Frauen schnell auf den Gedanken, nicht gut genug zu sein. Wenn die Paarbeziehung nicht wirklich auf Vertrauen und Liebe aufbaut, ist das Thema ziemlich schnell verfahren. Liebe heilt alles und dazu müssen wir wirklich weg von allen alten Glaubensmustern und Werbeversprechen. Unsere ureigenen Wünsche zunächst äußern und dann gemeinsam Lösungen finden, ist der Anfang von einer ehrlichen Intimbeziehung. Ich hörte neulich, dass es in der DDR doch so normal gewesen sei, eine freie Sexualität leben zu können. Schließlich hätte es doch FKK-Leben gegeben und die Frauen seien doch dort recht unkonventionell mit ihrem Körper und dem Intimleben umgegangen. Solche pauschalen Meinungen werden dann plakatiert. Aber auch hier wird heroisiert. Auch dort hatten alle einzelnen Familien ihre eigenen Geschichten und die zelebrierte Körperkultur hat nichts mit wirklicher Freiheit in der Sexualität zu tun. Auch dort gab es Bordelle, Missbrauch und Grenzüberschreitungen, diese wurden jedoch nicht veröffentlicht; das war verboten und damit einfach als Lüge zertifiziert.

Zusammengefasst sprechen die Mittelfinger jedenfalls immer aus, was in uns in Bezug zur derzeit gelebten Sexualität beschäftigt. Unser Körper weiß sich als Sprachrohr zu melden. Die Realität ändern können wir nur mit Worten und Taten. Aber es ist doch wirklich gigantisch, wie unser Körper mit uns kommuniziert. Wenn wir ihn endlich wieder verstehen lernen, können wir selbstverantwortlich eine Klärung schaffen und unser Ausheilen beschleunigen.

Natürlich erzähle ich hier keine Neuigkeiten, nur manchmal tut es vielleicht gut, das Innewohnende einfach noch einmal zu lesen.

Der ausgerissene Ringfinger

Ein junger, dynamischer Mann in gehobener Position kam zur Nachbehandlung wegen eines ausgerissenen linken Ringfingers. Eine Unachtsamkeit hat den Ringfinger, an dem der Verlobungsring steckte, am Grundglied abgerissen. Schon zur Terminvereinbarung beschrieb er mir seine wichtige berufliche Position und dass die Termine angemessen sein müssten. Zum Aufnahmegespräch kamen angeblich aus organisatorischen Gründen die Frau, ein Kleinkind und das neugeborene Baby mit. Weil ich gerne den Schrecken des Traumas zunächst durchbrechen möchte, um den Patienten zu beruhigen und zur Mitarbeit zu öffnen, mache ich gerne zu Anfang ein Späßchen. Das hilft oft, um damit zu zeigen: „Hey, alles gut, hier bekommst du keine ernste Miene und kein Lateinisch. Hier wirst du verstanden und du wirst auch mich verstehen. Wir arbeiten zusammen für deine Gesundheit." Mit Lächeln sagte ich also nun nach Schilderung des Unfalls: „Och, dann müssen Sie den Ring wohl jetzt rechts tragen." Der junge Mann erstarrte förmlich und antwortete für diese Situation viel zu ernst: „Dazu muss meine Frau mich erst mal heiraten, das möchte sie aber nicht." ‚Ups‘, dachte ich, ‚ins Schwarze getroffen. Das ist also dein Problem.‘

Im Laufe der Handbehandlung, sprich Ödembehandlung, Nachbehandlung, Mobilisierung, Faustschlussübung usw. erzählte mir der Patient, wie wichtig und wertvoll sein beruflicher Werdegang sei, und dieser sei wirklich beachtlich. Ein so junger, zielstrebiger Mann, echt bemerkenswert. Das für ihn empfundene Manko: zwei Kinder und unverheiratet, nagte an ihm. Es war für den jungen Mann nicht zum Aushalten, dass er Chef und leider noch unverheiratet war.

Tja, der Körper hört alles und reagiert. Nicht, weil die Unfallstelle irgendwie gefährlich war, ist der linke Ringfinger mit Verlobungsring in diesem Augenblick ausgerissen, sondern der Körper des jungen Mannes hat alles dazu beigetragen, dass der linke Finger weggehen kann und nur noch der rechte Ringfinger bleibt, um dort den Ring tragen zu können. Deshalb ging es so leicht, Finger ab, fertig. Jetzt ist der rechte Finger nur noch frei zum Heiraten. Hier sprechen das schlechte Gewissen oder ein übergroßer Wunsch aus unserem Körper. Natürlich kann ich in der heutigen Zeit niemanden zwingen, mich zu heiraten. Das Herz hätte es aber sooo gern, es wäre mir so wichtig. Bei Ringfinger-Problematik stecken nach meinen Erfahrungen immer die Themen Heiraten, Zusammenbleiben, Trennen und Rang in der Partnerschaft zugrunde. Wenn der Ringfinger kränkelt, dürfen wir unserem Körper vertrauen und der Problematik der Ehebeziehung auf die Finger schauen. Was beschäftigt mich in Bezug auf die Ehe? Möchte ich gern heiraten und werde nicht gefragt? Werde ich gefragt und habe Angst abzulehnen? Welche Ängste beschäftigen mich für die Zukunft in Bezug auf wirkliche Gemeinschaft, vielleicht das Zusammenziehen und der gemeinsame Haushalt? Will ich mich wirklich auf diesen Partner mit ganzem Vertrauen einlassen? Will ich mit ihm oder ihr gemeinsam alt werden? Ist der Partner vielleicht noch verheiratet und ich versuche, damit klarzukommen? Wenn mir das Druck macht, bekomme ich noch zusätzlich Schmerzen im Daumen. Wenn ich Angst habe, was die Leute von mir denken, bekomme ich zusätzliche Beschwerden im Zeigefinger. So läuft das mit unserem Körper. Eigentlich eine ganz einfache Sprache, wenn wir sie verstehen.

Praxisbeispiel für den kleinen Finger

Christa hatte es geschafft, sich immer wieder den kleinen Finger zu stoßen, zu brechen und zu quetschen. Als Konsequenz entstand eine Kontraktur im Mittelgelenk. Der kleine Finger war nun immerzu gebeugt und konnte sich gar nicht mehr strecken und damit etwas endgültig loslassen. Die Ursache liegt nun aber nicht in den häufigen Verletzungen, sondern die häufigen Verletzungen haben ihre Ursache im Problem ihrer Beziehung zu ersehnten Kindern. Christa wünschte sich von Herzen eigene Kinder. Das Ehepaar versuchte alles, um endlich ein Baby bekommen zu dürfen, es klappte aber über viele Jahre nicht. Immer wieder kamen Hoffnungsschimmer, dann Enttäuschung, dann „zufällig" eine Fingerverletzung. Was macht der kleine Finger denn nun in seiner Not für Christa? Er zieht sich zusammen, somit kann der Finger nicht ganz gestreckt und geöffnet werden. Das Ziel ihres Körpers ist also, ein Kind endlich halten zu können, endlich ein Baby austragen zu können. Herz und Kopf kennen diesen Wunsch natürlich, aber die häufigen Enttäuschungen hält das Herz bald nicht mehr aus und schon kommt der liebe Körper zu Hilfe. Er unterstützt vermeintlich Christas Wunsch. Statt nun weiter auf dem kleinen Finger zu schimpfen, ist es so schön, zunächst einmal diese Genialität unseres Körpers anzuerkennen. Natürlich kann ein kleiner Finger kein Baby halten, aber er zeigt Christa ihren größten Herzschmerz, welchen sie täglich mit ihrem Verstand verdrängt, und so tut, als wäre das alles gar nicht so schlimm. Sie möchte auch ihren Ehemann nicht immer in den Ohren liegen, denn dieser sieht die Situation eher nicht für so erstrebenswert an. Der kleine Finger gibt Christa zu verstehen: „He, wir müssen reden, hier muss endlich eine Lösung her. Entweder Adoption eines Kindes oder wir ändern endgültig und überzeugt unsere Hoffnungen und Wünsche. Mit diesem Schmerz jedenfalls kannst du nicht mehr lange überleben, also jetzt los, Lösungen suchen, liebe Christa! Jetzt ist es an der Zeit, über die Zukunft ehrlich nachzudenken." Lasse ich wirklich los? Was passiert mir und uns in Zukunft, wenn wir ohne Kinder weiterleben? Wie wird ein Leben ohne Kinder oder mit einem Pflegekind? Einen Herzenswunsch zu entlassen, ist immer die höchste Kunst. Etwas Wichtiges herzugeben, geht oft an die innerste Substanz und an unsere vermeintliche Existenz. Das bedeutet, dass wir glauben, sterben zu müssen. Hier ist unser Körper ein wundervoller Ratgeber, wie wir unsere Zukunft gestalten könnten. Entweder ich entscheide mich, weiter zu leiden, oder ich überlege neue Wege. Das entsprechende Körperteil oder die Symptomatik können nichts dafür, der Körper möchte ein offenes, ehrliches Gespräch über die gemeinsame Zukunft.

Mein Baby – ein Coaching-Projekt

Volkers kleiner Finger hatte sich nach einem Bruch im Mittelgelenk nicht erholt. Der Finger war geschwollen und ließ weder eine endgradige Streckung noch Beugung zu, war also immerzu in Halbmaststellung.

Hintergrund seiner Fingersymptome waren die Konflikte mit seiner gegründeten Firma als Coach, diese nannte er „sein Baby". Als studierter Wirtschaftsinformatiker und nach einer intensiven Ausbildung als Coach, war er gründlich auf seine Selbstständigkeit vorbereitet. Problematisch gestaltete sich die Umsetzung und Akquise von Kunden. Nicht weil seine Pläne und Strukturen unzureichend waren, sondern weil sein Vater als selbstständiger Künstler schlicht nichts auf die Reihe brachte. Der Vater war zwar stolz auf sein Geschäft, postulierte seine tollen Künste, doch an Einnahmen für die Familie war nicht zu denken. Die Mutter der Familie musste dafür sorgen, dass überhaupt das Geld zum Überleben im Hause war.

Volker hatte nun also in seinem *Schutzprogramm gespeichert*, dass eine Selbstständigkeit irgendwie brotlos bleibt. Wenn wir solche *Eltern-Programme* in uns tragen, blockieren wir uns unbewusst selbst. Verborgen und unterschwellig sieht Volker im Inneren die traurige Mutter. *Er hat so große Angst, wie sein Vater zu scheitern*, dass er über die Angst genau dieses selbe Schicksal anzieht. Eine Generationswiederholung. Ganz unbewusst versuchen wir Menschen, die *Eltern immer noch als Vorbild zu betrachten*. Ein Idol kann ich vermeintlich nicht übertreffen. Somit verbaue ich mir die Möglichkeit, auch größer als meine Eltern sein zu dürfen. Als Kind hatten wir sehr tief gespeichert, dass unsere Eltern alles richtig machen und dass wir es gar nicht besser wissen können. Als Erwachsener habe ich dieses Programm so lange in mir, bis ich wirklich erkenne, dass ich nicht mehr von meinen Eltern abhängig bin und dieses Muster auflösen kann. Bis dahin erlauben wir uns nicht, besser als die Eltern sein zu dürfen. Sein Baby, das Coaching schwoll in Form des kleinen Fingers an, konnte sich nicht bewegen, war in seiner Funktion eingeschränkt und unvollkommen.

Wäre seine Selbstständigkeit zum Erfolg geworden, wäre er eindeutig besser als sein Vater. Das konnte er sich damals noch nicht erlauben. Ist die Erkenntnis eingeleuchtet, dass dieses Verbot noch immer aus der Kindheit rührt und sich jetzt verändern darf, kann das Projekt erfolgreich geführt werden. Im Anschluss heilt der Finger nebenbei, denn er muss nicht mehr anschwellen und laut rufen.

Das Handgelenk

Die Grundproblematik bei Handgelenksbeschwerden liegt in einer Unsicherheit in Bezug auf *Nehmen und Geben, Verzeihen oder Nichtverzeihen.* Helfen oder Nichthelfen stehen hier im gedanklichen und praktischen Dilemma.

Ich habe neulich zu einem männlichen Patienten gesagt: „Ihr Körper sagt Ihnen, Sie sind zu gut für die Welt." Daraufhin reagierte der Mann fast schon aggressiv: „Nein, das bin ich nicht!" Und in dem Moment wurde mir bewusst: Genau diese Aussage wirkt für einen Mann bedrohlich. Ein Mann möchte gut sein und trotzdem nicht zu gut für die Welt. Weil in seinem Instinkt, in seinem über viele Tausend Jahre geltenden Programmen steckt: „Nein, ich darf nicht zu gut sein für die Welt, ich muss auf meine Familie aufpassen. Dazu darf ich zäh sein, dazu darf ich aggressiv sein. Wenn ich zu gut bin für die Welt, kann ich meine Familie nicht ausreichend beschützen. Ich muss meinen Herdenmitgliedern zeigen, dass ich fähig bin, mitzuhalten und mich abzugrenzen."

Interessanterweise kommt dieser Patient wegen einer Handgelenkssymptomatik zu mir. Er selbst ist sehr zuverlässig, versucht wirklich alles, um auch sportlich wieder auf Höchstform aufzulaufen, und versucht gleichzeitig, seine neue Patchworkfamilie in allen Belangen bestmöglich zu unterstützen. Sein Wunsch nach Hilfe für die Familie wird jedoch von seiner neuen Frau nicht gewollt. Sie möchte, nach langer Zeit als Alleinerziehende weiter alles allein entscheiden, möchte beweisen, dass sie stark und selbstständig ist und eigentlich gar keinen Mann braucht. Das Abwägen, wo der Patient nun helfen, also geben, kann oder besser nicht, bringt den Mann unter höchste Anspannung. Er möchte gern seine männliche Rolle einnehmen, wird darin aber täglich zurückgewiesen, was seinem Herzen große Schmerzen bereitet.

Jedes Drehen im Handgelenk verursacht ihm Schmerzen. Seine unausgesprochenen Gedanken und Unsicherheiten drückt sein Körper über Schmerzen im Handgelenk aus.

„Wo kann ich geben? Wo muss ich nehmen? Wo gebe ich ihr den Platz für Karriere? Wo reiche ich ihr die Hand? Was darf ich, damit sie sich nicht auf den Schlips getreten fühlt, weil sie ja taff sein möchte. Sie möchte die Alleinerziehende irgendwo bleiben. Diese Familie ist nun aber eine Patchworkfamilie. Wo darf ich ihr die Hand reichen? Wo darf ich ihr entgegenkommen? Wie weit darf ich meine Stärke zeigen? Wie weit kann ich loslassen? Wann muss ich festhalten?"

Er steckt hier im Konflikt, das heißt: im schlechten Gewissen. Wie kann ich die Rolle meiner Frau unterstützen, einerseits als selbstständige Frau und doch meinen Mann stehen, die Familie beschützen und versorgen.

Das Herz und der Körper übernehmen den Schmerz und die Unsicherheit bei jeder Handgelenksbewegung. Betrachten Sie einmal die Handgelenksbewegung, wenn Sie geben und nehmen und verzeihen und begrüßen und etwas von sich weisen. Das Handgelenk bestimmt die richtungsweisende Geste.

Die Werbung baut zielsicher auf unser Mangelgefühl. Emotionen schütten den entsprechenden Hormoncocktail aus. Viele Frauen müssen inzwischen arbeiten und Geld verdienen, ihr Kind mit einem Jahr in die Krippe geben. Das können wir nun bewerten oder auch nicht. Vergessen wir aber bitte nicht, dass sich der Mensch über Jahrmillionen eine Rollenverteilung einprogrammiert hat. Wir können unseren Körper nicht aufgrund einer technischen Invasion einfach in 50 Jahren umprogrammieren, so einfach ist das nicht. Wir werden krank vom unangenehmen Gefühl, dass hier etwas nicht ganz stimmt, dass uns Geborgenheit fehlt und dass wir so gern alles richtig machen wollen oder müssen.

„Weißt du", sagt das Handgelenk, „ich möchte meine starke Hand zeigen, komme damit aber im Herzen und im Kopf nicht klar." Somit lockern sich Bänder im Handgelenk, bzw. sind bis zum Zerbersten gespannt.

Die Seitenbänder sind gerissen, wurden genäht, jetzt kommt der Patient nun operiert zu mir in Nachbehandlung, kann aber leider den Hintergrund dieser körperlichen Reaktion mit mir nicht aufarbeiten. Das kommt oft vor, denn vom Chirurgen überwiesen, rechnet doch keiner damit, dass die Therapeutin nun eine zusätzliche Variante einbringt.

Ein völlig anderes Denken wurde uns gründlich abgewöhnt; in Zeiten der Machbarkeit wird alles geflickt und ausgetauscht und schon läuft der Laden – oder eben auch nicht.

Arthrose – eine Art der Gelenkserkrankung

Zuerst einmal möchte ich darauf hinweisen, dass Arthrose und Arthritis zwei verschiedene Erkrankungen sind. Diese werden leider immer wieder vermischt, haben aber eine völlig andere Genese. Genese bedeutet Ursache und beinhaltet verschiedene Verläufe und verschiedene Themen.

Beginnen wir mit der Arthrose:

Zwei Knochen treffen aufeinander, bleiben wir BEIM Beispiel Zeigefinger und Mittelgelenk. In der Mitte des Zeigefingers vereinen sich die beiden Fingerknochen im Gelenk. Weil Knochen nicht auf Knochen reiben sollen, hat jedes der beiden Knochenenden eine Knorpelschicht. Das macht das Ganze weicher und reibungsloser. Die Gelenkshülle enthält die Gelenksflüssigkeit, also das Öl für das Scharnier. Stellen wir uns nun vor, die beiden Knochenteile, also das Grundglied und Mittelglied des Zeigefingers werden so weit zusammengezogen, daSs der Gelenkspalt zu eng ist. Somit ist kaum Spiel im Gelenk, weil die äußeren Strukturen die beiden Knochen zu weit zusammenziehen. Es ist Spannung im Gebälk. Zunächst reibt sich der Knorpel ab, denn dafür ist er weich genug. Einer muss ja nachgeben. Die Gelenkflüssigkeit versucht ihr Bestes, der Spannung noch einigermaßen entgegenzuwirken, und vermehrt sich auf Befehl des Körpers. Das sieht nach außen dann wie ein „geschwollenes Gelenk" aus. Aber aufgrund der Spannung und Enge im Gelenk hat auch die Flüssigkeit irgendwann keine Chance mehr.

Ist der Knorpel durch den täglichen Gebrauch unter Spannung abgerieben, kommen die beiden Knochenenden zusammen. Das tut schon recht weh, denn Knochenhaut ist innerviert. Das heißt, in der Knochenhaut befinden sich hochsensible Rezeptoren, die sich schmerzhaft melden, wenn es dem Knochen an die Haut geht. Wird es eng für den Knochen, mag das der Körper gar nicht. Denn ungebremste Kraft am Knochen bedeutet Gefahr für den Knochen.

Also handelt der Körper. Stopp, hier muss etwas getan werden, um die Reibflächen zumindest zu vergrößern. Aus der Physik wissen wir, dass sich Kraft auf einer größeren Fläche besser verteilt.

Also entwickelt der Körper eine Vergrößerung der Gelenkflächen, der Knochenenden. Er baut an den Gelenkflächen zusätzliches Knochenmaterial auf.

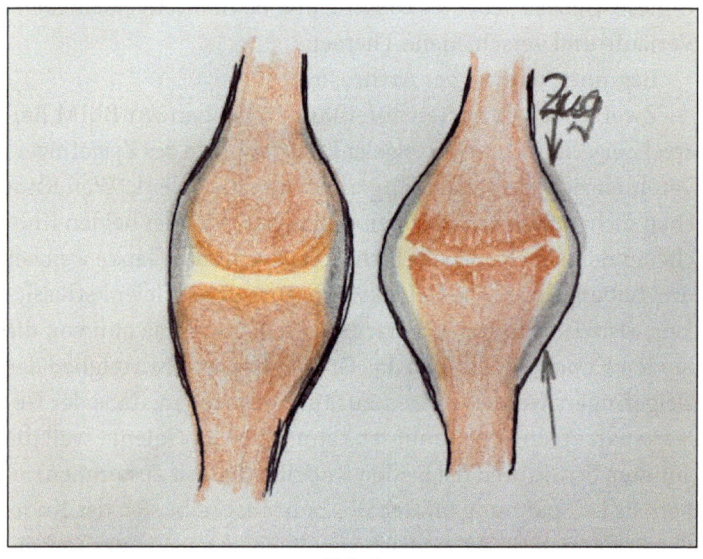

Gelenk

In der universitären Medizin spricht man dann von Osteophyten, also Zipfel am Knochen.

Von außen sichtbar ist eine Vergrößerung des gesamten Gelenkes. Im Röntgenbild sieht man sehr deutlich die Verschmälerung des Gelenkspaltes und die Verbreiterung der Knochenenden.

Mit der Zeit vergrößert sich auch die Gelenkkapsel. Es folgt der nächste Gang zum Arzt. Das Gelenk tut weh, es ist dick. Oft ist nicht nur ein einzelnes Gelenk betroffen, sondern weitere Gelenke. Der Arzt bestätigt die Abnutzungserscheinung und spricht von einer Verschleißerscheinung. Für den Arzt ist der Ursprung klar. Der Grund ist vermeintliche Überlastung durch Belastung und wird Arthrose genannt.

Üblicherweise ist hier die Gabe von schmerzstillenden, entzündungshemmenden und muskelentspannenden Medikamenten indiziert.

Auch eine Art künstliche Schmiere über Injektion wird in Betracht gezogen.

Seltsam ist für mich, dass auch immer wieder seitens der Mediziner erbliche Ursachen genannt werden. Ja, das stimmt so weit, dass Mama oder Papa eine Arthrose oft auch schon hatten. Doch nicht die Arthrose wird vererbt. Es wird vielmehr das Programm für Arthrose, also die Denkweise zum bestimmten Thema vererbt: „Ständig wird mir auf die Finger geschaut, ich muss alles supergenau und fehlerfrei machen." War meine Mutter schon darauf programmiert, dass Handlungen peinlich gewissenhaft und für andere passgenau ausgeführt werden müssen, wird sie diese Information ihrem Kind ebenso weitergeben. Unbewusst wird sie darauf achten, dass es ihr Kind einmal leichter hat und eben jede Handlung oder jeden Weg vorher genau beleuchtet, trainiert und perfekt ausführt. Denn alles, was nicht perfekt ist, kann beim Partner oder Chef Unmut auslösen – und das ist nicht so gut.

Das Thema vererbliche Krankheiten ist unter einem anderen Blickwinkel zu betrachten. Wir wissen inzwischen längst, dass nicht in den Genen die Ursachen für Erkrankungen liegen, sondern dass die Umgebung, das Klima in der Familie ursächlich für Erkrankungen sind.

Wenn wir uns jetzt die Genese (Entstehung, Entwicklung) aus dem Blickwinkel der Körpersprache ansehen, wird der wirkliche Auslöser der Knochenverbreiterung klarer.

Jetzt steigen wir mit unserem Verständnis für den Körper ein. Wir fragen nach dem Wozu. Wozu in aller Welt, brauchen mein Körper und ich eine Gelenkvergrößerung, einen zu geringen Gelenkspalt, einen Aufbau von Knochengewebe?

Gehen wir noch einmal einen Schritt zurück. Auslöser waren die Spannungen im Gelenk, die Knochen werden zueinander gezogen, der Finger steht unter Spannung.

Leider schimpfen wir jetzt auf den Körper – anstatt dem zu lauschen, was wirklich los ist.

Wenn mir beim Handeln einer auf die Finger sieht, um zu beobachten, wo ich jetzt Fehler machen könnte, *verspannt sich automatisch die Muskulatur.* Es verspannt sich sogar die gesamte Struktur der Hand.

Bei Gelenksarthrosen handelt es sich um die Themen *Machtkampf.* Wer sitzt am längeren Hebel, wer hat mehr Rechte in seinen Ansprüchen, wie werde ich den Wünschen meines Gegenübers täglich gerecht?

Und nicht vergessen, hier sprechen wir gerade über Gelenke in der Hand, also auf Handlungen bezogen.

Der Ort, also die Gelenksfunktion am Körper, verrät uns den Themenbereich der Handlung. Welches *Verb* brauche in an dieser Körperstelle? Es ist handlungsbedingt ein Unterschied in der jetzigen Situation, ob ich Arthrose an der Hand oder am Knie (Gonarthrose) habe.

Im Knie würde es sich um den *Machtkampf im gegangenen Weg* handeln. Dabei ginge es darum, ob und wie ich beäugt werde, ob mein Weg auch korrekt ist oder ob ich vom Beobachter aus gesehen wieder einmal nur stur meinem Weg folge, obwohl doch der Beobachter sowieso schon weiß, dass das nichts wird. Der Beobachter möchte einen anderen Weg mit dir gehen, nämlich seinen; und du hast gefälligst mitzukommen.

Die Arthrose im *Hüftgelenk* spricht über einen Machtkampf zum Thema *Fortpflanzung*, was inzwischen zum Thema Sexualität geworden ist. Wie passe ich mich in der Sexualität an, immer werde ich beurteilt, ob ich nun in Stellung und Willigkeit meinem Sexualpartner gegenüber richtig oder falsch bin. Nie mache ich es genau so, wie der Partner das wünscht. Wenn die Sexualität in der Beziehung mit Bewertung verbunden ist, wenn mein Partner an meiner Beweglichkeit rummäkelt, mich in meiner Weichheit einschränkt, meiner Gelassenheit eine Spannung beifügt, kommen das Hüftgelenk und die Strukturen drum herum in eine Spannung, der Knorpel reibt sich ab; das heißt dann Hüftgelenksarthrose (Coxarthrose). Irgendwann bekomme ich dann eine Hüftgelenksprothese. Inzwischen schon im Sprachgebrauch als „neue Hüfte" benannt.

Mit einer diagnostizierten Arthrose brauche ich mich auch gar nicht mehr so viel anzupassen, denn jetzt bin ich krank, das neue Gelenk darf nicht überlastet und verbogen werden. Tja, sorry, ich mach jetzt so, wie ich kann, was anderes geht eben nicht. Wieder hat mir mein Körper einen großen Gefallen getan. Es ist eben keine Krankheit, wie bisher gedacht, sondern ein Weg, wie er dir besser gefällt.

Habe ich ein Glück, dass mir mein Körper die Gelegenheit gibt, dem ganzen Thema eine völlig neue Richtung zu geben;-)

Die gute Nachricht ist: Ich darf von nun an meinen Gedanken bewusste Beachtung schenken und muss nicht mehr über Symptome schimpfen. Mein Körper sagte mir, wir müssen reden, jetzt tun wir das auch. Ich brauche nicht mehr auf der Arthrose herumzuhacken, nicht auf der Hüfte, dem Knie, der Hand oder Schulter, sondern ich sehe mir zunächst einmal in aller Ruhe an, um welche Sorge es sich wirklich handelt.

Welche Krise mir mein toller Körper zeigt, worauf er mich hinweisen möchte, was da in Spannung und Konflikt steht, wo ich ein schlechtes Gewissen habe, einen Zwiespalt, einen Machtkampf, der nicht verloren werden darf.

Das Wertvolle am ganzen Symptom ist nun Folgendes:
Zunächst darf ich hinsehen, was mir mein Körper erzählt. Wo ist die Körperregion, welche Angelegenheit macht mir Schwierigkeiten, was brauche ich genau?

Was be-*nötige* ich, was brauche ich, um eine Erleichterung in meinem Handeln zu erreichen?

Wer mäkelt an mir herum? Wie kann ich mit der Kritik besser umgehen? Gibt es Möglichkeiten, meinen Perfektionismus herunterzuschrauben?

Zum anderen ist es nun einmal Tatsache, dass sich mein Körper tatsächlich mit den Jahren abnutzt; das ist bei jeglicher Materie so. Komisch, wenn ein Gerät mit der Zeit die Funktion nicht mehr ganz so ausführt wie im Neuzustand, haben wir völliges Verständnis. Wenn ein Auto mit der Zeit ab und zu ein Ersatzteil benötigt, ist das völlig legitim, wenn beim Tonkrug mit den Jahren die Glasur verblasst, ist das verständlich – nur bei uns Menschen soll es krankhaft sein, wenn gewisse Strukturen verblassen, wir nicht mehr wie ein junges Huhn hüpfen, nicht mehr auf jeden Berg kraxeln können, wenn wir Altersflecken und Falten bekommen, die Haare stumpfer werden, die Feinfühligkeit in den Fingern nachlässt.

Eine Patientin brachte mir einmal ihre 95-jährige Schwiegermutter zur Handbehandlung, weil die Oma die Knöpfe nicht mehr annähen konnte. Ich habe zur Schwiegertochter gesagt, sie möge die Knöpfe bitte gefälligst selbst annähen, der Körper ist nun einmal nicht ewig 20 Jahre alt, auch wenn uns das lieb wäre und wir vor allem von der Werbung vorgegaukelt bekommen, alles, was nicht dynamisch ist, ist krank!

Also Abnutzung ist schon okay, aber es bekommen ja nicht alle Menschen gleich schwer ausgeprägte Arthrosen. Nein, so richtig schmerzhaft wird es erst, wenn ich ein Problem mit meiner *vermeintlichen Unzulänglichkeit* habe.

Wenn ich mich über alle Maße kritisiert fühle und ein schlechtes Gewissen dafür habe, dass ich offenbar *nicht gut genug bin* in meiner erbrachten Leistung.

Also hier einige Denkanstöße:
Wer sitzt denn da am längeren Hebel? (finanziell, hierarchisch?)
Wer genau sind die Beteiligten beim Kampf um Gleichberechtigung?

Wer schaut mir denn dauernd auf die Finger, ob ich es wirklich richtig und supergenau und einwandfrei mache?

Wem muss ich täglich beweisen, dass ich angestrengt supergenau arbeite, aber dauernd fühle, dass es doch nicht gut genug ist?

Wie viel Spannung halte ich gegenüber meinem Partner aus?
Wer setzt mich unter Druck und Spannung?
Entspricht die Kritik wirklich der Realität?

Kann ich über Gespräche die Thematik lösen, kann ich mich meinem Gegenüber anvertrauen, dass ich unter dem Druck der Kritik leide?

Kann mein Partner mich verstehen?

Ändern kann ich mein Gegenüber meistens nicht, es sei denn, er kann seine Gewohnheiten liebevoll betrachten, denn auch der Kritiker hält es für notwendig zu kritisieren, das ist seine Geschichte, sein Hintergrund.

Kann ich meine Denkweise über den beanspruchten Perfektionismus ändern und erleichtern?

Für wen oder was muss ich perfekt und supergenau arbeiten, ist das überlebensnotwendig oder sind es nur eingeprägte Gewohnheiten, weil ich es irgendwann als richtig empfunden habe, dass es nun einmal ganz wichtig ist, übermäßig perfekt in meinen Handlungsausführungen zu sein?

Kann ich auch lockerlassen, kann ich es ertragen, nicht fehlerlos zu sein?

Kann ich es ertragen, dem anderen nicht ausreichend zu entsprechen, und vor allem, was mache ich, wenn ich dann dafür verlassen werde?

Tja, das ist dann ein Gespräch mit sich selbst. Hier ist Eigenverantwortung angesagt.

Ich gebe zu, es ist leichter, ein Schmerzmittel zu nehmen, zum Arzt zu gehen, zu hören, dass es da kaum Hilfe gibt, es erbliche Veranlagungen gibt und Handübungen helfen.

Fürs Erste hilft immer, viel Wärme zuführen, denn zugeführte Wärme entspannt die Strukturen, die Muskelfasern werden besser durchblutet, können sich dadurch ein wenig aufplustern, es kommt Stoffwechsel in Gang, somit fließt auch die Gelenksflüssigkeit leichter. Wärme zuführen kann man über warmes Wasser. Ich lege einfach mehrfach täglich meine Hände in warmes Wasser im Waschbecken. Dabei kann ich liebevoll einen Schwamm kneten. Nicht schon wieder perfekt und verkrampft, sondern leicht und verspielt, es beobachtet keiner, ob es richtig und genau ist, bis zur Schmerzgrenze, nicht sinnlos darüber hinaus. Es gibt eine Sorte von Schmerz, die wir sogar als Wohlfühlschmerz bezeichnen können, so wie ich mir selbst den Rücken massiere, wenn ich Verspannung verspüre, auch das darf sein. Tue einfach, was dir guttut, nicht um richtig zu sein, es darf sich gut anfühlen.

Oder ich lege meine Hände auf ein warmes Heizkissen, ein Körnerkissen oder die Heizung. Ich kann mir auch Rapssamen oder Linsen kaufen, diese in einer Schüssel im Backofen erwärmen und dann mit den Händen kräftig in den Samen kneten. Bewegung in Wärme hilft den Strukturen sich zu lockern; das ist wie ein Aufwärmen vor dem Sport.

Ist ja so: Stellen wir uns einen Einmachgummi im warmen Zustand vor, ist er elastischer als im kalten Zustand, reine Physik.

Arnika-Salbe sollte einmassiert werden, also nicht sauber auftragen (natürlich perfekt gleichmäßig), sondern liebevoll „eingeknuddelt" werden; hier ist schon ein Anfang in deiner Aufgabenstellung. Es muss so gar nicht perfekt sein, es gibt hier kein Richtig und Falsch. Es gibt keine Massagetechniken, die genauestens eingehalten werden müssen, wir verwenden hierzu extra den Begriff Knuddeln!

Zusätzlich ausreichend trinken! Wenn ich Flüssigkeit losschicken möchte, braucht es eben auch Flüssigkeit, und Flüssigkeit bekommt mein Körper über Getränke. Ein Sumpf fließt eben nicht so gut wie ein Bach.

Eine gedanklich bildliche Vorstellung, dass mein Gelenk jetzt entspannt ist und mehr Platz hat, hilft hier enorm. Die Neurobiologie und moderne Wissenschaften haben längst bewiesen, dass die Visualisierung und gedankliche Vorstellungen eine Verbesserung um 100 % steigert. Hier geht es längst schon nicht mehr um Forschung, es gibt Beweise mit bildgebenden Verfahren.

Ein Beispiel: Man hat Patienten mit verletztem Handgelenk medizinisch völlig einheitlich versorgt. Das Handgelenk wurde fixiert, sodass keine Beweglichkeit mehr möglich war. Eine Gruppe der Patienten wurde beauftragt, täglich mehrfach das Handgelenk in Gedanken locker, frei und in vollem Ausmaß zu bewegen, sich also vorzustellen, dass sich das Gelenk frei bewegt.

Der anderen Gruppe dieser Patienten wurde einfach nichts gesagt, nur dass der Gips in 6 Wochen wieder abgelegt werden kann.

Das Ergebnis war verblüffend: Die Gruppe der Patienten, die ihr Handgelenk täglich mental bewegten, waren nach der Gipsabnahme deutlich beweglicher in ihren Gelenken, hatten kaum Schmerzen, sogar die Muskulatur hat sich deutlich geringer abgebaut als in der Gruppe der Patienten, die nach üblichen Kriterien lebte.

Diese Forschungsergebnisse gibt es zuhauf. Eine gedankliche Unterstützung einer Handlung, selbst wenn ich sie nicht physisch ausübe, zeigt im Zielort eine Bewegung ähnlich der physischen Bewegung!

Wenn Sie sich vorstellen, die Gelenksflüssigkeit rinnt in den Gelenkspalt, wird dieser Vorgang grundlegend unterstützt.

Karpaltunnelsyndrom

Erste Anzeichen des sogenannten Karpaltunnelsyndroms sind Schmerzen und Gefühlsveränderungen am Daumen, Zeigefinger und Mittelfinger in unterschiedlichen Ausprägungen.

Oft erzählen die Menschen, es fühle sich immer wie eingeschlafene Finger an.

Nach einer Zeit des Ausprobierens gehen die Patienten zum Arzt.

Er erklärt, dass das Retinaculum, also das Ringband im Handgelenk, zu eng ist, dadurch entsteht Druck im Nv. Medianus, dieser Nerv versorgt hauptsächlich diese ersten drei Finger. Ursache schulmedizinisch unbekannt.

Nun wird besprochen, dass dieses Band operativ geöffnet werden kann, der Nerv dann wieder Platz hat und danach heilt alles wieder zusammen und die Sache ist vorbei. Nach einer Operation kann natürlich eine sofortige Besserung eintreten, weil der entsprechende Nerv nun wieder frei liegt.

Ist das Thema ausreichend beleuchtet und zufällig im Zeitrahmen mit der Operation geklärt, tritt eine Heilung sofort ein.

Jetzt überlegen wir einmal, was wir mit diesen drei Fingern: Daumen, Zeigefinger und Mittelfinger, alles machen. Diese Finger sind die feinfühligsten Stellen am ganzen Körper, nirgendwo anders im Körper sind so viele Sensibilitätswahrnehmungen und Beweglichkeit zu finden. Ich kann mit diesen drei Fingern kleinste Krümel aufnehmen, ein haardünnes Band festhalten, Geld aufnehmen, Würze einstreuen; und das alles bei sehr viel muskulärer Stärke.

Hier geht es um das Thema Fingerspitzengefühl und letztendlich auch um eine *heimliche Handlung, die eben ein Fingerspitzengefühl benötigt.*

Nach meiner Erfahrung geht es oft um das Thema Geld.

Vielleicht wurde etwas heimlich unterschrieben. Die Heimlichkeit ist das Gegenteil zur aktiven Handbewegung, die ich ausführe.

Die ersten drei Finger nach oben bedeuten: „Ich schwöre!"

Zeiträume, die einer längeren Tarnung bedürfen, wenn Geld-
angelegenheiten noch immer im Hintergrund heimlich vor sich
hinarbeiten.

Vielleicht laufen beispielsweise schon Bewerbungsgesprä-
che, welche Fingerspitzengefühl benötigen, weil der jetzige
Chef oder die Ehefrau das Geheime auf gar keinen Fall erfahren dürfen.

Heimlich schmuggele ich etwas am Amt vorbei oder habe
Angst, die Rente reicht hinten und vorn nicht aus.

Wie gesagt, es muss auch nicht das ganz große Ding und Ge-
heimnis sein, manchmal reicht schon ein kleiner Zoff, eine
Heimlichkeit mit der Freundin oder dem Nachbarn oder der
Kollegin aus.

Morbus Dupuytren

Die Welt ist eine Scheibe. Egal, wie weit ich eile, die Scheibe ist
halt riesengroß, vielleicht gekrümmt, aber dahinter ist die Welt
zu Ende. Kreative Pause bedeutet im Übrigen, alte Strukturen
und Denkmuster kurzzeitig loszulassen und zu vergessen.

Vielleicht für nur kurze Dauer, aber immerhin, der Anfang
ist die Hälfte des Weges.

Lassen wir alte Denkmuster in Bezug zu Krankheit und Gebrechen einmal los.

Dupuytren, benannt nach einem französischen Arzt, der diese
Erkrankung zum ersten Mal aufschrieb, ist eine Verhärtung des
Bindegewebes in der Hohlhand. Bindegewebe gibt Halt, Struktur und verbindet. Betroffen sind oftmals der kleine Finger oder
der Ringfinger. Selten ist der Zeigefinger beteiligt. Früher wurde das Krankheitsbild „Kutscherkrankheit" genannt, was die Sache auf den Punkt bringt. Ein Kutscher hält die Zügel fest und
zwar mit den letzten beiden Fingern.

Durch diese Bindegewebsverhärtung in der Innenhand krümmt sich in diesem Beispiel der Ringfinger und der kleine Finger und kann nicht mehr endgradig gesteckt werden. Die Hand hält also permanent die Zügel fest.

Vielleicht muss ich als Menschen, auch wenn mir das Herz blutet, der Realität in die Augen sehen und meine Kinder oder mein Geschäft loslassen. Sie gehen ihre Wege, stationieren sich im Ausland oder eben etwas entfernt von den sich sorgenden Eltern. Sie heiraten vielleicht einen Partner, den ich als Vater oder Mutter für ungeeignet empfinde, übernehmen die von mir aufgebaute Firma nun eben doch nicht, weil ein anderes Interesse geweckt wurde.

Meine Kinder streben vielleicht nach einem Beruf, den ich nicht für lohnenswert halte. Aber als Mutter oder Vater habe ich doch alles mir Mögliche getan, damit es meinem Kind gut geht. Nach meinen Vorstellungen natürlich. Der Patient sorgt sich: „Meine Erfahrung hat mich so viel gelehrt. Du liebes Kind solltest davon profitieren. Bitte, ich möchte dir so viel ersparen." Na ja, die lieben Kinderlein möchten aber gerne eigene Erfahrungen machen. Weggehen, eigene Wege suchen. Kinder sind Gäste, die nach dem Weg fragen. Und ganz tief drinnen, in uns, dem Vater oder der Mutter, sagt eine Stimme – nicht laut, aber oft und bestimmt: *Lass dieses Kind nicht los, es ist zu gefährlich"*; und somit spricht der Körper und verhärtet, hier mit der inneren Stimme des Bindegewebes die Kutscherfinger.

Die Hand lässt nicht locker, hält fest. Behält die Zügel noch immer straff, weil es einfach nicht anders geht. Der Kopf, unser Verstand, die Realität sagen mir, mein Kind ist stark, vielleicht stur, manchmal auch etwas stolz. Wenn mein Kind so zielstrebig seine Wege geht, wird das schon gut gehen. Der eigene Körper macht nun die Kompensation des Unausgesprochenen. Wir sind schlau, wissen, dass unsere Kinder weggehen dürfen und haben darum ein schlechtes Gewissen, überhaupt in Betracht gezogen zu haben, dass sie doch besser bleiben sollten.

Diesen Teil in unseren Sprösslingen bewundern wir. Dieses Selbstbewusstsein – und es kommt ein leichter Anflug von

Stolz. Ja, offensichtlich habe ich meinem Kind genug gegeben, nun zieht es in die Welt.

Ich habe meinem Kind das Rüstzeug gegeben für Mut, auch mal gefährliche Wege zu gehen. Jetzt kommt die Krux:

Warum bekommen nicht alle Väter oder seltener Mütter, deren Kinder sich losreißen, eine Dupuytren? Weil jeder Vater oder Mutter eine eigene Vorgeschichte mit eigenen Ahnen und deren Programmierungen hat.

Ist in der Ahnenreihe eines Elternteils eine Programmierung, dass das *Sich-Losreißen der Kinder sehr gefährlich ist*, eventuell tödlich ausgeht, gibt es da dieses Lämpchen. Ein „Halt-Stopp-Vorsicht"!

Nehmen wir einfach einmal folgende Geschichte an:

Ein Vater muss seinen Sohn loslassen, weil dieser einen Job im Ausland angeboten bekam. Er bekommt eine dupuytrensche Kontraktur.

Der Urgroßvater des Vaters hat sich mit vierzehn Jahren auf den Weg gemacht. Die Schreinerwerkstatt des Vaters konnte er nicht übernehmen, weil er das Quietschen der Sägen nicht hören konnte und außerdem eine Abscheu und Ungeschicklichkeit bei handwerklichen Arbeiten hatte. Außerdem haben damals Schreiner noch Bestatteraufgaben übernommen und die Werkstatt warf kaum genug Geld für die Familie ab. Somit zog der Sohn aus, um Held zu werden, ging in den Krieg. Trotz Bitten und Flehen des Vaters ging der Junge, um sich und allen anderen zu beweisen, wie stark und wertvoll er nun mit vierzehn Jahren ist, auf eigenen Beinen stehen und eigene Wege gehen kann. Der Sohn starb im Krieg.

Die Schwester vom Kriegshelden, Uropas Tochter, bekam all diesen Schmerz, diesen Selbstvorwurf, die Trauer der Eltern mit. Sie verinnerlicht jetzt *die Gefahr zu gehen* und programmiert es regelrecht im Körper ein und gibt diese Gefahrenwarnung an ihre Kinder weiter.

Es kann sogar sein, dass die übermächtig empfundene Trauer und die damit verbundene Veränderung des Vaters der kleinen kindlichen Schwester damals so nahe an ihr Herz ging, dass sie davon nie ihren Kindern erzählte.

Also offiziell existiert die Tragödie nicht. Aber als Schutzprogramm gibt das damals kleine Mädchen die *Warninformation* ihren Kindern weiter. Auch diese haben nun unausgesprochen ein Schutzprogramm an ihre Kinder weitergegeben. Bis eines Tages ein Vater, welcher in unserer Geschichte wieder vor der Situation steht, ein Kind ziehen lassen zu müssen, dieses mit einem Symptom lösen muss.

Nicht in den Krieg zieht sein Kind, sondern nur aus Reichweite. Für den Vater erscheint das unbewusst höchstgefährlich, denn man könnte dabei sterben. Auch er muss sein Kind ziehen lassen, und macht sich nun zum Schutz, damit das Herz nicht bricht, eine Kutscherkrankheit. Er weiß im Verstand, dass ein Umzug im Grunde ungefährlich ist, eine Bindegewebsverhärtung ist hier die unbewusste Lösung des Körpers.

Der Vater versucht die Zügel in der Hand zu behalten, um schnell die lange Leine zurückziehen zu können, zu stoppen, bevor es tödlich endet. Dieser Vater geht nun zum Arzt, meist zum Chirurgen, und erfährt dort, dass es sich um eine Bindegewebsverhärtung namens Dupuytren handelt, die meist „vererblich" ist.

Ja, ist operabel, kommt oft wieder. Da sage ich: „Ja, kommt oft wieder, und zwar so lange, bis einer über Ahnenarbeit die eingespeicherte Angst auflöst."

Durch Erkennen der Ursache dieser Erkrankung entfaltet sich der Vorteil, dass dieses Thema die eigenen Nachfahren nicht wiederholt abarbeiten müssen.

Schulmedizinisch vererblich heißt oftmals, dass diese Erkrankung beim Patienten oder bei den Eltern der Patienten ebenso sichtbar war. Damals ungelöst, heute ungelöst. Jetzt haben wir eine riesengroße Chance, Symptome mit ganz anderen Augen anzusehen. Schulmedizinisch gesehen ist dieses Symptom immer noch unheilbar, die Ursache ist „unbekannt" und wird operiert. Dazu müssen die Verhärtungen um die Beugesehnen herum abgetragen, abgeschabt werden. Danach wird der Finger in Streckung gebracht. Eine Garantie, dass die Verhärtung danach wegbleibt, gibt es nicht, denn die genaue Ursache weiß man universitär nicht. Außer dass sie in bestimmten Familien gehäuft vorkommt.

Nach der Operation kommt man mit etwas Glück zur Nachbehandlung zum Handtherapeuten, übt aktive und passive Streckung, appliziert Wärme. Schienen werden angepasst. Der Patient, Chirurg, die Therapeuten geben sich aus vollem Herzen große Mühe. Der Patient möchte gerne wieder gesunde Hände, der Chirurg ein perfektes Operationsergebnis, der Therapeut ein Wiedererreichen der manuellen Geschicklichkeit, aber, aber ...

Wenn das Programm nicht gelöst ist, kommt es oft zu erneuter Kontraktur, also Verhärtung; und das Ganze geht von vorne los. Falls wir aber aufdeckend arbeiten, also uns auf den Weg machen, die wirklichen Ursachen dieser Erkrankung zu suchen, auf die Stimme des Körpers zu hören, sind wir Menschen in der Lage, diese Programmierung sehenden Auges mit Herz und Verstand aufzulösen.

Unter der Voraussetzung, dass wir endlich akzeptieren, dass unser wundervoller Körper fähig ist, unsere innere Stimme über Symptome laut sprechen zu lassen, dann in den Dialog gehen, uns der damaligen Hoffnungslosigkeit noch einmal stellen und jetzt ganz bewusst die heutige Situation angemessen betrachten, sind wir in der Lage, Programme zu löschen, neu zu formulieren, Symptome loszulassen.

Die linke Schulter – ich bin eine unfähige Mutter oder Tochter

Eine Patientin kam zu mir, weil sie von jetzt auf gleich riesige Schmerzen in ihrer linken Schulter hatte. Es ging dem Schmerz nichts Mechanisches voraus. Das heißt, sie hatte weder etwas Schweres getragen noch sich verzerrt, kalten Luftzug bekommen oder sich irgendwie gestoßen. Für diese Frau kam der Schmerz völlig unerwartet und unverständlich. Sie konnte ihren linken Arm nicht mehr heben und abspreizen. Wir besprachen, was an diesem Tag passiert war. Vorausging dem Schulterschmerz folgende Situation:

Die Frau ist alleinerziehend, ihre Kinder sind inzwischen beide in einer Lehrausbildung. Am Tag, als der Schmerz begann, kam ein Anruf vom Lehrbetrieb des Sohnes. Es wurde formuliert: „Wir müssen Ihnen mitteilen, dass Ihrem Sohn gekündigt wird." Leider muss man sagen, dass vorher vom Lehrbetrieb keinerlei Informationen an die Frau gegeben wurden. Als Alleinerziehende wird eine Frau oft nicht recht ernst genommen. Nicht einmal ein Anruf, dass dieser Sohn nicht auf der Arbeit auftauchte. Er verließ zwar morgens mit Arbeitshosen das Haus, aber leider kam er in seiner Arbeit nicht an, weil er zu einem Kumpel ging, wie sie im Nachhinein erfuhr. Die Mutter ahnte also gar nichts. Und dann kam dieser Anruf: „Also, es tut uns leid, dieser Lehrvertrag kann von unserer Seite aus nicht aufrechterhalten werden; und zwar per sofort!"

Genau in diesem Augenblick entstand der *ausschlaggebende Schock* für diese Frau. Der Auslöser von „unbegründeten" linken Schulterschmerzen ist der Gedanke: *Ich bin als Mutter unfähig! Sonst hätte ich etwas merken müssen.'* Und was dachte diese Mutter in dem Augenblick? *Oje, ich habe versagt.'*

Sie erzählte mir: „Ich habe meine Kinder allein großgezogen und hatte wirklich nie richtig Zeit für beide, weil ich immer nur gearbeitet habe. Weil mein Sohn keinen Vater hatte, fehlte ihm sicherlich ein männliches Vorbild und vielleicht wäre da mehr Strenge angesagt gewesen." Diese Frau hatte leider in diesem

Moment nicht gedacht: ,*Hey, Mädel, das ist zwar sehr schade, aber ich habe einen tollen Sohn. Er ist gutmütig und ist ein wunderbarer Mensch geworden und auch du, liebe Mutter, hast allein dazu beigetragen. Du hast das immer ganz allein geschultert. Du hast Mann und Frau gespielt, du warst berufstätig, Mutter und Vater gleichzeitig, und du hast immer allein in die Schule gehen müssen, wenn irgendetwas war. Jegliches Problem konntest du nur mit dir oder einer Freundin klären. Ja, wenn sonst Kinder sagen: ,Dann geh ich halt zum Papa', ging dieser Ausweg bei uns nicht.'* Diese Frau musste jeden Streit und jede Auseinandersetzung mit ihren Kindern allein ausfechten. So, und dann kommt der Anruf, ihr Sohn wird entlassen, weil er „schlecht" ist.

Symptome sind mit einem schlechten Gewissen verbunden. Bei meiner Patientin kam bei diesem Schock zum Anruf das schlechte Gewissen – ,O Gott, ich habe als Mutter versagt! Komplett, ich habe versagt, ich *bin es nicht wert, tolle Kinder zu haben*, ich glaube, ich habe alles falsch gemacht.' Fünf Minuten später konnte sie den Arm nicht mehr heben. Von jetzt auf gleich. Wie gesagt, es war keine Zeit, sich zu stoßen, sich anzurennen oder irgendetwas Schmerzauslösendes zu veranstalten.

Die gute Nachricht dabei ist: In dem Moment, wenn wir den wirklichen Auslöser der Schmerzen aufklären, verändert sich der Schmerz. Klick, klick, klick; und dem Mensch Mutter ist bewusst geworden, dass hier ein extrem schlechtes Gewissen festhing. Wir konnten klären, dass die Gewissensbisse unnötig sind. Mädel, sei stolz auf dich, du hast das alles prima gemacht und dieser Lehrbetrieb hat für dich und deinen Sohn unfair gehandelt, dieser Chef hätte dich vorher informieren müssen. Wenn ein Vater im Spiel gewesen wäre, hätte man diesen Mann vermutlich angerufen. Eine Alleinerziehende wird da eher nicht so ganz ernst genommen und man klärt die Angelegenheiten sozusagen unter Männern.

Deine Schulter kann deine Zweifel sichtbar machen. *Mit einer lahmen Schulter kannst du dich nicht melden und den Arm strecken, um deinen Standpunkt deutlich zu äußern.* Du traust dir nicht zu, dem Lehrbetrieb die Meinung zu geigen und die Unterlassung, dich zu informieren, zu kritisieren. Du warst *nur still*, enttäuscht und schockiert.

Dein Körper weist dich darauf hin, dass das Fass am Überlaufen ist und dieses Thema jetzt noch einmal deutlich gemacht werden muss. Du kannst *nicht mit Bergen von Zweifeln weiter schweigen*, es ist an der Zeit, deine Gewissensbisse neu zu beleuchten. Jetzt darfst du aufräumen und kannst stolz auf dich sein. Wir machen alle Fehler. Keiner von uns ist perfekt und jede Mutter – ob mit oder ohne Mann, Vater, Opa –, jeder macht Fehler. Erziehung ist Versuch und Irrtum und das ist okay, denn die Kinder haben ihre eigenen Aufgaben in dieser Welt. Da sind wir wieder beim Thema Loslassen, wieder beim Thema: Jeder hat seine eigene Lebensaufgabe; und die Lebensaufgabe beinhaltet auch bestimmte Umwege und verschiedene Rückschläge. Der Körper sagt, wenn es unerträglich wird: „Hallo, wir müssen reden, du kommst gerade ein bisschen vom Weg ab, du zweifelst zu sehr!"

Der Körper reagiert physiologisch darauf. Das Symptom ist also nicht eingeredet, sondern körperlich als überwältigende Verspannung sichtbar und vorhanden. Somit haben wir diese Schulter mit funktionellen Übungen ausbalanciert und gelockert und eine Wärmesalbe aufgetragen. Auch das Thema, Wärme und Hilfe annehmen zu dürfen, ist miteinzubeziehen. Am nächsten Tag waren die Schulterschmerzen weg.

Für die Mutter war nun ganz wichtig, dem Jungen die Verantwortung für seine Bummelei zu übertragen. Alleinerziehende neigen zu übertriebenen Schuldgefühlen und damit kompensierter Überfürsorge.

Ich konnte dieser Mutter eine Erleichterung schaffen, indem wir das Familienleben ansehen und feststellen konnten, dass sie wirklich übernatürliche Kräfte mobilisierte, damit es den Kindern gut geht. Sie musste arbeiten, hatte wenig Zeit, aber die Kinder waren in einer friedlichen Atmosphäre aufgewachsen. Das Leben ist eben manchmal nicht so leicht, aber sie ist eine fähige und gute Mutter und unter jedem Dach gibt es ein Ach, keine Sorge, nimm das jetzt nicht so ganz persönlich.

Als der Mutter ihre ewigen Schuldgefühle selbst bewusst waren und sie gleichzeitig ihre Kraft und den Mut gesehen hatte – immerhin hat diese Mutter ihre Kinder vor einem schlagenden Vater geschützt –, konnte sie sich auch im physischen Körper locker machen.

Der Hinweis des Körpers war so zu verstehen: Die ewigen Vorwürfe sich selbst gegenüber, die Schuldgefühle und *ihr eigenes Sichkleinmachen* waren das Thema.

Der Körper hört alles, auch ein Telefonat;-)

Die ersten drei Buchstaben von Mutter sind MUT.

Ein anderes Beispiel ist eine Patientin mit Schmerzen in der linken Schulter, weil sie ein schlechtes Gewissen gegenüber ihrer kranken Mutter hat.

Sie pflegte ihre Mutter einige Jahre zu Hause. Zusätzlich zum Beruf, der eigenen Familie und der Unterstützung ihres Vaters, wurde diese Pflege auf Dauer immer zermürbender.

Als sich der Gesundheitszustand der Mutter so weit verschlechterte, dass diese in ein Krankenhaus eingeliefert werden musste, war die Patientin zumindest teilweise entlastet. Dann starb die Mutter in der Klinik und ihre Tochter bekam schlimme Schmerzen in der Schulter.

Wir kennen das Gefühl, über längere Zeit einen schweren Rucksack tragen zu müssen, vielleicht bei einer Wanderung. Solange wir wandern, ist der Schmerz durch Ablenkung erträglich. Erst wenn wir den Rucksack abnehmen, beginnen die Schultern und der Nacken mehr zu schmerzen. So ist das bei einem Ende des Konfliktes auch. Die Tochter hatte ein übergroßes schlechtes Gewissen gegenüber der inzwischen verstorbenen Mutter und fragte sich immerzu, ob es nicht besser gewesen wäre, wenn sie die Mutter weiter zu Hause gepflegt hätte. So ist der „Rucksack Mutter" zwar weg. Die Patientin hat jetzt endlich wieder einmal Zeit für sich selbst, aber die Gewissensbisse machen nun der Patientin große Herzschmerzen, eben Schulterschmerzen.

Wie gesagt, sobald ich das Thema meiner Schmerzen erkenne, kann die Heilung viel schneller verlaufen und ich muss nicht sinnlos auf meinen Körper schimpfen und an die Diagnose „unheilbar" glauben.

Die rechte Schulter: Das schlechte Gewissen:
Ich bin ein schlechter Sohn oder Partner

Die rechte Schulter schmerzt zum Zeichen, dass ich ein schlechtes Gewissen habe mit dem Hintergedanken: *„Ich kümmere mich unzureichend als Kind, Vater oder Partner meiner Familie gegenüber."*

Wir leben in einer Zwischenzeit. Einerseits werden wir dazu angehalten, fleißig, anständig, gutmütig und finanziell abgesichert zu sein, auf der anderen Seite stehen freilich die hohen Familienwerte in Kopf und Körper. Wir möchten lieb mit den Eltern und Kindern sein, Tiere und Natur schützen, liebevolle Nachbarschaft erreichen, gleichzeitig Haus und Hof in gepflegtem Zustand erhalten. Wie aber bekommen wir das in der Schnelligkeit hin? Beruflich sind wir zeitlich an einen Ort gebunden, der Chef fordert natürlich volle Leistung, einkaufen kann ich bis spätabends. Viele von uns laufen ständig mit *einem schlechten Gewissen herum, nicht genügend zu sein. Schulterschmerzen sind schon eine Volkskrankheit.*

Ein Patient kam also mit starken Schulterschmerzen rechts, die seit ca. drei Monaten anhielten, zu mir. Vorausgegangen war dem Schmerz ein Sturz, viel einseitig betriebener Sport, einseitig belastende Arbeit. Alles gut, die betroffene Muskulatur und Sehnenschmerzen sind schnell bestimmt und werden behandelt.

Auf die Frage, ob sich der Mann denn vorstellen kann, dass er manchmal heimlich denkt: ,*Ich bin ein schlechter Sohn',* kommt prompt die Ursachen-Antwortgeschichte dazu.

Wie bei vielen Familien wohnen beide Generationen ziemlich weit auseinander, somit ist eine Pflege der Mutter, die inzwischen allein lebt, nicht wirklich praktisch umsetzbar.

Man versucht alles auszuloten, letztlich endet das Ganze damit, dass die Mutter sicherlich in einem Altenheim untergebracht werden muss. Im Volksmund heißt das dann „abgeschoben" und das macht die Sache zum Dilemma. Einerseits hofft man auf Gelegenheiten, in denen wieder mehrere Generationen unter einem Dach leben können. In unseren Wünschen hört Großmutter den Kindern zu und umgekehrt, sie macht Marmelade und ein klein wenig Garten. Anderseits kümmert sich die nächste und übernächste Generation um die schwereren Dinge, organisiert, repariert, pflegt und fährt die Oma bei Bedarf zur Stadt. Zum Arzt müsste sie gar nicht so häufig, denn sie hätte genug zu tun, Anerkennung und Liebe bekommt sie; und das erübrigt Arztbesuche. In unserer Leistungsgesellschaft ist das kaum mehr umsetzbar.

Stellen wir uns vor, welche Bewegung wir ausführen, wenn wir als Kinder Liebe brauchen und hochgenommen werden wollen. Wir heben die Ärmchen hoch zum Zeichen: Mama, nimm mich bitte hoch; oft noch mit Worten wie uppedie oder Ähnlichem unterstrichen. Wenn wir Glück oder eine gute Mutter haben, tut sie das auch, nimmt uns hoch und macht eben mit einer Hand die Arbeit weiter.

Zurück zur Armbewegung. Wenn Menschen beschreiben, ihnen tue die Schulter weh, ist das eben mit *Arm-hoch-Bewegung* verbunden, zumal die Schulter eine hochkomplizierte und durchdachte Struktur aufweist. Wir wollen auf das Bewegungsziel ein Augenmerk legen, somit können wir unseren Körper besser verstehen. Unser Körper hat als Kind gelernt, Worte, Gesten und Bewegungen einzusetzen. Da war von Armbewegen keine Rede; und unsere Körper reagiert wie ein Kind. Wenn Sie also Schmerzen beim Armhochbewegen verspüren, wäre es eine Möglichkeit nachzuforschen, *wem ich gerade meine Arme entgegenstrecken möchte und dabei ein schlechtes Gewissen bekomme, weil ich glaube, es nicht verdient zu haben.* Oder aber ich glaube, ich habe meinen Bonus schon ausgegeben und *kein Recht auf Liebe*, was eben das schlechte Gewissen auslöst und damit Schmerzen im entsprechenden Gelenk oder der zugehörigen Struktur verursacht.

Mein Körper reagiert auf schlechtes Gewissen sofort.

In diesem Zusammenhang möchte ich gleich einmal einflechten, dass ich es lustig finde, wenn von Transformation gesprochen wird. Das versteht unser Körper nicht, deshalb funktioniert es auch selten körperlich. Nenne es einfach Umwandlung, das versteht unser Körper.

Ein anderes Beispiel für die rechte Schulter:

Wie oben beschrieben dreht sich die Schmerz-Symptomatik in der rechten Schulter oft um das Gefühl, ich sei ein schlechter Sohn.

Ein Patient schildert mir seine Schulter- und Armschmerzen auf seiner rechten Seite. Irgendwie ist bald klar, dass zu seinen Eltern ein ausgewogenes Verhältnis besteht und ich bin ehrlich gesagt eine Weile ratlos, weil mich das wundert.

Schon im Erstgespräch erzählt mir der Mann, er sei viel beschäftigt und leite für eine kirchliche Einrichtung ein Projekt, um Ferienhäuser für diese Gemeinde zu restaurieren. Gemeinsam mit anderen repariert er, malt und verlegt neue Fußböden. Während der Arbeit und auch danach hat er keine Schmerzen, nur eben manchmal nachts. Das klang alles ziemlich merkwürdig und einige Zeit kamen wir nicht recht weiter.

In einer Sitzung aber erzählt er ganz nebenbei, dass die *Missionsarbeit* zuweilen nicht fruchtet und manche Menschen wären doch ziemlich resistent *gegenüber dem Wort Gottes, dem Vater.*

Hier wurde mir klar, dass dieser Mann *sich vor allem als Sohn Gottes* identifiziert und bei jeder vermeintlichen Niederlage, einem anderen Menschen das Wort Gottes nicht nahe genug bringen zu können, fühlte er sich als *Versager dem sogenannten Vater gegenüber.* Leider konnte dieser Patient diese Ansicht nicht mit mir teilen, hier steht der Glaube, dass allein Gott alles richten kann, im Vordergrund.

Der rechte Ellenbogen: Verteidigung der eigenen Position, Wegstoßen und Heranziehen

Der rechte Ellenbogen verteidigt die eigene Position, ich stoße den anderen einfach sachte von mir weg oder ziehe jemanden zu mir.

Mein Patient klagt über plötzliche Schmerzen im rechten Ellenbogen. Weil er derzeit zur Behandlung des kleinen Fingers regelmäßig zu mir kommt, haben wir zunächst den Verdacht, dass der Ursprung der Kleinfinger-Muskulatur im Unterarm aufgrund der Fehlstellung überlastet ist. Ich fühle mich durch die entsprechende Muskulatur und stelle fest, dass der Schmerz hierfür an der falschen Stelle lokalisiert ist.

Also erzählt er mir vom Tag des Beginnes der Schmerzen und es ergab sich folgendes Szenario.

Mein Patient ist ein sehr bekannter Buchautor. Durch verschieden Zufälle kommt ein gemeinsames Treffen von verschiedenen Schauspielern zustande und man beschließt, gemeinsam ein Stück zu entwerfen und eine Bühnenaufführung zu organisieren. Die Vorfreude ist auf allen Seiten groß, mein Patient, als Autor, schreibt ein schönes Stück und trägt diesen Entwurf beim nächsten Treffen vor. Alle sind begeistert, nur ein Schauspieler fühlt sich in der Rollenverteilung benachteiligt. Weil dieser Schauspieler bekannt und für Werbezwecke wichtig ist, knicken die Kollegen ein und schlagen vor, doch ein anderes Schauspiel aufzuführen und den Entwurf des Autors zu ändern.

Eigentlich waren alle Beteiligten etwas traurig über den Verlauf. Wenn aber dieser eine wichtige Schauspieler nicht richtig mitziehen kann, ist das nachteilig für alle.

Gesagt, getan, es wird der Entwurf meines Patienten verworfen und damit liegt eine gewisse Spannung in der Luft. Meinem Patienten macht das eigentlich wenig aus, er hat immer Verwendung für seine Entwürfe; und doch sagt der Körper: „He, hier hätte ich für mich und alle anderen auch einmal *meinen Ellenbogen einsetzen* und auf die Mehrzahl der zufriedenen Mitspieler hinweisen müssen."

Wie in Menschenkreisen üblich, wird nun verhandelt und geändert und gebogen, bis es passt. Für den Körper aber gilt nur die logische Aktivität, der Körper macht sich schon einmal bereit für *den Schups gegen den vermeintlichen Konkurrenten*. Er baut sich eine Verhärtung im Ellenbogen, damit ist bei einem Kick *der Knochen des Ellenbogens geschützter,* so als hätten wir einen Ellenbogenschützer aus Neopren an, wie wir ihn zum Rollschuhlaufen tragen. Der Körper macht das ganz von selbst für uns. Weil der Ellenbogen indessen nicht zum Einsatz kommt, innerlich der Körper aber schon auf Position gegangen ist, eine leichte Verhärtung der Muskulatur und des Bindegewebes vorbereitet wurde, fühlt der Mensch nun den Schmerz der Verhärtung. Ein inneres Gefühl von: ,*Hätte ich nur einmal meinen Ellenbogen konsequent in Einsatz gebracht, meine Position verteidigt*', bleibt im Körper sozusagen hängen.

Erkenne ich nun die Zusammenhänge nicht, achte nur auf den Schmerz, ohne die Botschaft des Körpers auch nur zu erahnen, geschweige denn abzufragen, kann sich der Ellenbogenschmerz einnisten. Mit etwas Pech wird dann ein sogenannter Tennisellenbogen oder auch eine Bursitis diagnostiziert, eine Bandage verpasst und Spritzen gegeben. Das kann alles hilfreich sein, das Thema bleibt dann aber erhalten und bei nächster Gelegenheit, wenn ich meine Position aus lauter Nettigkeit wieder nicht markiere, kann es zu erneuten Ellenbogenschmerzen führen.

Die Lösung ist wie immer simpel, ich darf auf mein Thema mit meiner *Anpassungsfähigkeit* aufmerksam werden. Darf mir überlegen, wann ich auch einmal verbal schupsen darf, in freundlicher und entspannter Situation. Denn wie wir wissen, beruhen solche Situationen immer auf einer längeren Lebensgeschichte, so lange, bis der Körper verlauten lässt: „Hör mal, jetzt reicht es, ich bin gern nett und freundlich und ich darf auch einmal sagen, wenn ich mir selbst gerade sehr wichtig bin, wenn meine Bedürfnisse gerade überrollt werden, wenn mein Areal überschritten wird. Und ja, wir dürfen auch einmal egoistisch sein und unsere Wünsche äußern." Heutzutage wird Eigeninteresse wie der Teufel verpönt. Leider wird vergessen, dass wir hier auf Erden in der Polarität leben. Angemessener Egoismus ist in gesundem Maß eine Selbstbehauptung und sollte besser auch so genannt werden, denn Selbstschutz ist lebensnotwendig. Solange ich niemandem schade, ist eine *Selbstbehauptung wichtig*, der Körper benötigt unseren Schutz, er ist unser Zuhause. Interessanterweise schützen wir unser Haus oft besser und vor allem kostenintensiver als unseren Körper.

Wenn der Schornsteinfeger ins Haus kommt, berappen wir gleich einmal für 15 Minuten eine hübsche Stange Geld, wenn aber eine Massage, die unserem Körperhaus richtig wohltut nicht von der Kasse übernommen wird, dann setzen wir den Geldwert nicht gleich.

Die Wirbelsäule – die Würdesäule

Schon die Bezeichnung „Säule" ist leider irreführend. Bei anatomischen Modellen aus Plastik geformt, entsteht der Eindruck, dass es sich hier tatsächlich um eine stabile Konstruktion handelt. Einzelne Bausteine, sprich die Wirbelkörper, sind übereinandergestapelt, dazwischen kleine Gummipuffer, die Bandscheiben und zum unteren Ende hin wird das ganze etwas breiter in Form des Steißbeines. Die Wirbelkörper können sich unabhängig voneinander bewegen, es ist kein Stab, wie das Wort Säule impliziert.

Die säulenartige Vorlage bringt uns zur Annahme, dass diese Wirbelsäule ziemlich unbeweglich scheint. Mit genauerem Blick erkennen wir aber, dass es hier vor lauter Gelenken nur so wimmelt. Wir können uns verbiegen, dehnen, zur Seite neigen, krümmen und in unterschiedlichen Abschnitten dieser „Säule" mit der dazugehörigen Muskulatur unterschiedlich verspannen.

Die sogenannte Rückenschule ist ein gravierendes Beispiel für den falsch verstandenen Einsatz dieser Körperregion. Beim Heben von schweren Lasten soll nach Vorbild dieser Schule diese Säule ganz gerade gehalten werden. Um trotzdem noch an den am Boden stehenden Bierkasten zu gelangen, sollen wir nun in die Hocke gehen und aus den Knien heraus die Last nach oben bringen. Diese Technik überlastet die Kniegelenke. Erfreulicherweise kommen zunehmend mehr Therapeuten auf die Idee, dass dieses Training dem körperlichen Aufbau völlig widerspricht. Das sogenannte rückenschonende Heben kann man komplett als Unsinn definieren, die Videos zum richtigen Heben komplett als praktische Darstellungen hernehmen mit dem Titel: „So nicht!"

Beim Heben und Bewegen ist unser Körper gar nicht auf Steifheit ausgerichtet. Jeder Zentimeter darf sich an unterschiedlichste Bewegungsmöglichkeiten anpassen und sie vor allem nutzen. Lasten sollten zwar nah am Körper, aber doch in weicher Bewegung angehoben werden.

Eine Skoliose entsteht nicht aus heiterem Himmel. Unsere Wirbelsäule benötigen wir, um aufrecht stehen zu können, aufrichtig sein zu können, um gerade im Leben zu stehen, um mich bei Bedarf wenden und krümmen zu können, mich anzupassen, um mich jemandem zuzuneigen. Wenn ich mich zu sehr *auf eine Sache versteife*, entstehen schon einmal Rückenschmerzen und später *eine Skoliose*.

Ist die Wirbelsäule und damit der Rumpf einmal in die eine, dann in die andere Richtung seitlich gekrümmt, lässt dies darauf schließen, dass das Kind einen Konflikt ins Körperliche verdrückt hat.

Bei einer Skoliose zieht die Neigung zur Mutter oder zum Vater. Bei Ehestreitigkeiten denkt ein Kind immer, es muss beide wieder zusammenführen. Fühlt sich zu einem Elternteil mehr hingezogen und möchte alles recht machen. Es muss sich verbiegen, um es beiden Elternteilen vermeintlich zu ermöglichen, sich wieder lieben zu können. Das macht sich zunächst in der Rückenmuskulatur und den Bändern bemerkbar. Eine Seite ist straffer als die andere, so lange, bis die Wirbelstrukturen dem Zug der Verspannung nachgeben müssen. Das Kind empfindet einen inneren Zug. In meiner Praxis haben Patienten mit einer Skoliose immer zerstrittene Eltern, die ihren Zank eher heimlich diffus ausleben.

Stellen wir uns eine Perlenkette vor, ein Ende oben, eines unten. Ziehen wir nun seitlich an dieser Kette, ist der Verlauf nicht mehr gerade, obwohl die Perlenkette noch zusammenhängt. Wirbel sind in ihrer Struktur genau dafür angelegt, sich dem Leben anzupassen, wir stehen aufrecht oder eben nicht. Ein junger Körper passt sich relativ schnell dem Zug der Muskulatur an. Zieht es das Kind immerzu mehr zur Mutter (nach links) oder mehr zum Vater (nach rechts), verspannt sich die Muskulatur und die Wirbelsäule gibt nach. Ein Mensch mit einem nach vorn gekrümmten Rücken sollte sich einmal die Frage stellen, wann und wo er denn ständig buckeln musste, es aber nicht zugeben darf, möchte und kann. So funktioniert das. Unser Körper weiß nicht, dass wir eine Veränderung der Wirbelsäule als falsch bezeichnen, er weiß nicht, dass wir darin einen Fehler erkennen und die Wirbelsäule im Anatomieatlas als steife Säule abgebildet ist. Dass wir eine Veränderung und Anpassung als Fehl- oder sogar Missbildung benennen. Die Einteilung in Falsch und Richtig, die Be-Urteilung ist uns anerzogen, wir haben verlernt, nach dem Sinn einer Veränderung zu suchen.

Wenn wir uns schminken, ist das eine gewollte, bewusste Veränderung unseres Aussehens. Die äußere Hülle strukturieren wir nach unseren Bedürfnissen, wie es unserem Herz oder unserem inneren Wunsch entspricht. Wenn wir eine innerliche Veränderung, Anpassung an die Gegebenheiten im jetzigen Leben vollbringen, ist das dann plötzlich krank oder schicksalhaft. Wenn wir müde sind, gähnen wir, um die Sauerstoffzufuhr zu erhöhen, wenn die Blase voll ist, gehen wir sie entleeren, wenn wir hungrig sind, essen wir, ohne uns Gedanken darüber zu machen, dass diese körperlichen Bedürfnisse vielleicht Fehlbildungen des Körpers sind. Diese Hinweise unseres Körpers verstehen wir sofort richtig, reagieren darauf und finden es völlig normal; denn das ist ein Drang im Körper. Sind wir müde, gehen wir uns ausruhen oder versuchen einen Aufschub mit Kaffee, frischer Luft oder Pause.

Nur wenn unsere knöchernen Strukturen, die Bänder oder inneren Organe etwas benötigen, bezeichnen wir dieses als krank. Wir sind hier unbeholfen und geben die Verantwortung an andere ab.

Zunächst geben wir uns in die Hände anderer Geschulter und der Technik, dann erstellen wir eine Diagnose über die Veränderung und benennen es freilich sofort als krankhaft. Zu selten wird derzeit noch nach dem Sinn dieser Veränderung geforscht und das jetzige Leben mit dem Symptom in Verbindung gebracht, beziehungsweise dann auch noch angesprochen und sogar die Schönheit vom Symptom erkannt und dem Wert der Erkrankung Be-Achtung geschenkt.

Unser Körper wäre doch völlig ver-rückt, wenn er sich eine Säule als Mittellinie veranlagt hätte. Wir sind dafür konstruiert, zu kriechen, uns zu beugen und strecken, uns zu lümmeln, an verschiedenste Untergründe und Höhen anzupassen, an Unebenheiten, an Schrägen. Wir sind dafür geeignet, große Gewichte zu tragen und unseren Körper dafür komplett zu benutzen. Das heißt nicht, einen Teil des Körpers zu versteifen, denn die Last beim Tragen wird damit hauptsächlich auf die Knie verlagert, diese wiederum sind für die Übernahme großer Kräfte nicht geeignet. Beim Tragen benötigen wir also die komplette Anpassung des gesamten Körpers. Wir benötigen unsere Hände, Arme, Beine, den richtigen Schwung oder Anlauf und die Anpassung des Körperteams an die Größe und das Gewicht der Last.

Unsere Wirbelsäule gibt uns Haltung und genau dabei sind wir am Punkt. Beobachten wir die *Haltung des Menschen im Leben* und betrachten wir die *Körperhaltung*, kommen uns sofort Assoziationen. Eine eher krumme Haltung lässt nun nicht gleich auf einen krummen Hund schließen, aber eine Unterdrückung von außen ist nicht nur naheliegend, sondern bei Nachfragen immer die häufigste Lebenssituation der Person. Es ist nur schwer möglich, einen aufrecht und elegant stehenden Menschen mit untertäniger Haltung in Verbindung zu bringen. Machen sie sich einmal ganz gerade, aufrecht und stellen sich vor, sie hätten einen Faden am Scheitelpunkt, welcher Sie nach oben zieht, und betrachten Sie sich im Spiegel. Wie wirken Sie und wie fühlen sie sich in einer aufrechten gestreckten Positur? Beobachten Sie gleichzeitig, was dabei mit ihrem Gesicht passiert. Wie von selbst verändert sich gleichzeitig auch ihre Mimik, Sie wirken majestätischer, ausgeglichener. Es hängt eben doch alles miteinander zusammen. Im Gegensatz dazu versuchen Sie eine gebückte krumme Haltung vor dem Spiegel und betrachten Sie gleichzeitig, was mit Ihrem Gesicht passiert, die Gesichtszüge verändern sich mit der Haltung der *Würde-Säule*.

Die Wirbelkette kennzeichnet unsere Haltung zum Leben, aber nicht, weil es eben so ist, sondern weil sich unser Körper den Gegebenheiten anpasst. Mein geliebtes WOZU hilft uns, besser zu verstehen. Ist meine Lebenshaltung, mein Umfeld, meine Familie eher dahingehend strukturiert, dass es besser ist, mich kleiner zu machen, als ich bin? Passt sich mein Körper mir an? Kinder haben im Übrigen ein langes Durchhaltevermögen, bevor sie sich endgültig körperlich an die Gegebenheiten im Umfeld anpassen. Wir sehen selten krumme kleine Kinder, sie sind noch im Hier und Jetzt und im gnadenlosen Herzzustand. Erst mit viel Kraft und Demütigung von außen bekommen sie erste körperliche Sichtbarkeiten, beginnend mit der ersten Pubertät im Alter von 7–8 Jahren verändern Kinder ihre Körperhaltung merklich. Ob das wohl auch an der schulischen ständigen Bewertung und häufiger Demütigung in Zusammenhang steht, wage ich zu bestätigen. Natürlich ist es für unsere Gesellschaft leichter, daran zu glauben, krumme Haltungen von Kindern lägen am schweren Gepäck des Schulranzens. Es wird gebastelt und gefummelt und es gibt Ideen, die Bücher in der Schule zu belassen. Interessanterweise passiert aber nichts Durchgreifendes, es gibt täglich neue Ausreden, warum denn die Kinder so schwere Ranzen tragen müssen. Also für mich ist die beste Idee, das ganze Schulsystem grundlegend zu ändern, dann bräuchten wir nicht so viel intellektuellen Aufschrieb zur Kompensation der Unmenschlichkeit und Anpassungsfähigkeit.

Die gute Nachricht ist wie immer: Wir können unseren Körper beeinflussen, nichts ist endgültig, wie wir das leider gelernt haben. Frage ich nach dem Grund einer körperlichen Veränderung, kann ich gezielt damit arbeiten.

Wozu benötige ich eine Krümmung in welche Richtung auch immer? Zur Verbesserung meiner Überlebensstrategie. Wozu benötige ich einen Katzenbuckel? Gibt mir das die Möglichkeit, damit besseren Schutz vor Angriffen zu installieren? Wie gesagt, unser Körper reagiert wie ein kleines Tierkind, es muss mit dem Rudel mitziehen können, sonst kommt es um. Macht sich ein Tierkind also besonders klein, hat es wohl bereits erkannt, dass die anderen Rudelmitglieder das Sagen haben und es geschickter ist, sich dem Gefüge unterzuordnen. Hauptsache, mithalten können ist die Devise.

Wir Menschlein möchten nicht verloren gehen, darum passen wir uns an wie ein Chamäleon.

Ebenso gut können wir aber unsere Haltung an unsere Wünsche anpassen, denn eine andere Ein-Stellung, ein anderes Tuning verändert unsere Ausstrahlung und somit kommen wir unserem Gegenüber ganz anders entgegen.

Passt die Situation im Umfeld also nicht zu meinem eigentlichen Naturell, wird sich mein Körper mir zuliebe ans Umfeld anpassen, um mithalten zu können. Wir wollen dazugehören, anerkannt werden, ja sogar gewürdigt werden. Zuweilen braucht es dazu ein Kleinmachen, ein Krummmachen, ein Steifmachen.

Im Sport wird oft gelehrt, die Grundhaltung wäre mit gebeugten Knien und Becken nach vorn gekippt. Ist doch komisch, dass diese Haltung, die ja nun angeblich so stabil ist, erst einmal mühsam erlernt werden muss. Alle Anfänger müssen das ernsthaft üben, der Trainer sagt, das wäre gut so, unser Körper sagt: Komisches Gefühl, aber wir sind gewohnt, zu gehorchen und zu machen, was der Chef sagt, also üben wir, bis auch uns irgendwie gelingt, diese Körperhaltung als richtig zu empfinden. Dabei stehen wir mit durchgestreckten Kniegelenken viel stabiler.

Hochachtungsvoll ist hierzu mein Vergleich. Eine aufrechte Haltung mit Entenschwänzchen strahlt gelassene Würde aus.

Mit Würde wird es allerdings in unseren Kreisen zunehmend kritisch. Wer schreibt beispielsweise noch den Abschiedsgruß: Hochachtungsvoll und Unterschrift. Diese Redewendung ist unserem Sprachgebrauch verloren gegangen. Beenden wir aber einmal einen Vertragsabschluss oder ein wichtiges Schreiben mit dem Wort Hochachtungsvoll, nimmt das sofort eine völlig andere Richtung ein. Mein Zuhörer oder Leser fühlt sich geschätzt und in Zeiten von „Hallo" und „Schönen Abend" in der E-Mail ist ein würdiger Gruß wieder eine schöne und wertvolle Bereicherung im Geschäftsleben und unserer eigenen Würde.

Haltungsschwäche

Eine Mutter rief hier in der Praxis an, ihr Junge, neun Jahre alt, hätte sicher eine Skoliose, Haltungsschwäche und Konzentrationsschwierigkeiten.

Die Schule hätte schon große Sorge. Im Erstgespräch erzählt mir die Mutter, ihr Sohn wäre zunächst auf einer normalen Grundschule gewesen, aber die ständige Tyrannei der Lehrer hätte zu massiven Familienstreitigkeiten geführt und, seit der Junge nun in der Walldorfschule sei, hätte sich zumindest der gesamte Familienfrieden wieder eingestellt. Alles wäre jetzt wieder viel ruhiger und entspannter. Hier liegt schon die Betonung in dem Wort Entspannung. Die ständige Mäkelei an unseren Kindern im Schulsystem macht Kinder krank. Zu Hause werden sie als selbstständige, selbstdenkende, geachtete Menschenkinder aufgezogen und unsere Systeme wachsen nicht mit. In der Schule gilt Anpassung.

Der Junge sitzt im Gespräch bei uns, wirkt gelangweilt, aber ich weiß, er ist ganz Ohr und hört genau zu, was wir sagen. Er verfolgt sehr genau, dass die Mutter alle die von Lehrern diagnostizierten Mängel benennt und sich gleichzeitig ständig auch dafür entschuldigt, dass sie mir das auch noch erzählt. Er weiß, dass die Mutter es gut meint und mit ihm nun zur Therapeutin geht, um es ihm leichter zu machen. Schließlich war Mutters Anfangssatz, sie hätte gehört, dass ich mit den Kindern irgendwie anders arbeite, nicht die normale Ergotherapie. Nein, behüte, ich versichere Mutter und Kind, dass wir hier nach den Ursachen, nicht nur nach Symptomen suchen. Die Ursache wusste ich schon im Telefonat, da hätte ich den Jungen gar nicht kennenlernen müssen. Die Mutter mäkelte am Sohn herum.

Na jedenfalls lümmelte der Junge im Stuhl und hörte zu, spielend, als ginge ihn das alles gar nichts an, wohl wissend, dass er gut beobachten muss, was jetzt passiert. Auch ich beobachtete ihn und musste innerlich und äußerlich schmunzeln, wie clever dieser Junge ist. Nach einer Weile des Mutterklagens erklärte ich zunächst, dass ihr Junge, so wie er ist, völlig normal sei, wie es nur normal sei, ein Kind zu sein. Natürlich lümmelt ein Neunjähriger im Stuhl, wenn sich die Alten über seine vermeintlichen Schwächen unterhalten, natürlich beamt er sich ab und zu im Unterricht weg, denkt, träumt, ist versonnen, möchte jetzt gern spielen, toben, laufen, an den See oder Fußballspielen. Natürlich bekommt er damit eben nicht immer alles im Unterricht mit, was nun gerade wichtig ist, zumal in diesem Alter genau dieser Filter noch nicht aktiviert ist, so nach dem Motto: Oh, jetzt ist es gerade wichtig, ich glaube, ich höre mal besser zu, danach kann ich wieder träumen. Es ist einfach so, dass Eltern, die ihre Kinder nicht zu reinem Gehorsam und Angepasstheiten erzogen haben, echt schwere Schuljahre vor sich haben. Jahre, in denen sie sehr stark sein müssen, den Lehrern erklären müssen, dass ihr Kind weder bösartig noch faul oder ungezogen ist. Das Kind passt nicht in das System, möge es bitte so bleiben. Diese Menschen sind unsere Zukunft und nach meiner Erfahrung die liebevollen, sozialen und manchmal lümmelnden Menschlein, die dann doch noch einem Älteren helfen, ein Tier nicht quälen, Entdeckungen machen. Ein angepasstes Kind schafft das nicht mehr.

Im Übrigen konnte ich auch organisch und strukturell keine Skoliose oder Muskelschwäche erkennen.

Wer sich mit dem Thema der Sitzhaltung näher befassen möchte, dem empfehle ich, über „Lunare und Solare" Menschentypen zu recherchieren.

Nackenverspannung:
Habachtstellung und ein würdevolles Auf-sich-Achten

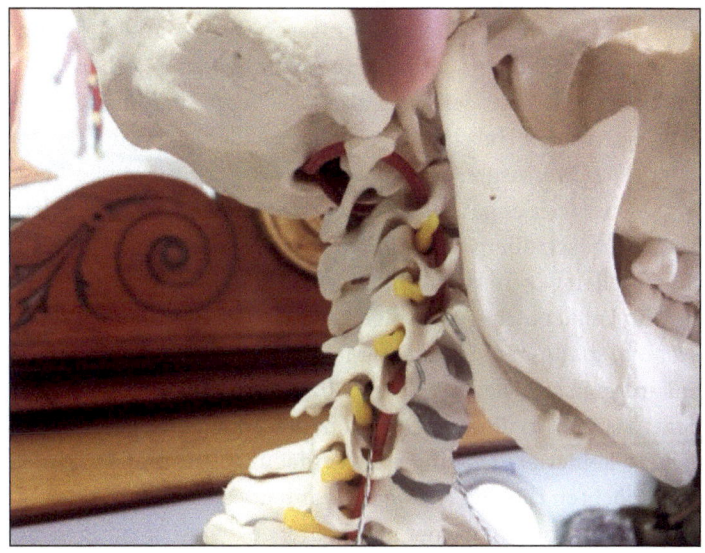

Halswirbelsäule

So sehen wir also mit nackigem Hals aus.

Unsere Halswirbelsäule ist gelenkig und schlichtweg der Übergang vom Kopf zum Körper.

Durch diesen Tunnel zwischen Hirn und Körper müssen alle Nervenbahnen zur Regulierung unseres Lebens. Drück ich dir den Hals zu, bist du weg vom Fenster. Mein Zeigefinger zeigt hier im Bild auf eine ganz besondere Stelle im Geschehen: Hier geht es eng zu. An dieser Stelle verläuft zwischen 1. und 2. Halswirbel neben der großen Arterie der Vagus-Nerv.

Wie im Gehirn-Teil des Buches beschrieben, ist dieser Hirnnerv für die Erholung und Regeneration unseres Körpers maßgeblich zuständig. Im Bild sehen wir, dass in dieser Region unser Unterkiefer dicht angrenzt.

Sind wir also im Kiefer verspannt, beißen wir ständig die Zähne zusammen oder *ziehen permanent den Kopf ein*, so wird der Nerv unentwegt und nachhaltig zusammengedrückt.

Die Folge ist dann eine Unterversorgung der Durchblutung in diesem Nerv. Die Regeneration unseres Körpers und der Schlaf sind gestört. Die Verdauung wird unzureichend reguliert.

Unser Ruhebefinden steht also auch in großer Abhängigkeit, wie wir unseren Hals halten, drehen, wenden, verkrampfen, lockerlassen, verbiegen oder einziehen.

Das ist wieder ganz einfach erklärbar. Wie wir wissen, lebte der Mensch über viele Millionen Jahre mit und in der Natur. Nun stellen wir uns das bildlich vor:

Ein Feind möchte uns fangen, wir werfen also *den Kopf in den Nacken*, spannen die gesamte Muskulatur an, und drücken damit unseren Nv. Vagus etwas ein. Ähnlich eines Sprintsportlers in Startposition. In diesem Moment der Flucht brauchen wir keinen Schlaf, keinerlei Erholung oder Verdauung. Wir rennen schnell und möchten fliehen. Haben wir dann unseren Schutz erreicht, lassen wir den Kopf wieder locker, drehen den Kopf ruhig in alle Richtungen und, schwupp, ist alles wieder für Regeneration frei.

In unserer heutigen Gesellschaft ziehen wir aber permanent den Kopf ein, beißen die Zähne aufeinander, verspannen den Kiefer. Wir fliehen, sind in Habachtstellung, fühlen uns schutzlos und befinden uns in Kampfposition, weil der Zeitmangel stets im Nacken hockt. Unsere Kollegen sind eher selten unser Schutzrudel, die Lehrer hacken auf unseren Kindern herum, die Miete steigt, der Arbeitsplatz ist zuweilen unsicher, selbst die Familie spricht ungenügend miteinander, das Erbe geht den Bach herunter. Unsere Existenz ist gefühlt fortwährend bedroht und unsicher. Somit sind wir stets in unterschwelliger Kampfstellung, ohne eine endgültige Entspannung in Form von absolutem Sicherheitsgefühl zu erreichen. Die Phase der Erleichterung ist also für unseren Körper gar nicht mehr spürbar, der Nacken bleibt verkrampft, die Schultern schmerzen.

Für den Kiefer gibt es Beißschienen, für den Nacken Massagen, für Kopfweh stehen Medikamente zur Auswahl.

Es sind auffällig mehr Frauen in meiner Praxis, welche über Kopfschmerzen, Nackenschmerzen, Schlafstörungen und Schwindelgefühle klagen und mit Beißschienen ausgerüstet sind. Wenn ich dann frage: „Wer oder was sitzt dir denn im Nacken? Wen oder was kannst du nicht abschütteln?", kommt meistens die Antwort: „Ja, ABER ..."

Meine lieben Leser, der Körper weist uns liebevoll auf den permanenten Fluchtmodus hin.

Natürlich können wir die Nackenschmerzen konservativ oder operativ oder mit Kieferbehandlungen bekämpfen. Der Auslöser bleibt aber erhalten und macht dann ein nächstes Symptom, bis wir gezwungen sind, zur Ruhe zu kommen. Wir können aber auch den Tatsachen ins Auge sehen und uns von Symptomen trennen, indem wir den *Auslöser abschütteln und uns Schutz suchen*, in Entspannung kommen.

Hier ist allerdings wieder eine Veränderung von konkreten Lebenssituationen notwendig; das macht mehr Arbeit, als eine Tablette einzuwerfen. Zugegeben, wir dürfen in der heutigen Zeit unter Druck leiden, aber es lohnt sich nicht, auf unserem Körper herumzuhacken und den Nacken zu verfluchen; dieser meint es nur gut mit uns. Wenn wir unseren Körper lieben lernen, seine sogenannten Macken als Überlebensstrategien verstehen lernen, dann haben wir einen echten und liebevollen Gesprächspartner. Der Körper allein kann die Situationen nicht auflösen, dazu braucht er unseren Kopf mit entsprechenden veränderten Lebensentwürfen. Unser strategisches Denken kann einen Wandel einleiten und ja, dazu braucht es Mut und Ehrlichkeit.

Im Sprachgebrauch ist der Nacken in etwa alles, was zwischen Kopf und Schulter liegt. Oft im Gespräch, weil er ja so vehement stechen kann. Heute sagte mir eine Patientin: „Also so geht das alles nicht weiter, ewig diese Nackenschmerzen. Die Tochter hätte es auch schon. Der Orthopäde hätte schon eingerenkt, was sehr plötzlich von hinten kam. Akupunktur helfe auch nicht und der Hausarzt verschreibe nur Rezepte." Die Patientin sitzt mir gegenüber, hochgezogene Schultern, obwohl beide Arme auf dem Tisch liegen. Während der Behandlung sprudelte es nur so aus ihr heraus. Dass die Arbeit zu viel ist, die Eltern pflegebedürftig, die jugendlichen Kinder anstrengend sind und der Ehemann ja auch nicht immer freimachen kann, um Unterstützung bieten zu können. Ihre Sitzposition erinnerte mich an eine Schildkröte, mit eingezogenem Kopf, der Rücken als Panzer ganz starr und fest. Man sieht ihren Hals nur von vorn. Von hinten sieht man wegen der Überstreckung der Halswirbelsäule und hochgezogener Schultern nur den Kopf und den Rücken. Der Ausspruch: Ich habe einen dicken Hals, wird beim Anblick dieser Frau fast schon zur Karikatur. Hat schon einmal jemand zu dir gesagt: „Du hast einen schönen Nacken"? Gratulation, wenn ja!

Stolze Frauen stecken gerne ihre langen Haare nackenfrei hoch. Das macht ihnen einen würdigen Anschein. „Ich zeige meinen Nacken, denn ich habe keine Angst." Machen Sie sich einen Spaß daraus, Menschen zu beobachten, vor allem Frauen. Welche Frauen tragen ihren Nacken zur Schau? Nach meiner langjährigen Erfahrung sind es Frauen, die genug Zeit für sich und ihre Bedürfnisse haben. Die sich die Würde nehmen, auch für sich zu sorgen. In diesem Zusammenhang ist auffällig, dass Männer weniger häufig an Nackenschmerzen leiden.

Es wurde den Herrschaften nicht über Jahrhunderte eingebläut, dass sie für ihre Lieben rundherum zu sorgen haben.

Was macht unser lieber Körper? Er passt sich an. Kopf einziehen, damit ich da irgendwie durchflutsche. Schultern hoch, um die Last besser stemmen zu können, Nacken weg. Vagus eingeklemmt. Meine Achtung ist jetzt zweitrangig, nicht so wichtig.

Wenn aber der Körper gesund und ausgeglichen sein möchte, es einfach eine zu große Belastung darstellt, sträubt er sich gegen diese Art der Anpassung und zeigt es mit Schmerzen. Da stellen sich die Nackenhaare.

Motto: „Hey, wo bin ich denn hier? Ich möchte geachtet sein! Ich bin es wert, als Mensch beachtet zu werden und nicht nur ausgenutzt, mir bricht das Herz, geht so nicht weiter und bevor das Herz bricht, mache ich mir dann doch lieber einen steifen Nacken."

Gymnastik oder Massagen helfen insofern schon, da sich die Frau oder der Mann jetzt um sich kümmert und verkündet: „Ich gehe einmal wöchentlich zur Massage. Bin nicht da, gebe die Kinder zur Betreuung bei Mutter oder Schwester. Brauche übrigens auch das Auto, denn ich muss wieder fit sein." Schade nur, wenn die Einstellung und der liebevolle Hinweis des Körpers sonst ignoriert werden.

Sinnvoll und schön wäre es doch, sich zu erlauben zuzuhören, was der Körper mitteilen möchte. Ja, ins Gespräch kommen mit sich und eine klare Antwort bekommen. Und ein klares Dankeschön an unseren Körper aussprechen. Sich selbst mit den Worten Achtung, Ehre, Selbstwert auseinanderzusetzen, hilft gegen Nackenschmerzen.

Allerdings in aller Ehrlichkeit und Würde zu sich selbst. Sicherlich muss ich nicht alle Verantwortung über Bord werfen, da helfen schon kleine Änderungen im Alltag. Vielleicht ein kleiner Spruch am Spiegel oder Monitor: „Ich achte auf mich."

„Danke, mein schöner Körper, dass du mich aufmerksam machst." Im Zeichen der Dankbarkeit – der Körper sieht und hört alles – stecke ich mir zeitweise die Haare hoch. Kaufe mir eine neue Klamotte und beschließe, täglich eine halbe Stunde nur zu tun, worauf ich Lust habe. Aktives Ausruhen kann ich mir so gestalten, wie ich es wirklich gut finde.

Eine halbe Stunde von 24 Stunden für uns genutzt – und unser Körper ist dankbar. Wenn es noch so profane Schmöker sind oder die Malutensilien wieder herausgekramt, oder die Gitarre vom Dachboden geholt wird, bloß für meinen Freund, meinen Körper. Entspannung, Ausruhen.

Ich bot einen Entspannungskurs an. Die Notwendigkeit für diesen Kurs fiel mir im Yogakurs auf. Dort kamen die Frauen zum Yogatraining, um etwas für sich zu tun. Die Figur aufzupolieren, zur Mitte zu kommen usw. Das letzte Drittel der Trainingseinheit wurde zur Entspannung im Liegen genutzt. Großes Aufatmen und Freude. Jeder wurde zugedeckt, durfte liegen, wie er mochte. Leise Musik, Kerzenlicht. Ausruhen ist angesagt. Alles ist leicht oder schwer. Je nach Idee der Trainerin. Blut schwappt rauf und runter, Augen geschlossen. Absolute äußere und innere Ruhe. Erleichterung.

Ist es heute noch salonfähig sich aufs Sofa zu legen, gute Musik zu hören und auszuruhen, so ganz ohne offiziellen Sinn und Zweck?

Ohne auch nur etwas an den Hüftpölsterchen ändern zu wollen, oder die Kondition zu verbessern? Den Atem zu schulen, die Balance zu unterstützen? Wir sind dazu erzogen, etwas zu leisten. Dem Wissen der Therapeuten zu lauschen, die Übungen korrekt auszuführen, damit das Ganze auch einen Sinn hat.

Ich kann meinem Körper nur zuhören, wenn ich bereit bin, ruhig zu sein. Abzuwarten und nicht nebenbei etwas anderes zu erledigen. Wenn ich mit einer Freundin spreche, ist sie selbstverständlich auch genervt, wenn ich nebenbei noch die Spülmaschine ausräume. Das macht ein intensives Gespräch schwer möglich. Lassen wir uns das erlaubte Ausruhen als Zweckmäßigkeit betrachten, als sinnvolle Investition in unseren Tempelkörper.

Ein Beispiel: Die Frau mit den Elefantenohren

Eine Patientin kommt mit starken Nackenschmerzen zu mir. Die Kopfhaltung ist steif, Kopfdrehung ist auch nicht möglich, ein Arm lässt sich wegen der Schmerzen schon gar nicht mehr nach oben heben.

Für die Patientin ist klar, der Nacken muss etwas abbekommen haben, vielleicht Zug oder wer weiß.

Nun, ich frage: „Was ist denn im Moment so im Leben los und was sind derzeit deine größten Sorgen?" Gleichzeitig fühle ich mich durch den Körper und finde die wirkliche Ursache im Ohrbereich. Also erzähle ich von meiner Empfindung, ihre Ohren würden sich anfühlen wie Elefantenohren, überdimensional groß, eben wie bei Elefanten, die Last scheint zu groß für ihren Nacken und den Schulterbereich.

Sie sieht mich mit großen Augen an und erzählt spontan von ihrem derzeitig größten Problem.

Als Zahnarzthelferin ist sie dazu verpflichtet, dem Chef, also Zahnarzt, korrekte und sofortige Zureichungen zu geben. Dieser Mann nuschelt aber ständig und spricht sehr leise, sodass es immer öfter zu Missverständnissen zwischen beiden kommt. Als Angestellte bekommt sie nun täglich ihre Rüffel ab, inzwischen ist sie schon völlig verängstigt und sekündlich darauf bedacht, alles nur ja richtig zu verstehen, damit sie die nächste Moralpredigt umgehen kann. Selbst wenn meine Patientin an der Türe anklopft, um etwas im Zimmer erledigen zu können, presst sie vorsichtshalber ihr Ohr fest an die Tür, um zu hören, ob und wann der Arzt hereinbittet.

Ihr Körper hat also für die Patientin reagiert, indem er sich energetisch seine Ohren regelrecht vergrößert. Natürlich ist das äußerlich nicht sichtbar, vielleicht wäre es mit einer Lupe sogar sichtbar, für mich hat das gefühlte große Ohr jedenfalls gereicht, um mit der Patientin die Ursache ihrer Nackenschmerzen klären zu können.

Unser Körper ist einfach genial, natürlich sind Schmerzen schwer zu ertragen, aber wir sind gewohnt, diese Schmerzen falsch zu deuten und zu beschimpfen, anstatt die Genialität des Körpers anzuerkennen.

Stellen wir uns doch vor, unser Hals müsste Elefantenohren tragen; dafür sind wir nicht ausgelegt. Also verspannt sich die Nackenmuskulatur, um die vermeintliche Vergrößerung und das Gewicht stemmen zu können. Fühlen wir, dass wir übergroße Ohren brauchen, erlebt das unser Körper wirklich.

Wir wissen lange schon, dass unser Gehirn nicht zwischen Realität und Gedankengut unterscheiden kann. Denken wir daran, eine Maus zu umrunden, braucht unser Gehirn tatsächlich und messbar eine sehr kurze Zeit für diese Überlegung. Denken wir jedoch, wir müssten eine Giraffe umrunden, braucht unser Gehirn für die gedankliche Strecke tatsächlich und messbar eine längere Zeit. Also ist es doch ein wunderschöner Hinweis dieses Körpers, um einige wirkliche Veränderungen zur Angstvermeidung einleiten zu können. Dieser Körper sagt deutlich: „He, wir müssen etwas tun, dieser Mann macht mir Angst und nun brauche ich eine Lösung." Die Lösung war dann sehr einfach.

Meine Patientin hat ihren Chef darauf aufmerksam machen können, dass er doch bitte etwas lauter sprechen möge, um die häufigen Missverständnisse aus dem Weg räumen zu können. Ganz ehrlich und mutig bat sie um klare Aussprache, gleichzeitig nahm sie sich die Freiheit, weniger ängstlich zu reagieren und eine vermeintliche Schuld immer nur bei sich zu suchen.

Nach zwei Tagen waren die Schmerzen verschwunden. Was ein Glück, dass hier nicht sinnlos an Halswirbelsäule und Schulter herum diagnostiziert wurde, sondern das körperliche Signal ganz einfach übersetzt wurde.

Schwindelgefühle – „Mir wird schwindelig, wenn ich das höre."

Schwindelgefühle entstehen physiologisch durch eine Beeinträchtigung im Kleinhirn und im Innenohrbereich.

Die Auslösesituation ist jedoch tatsächlich ein *Schwindel, eine Lüge*. Hierzu sind mir einige Geschichten untergekommen.

Da ist ein Ehemann, der seit Jahren fremdgeht. Seine Frau tut so, als würde sie es nicht merken, weil sie ihn liebt. Sie bekommt dauerhaften Drehschwindel und muss sich nun beim Spazierengehen immer bei ihrem Mann unterhaken, ihn also regelrecht festhalten, damit er nicht wegläuft.

Eine Frau, die aus welchen Gründen auch immer, verschiedene kleine Sachen in Geschäften und auf der Arbeitsstelle klaut und dann doch tatsächlich ihren bleibenden Schwindel ertragen muss. Das Verstecken der gestohlenen Gegenstände, die Peinlichkeit und Heimlichkeit verursachen bei dieser Person einen Drehschwindel, welcher natürlich dann medikamentös unzureichend behandelt wird.

Da ist der Arbeitnehmer, welcher seine Frührente erschlichen hat und dann auch noch Schwindelgefühle zur eigentlichen Rückenerkrankung entwickelt.

Sollest du also jemandem begegnen, welcher unter häufigem Schwindelgefühl und Drehen im Kopf leidet, wäre es an der Zeit, einmal der Wahrheit ins Auge zu sehen und nach der wirklichen Ursache, also *einer Lüge und Unwahrheit* zu suchen. In dem Spruch: „Da wird mir ja schwindelig", steckt die Wahrheit über das Symptom des Schwindelgefühls im Kopf.

Wo wird gelogen, etwas verdeckt oder verheimlicht?

Die Beine: Die verdrehte Strumpfhose – Faszien

Eine Patientin kommt zu mir und möchte nach eigenen Angaben vor allem Kraft tanken. Sie hat in ihrer Bank vor kurzer Zeit eine höhere Position eingenommen und weiß, dass in dieser Männerdomäne nun alle Augen auf ihr ruhen. Die Frau ist sehr zuverlässig, erledigt ihren Job genau und schnell und bekommt vom Chef ein riesiges Lob für ihre Arbeit, ist jedoch vom Druck, alles richtig zu machen, inzwischen etwas kraftlos.

In der Körpertherapie zeigt sich, dass sich beide Beine anfühlen, als trüge sie eine Strumpfhose, die völlig in sich verdreht ist. Wir kennen das aus der Kindheit, wenn sich die Strumpfhose unter der Hose verdrehte und kein Rankommen war, die unterste Schicht zu regulieren.

Ich schildere meiner Patientin mein Gefühl und ihr fällt es wie Schuppen von den Augen. Im Job fühlt sie sich dauernd von den Kollegen beobachtet und sie selbst lauert regelrecht heimlich darauf, dass ihr ein *neidischer Kollege das Bein stellen könnte*, und sie sich dabei die Beine verdreht. Im übertragenen Sinne freilich.

Als sie dieses innere Gefühl erkannte, konnte sie sich dazu animieren, von nun an die Realitätsprüfung täglich mit eigenen Augen zu machen. Möchten Kollegen ihr das Bein stellen? Nun gut, und wenn schon, ich muss mich davon nicht unter Druck setzen lassen, denn ich mache meinen Job sehr gut und richte mich auf, gehe mit festen Schritten meinen Gang entlang und freue mich über die Nachricht meines Körpers.

Schon allein diese Erkenntnis sparte der Patientin einen Haufen Energie, sie konnte sich nun noch besser konzentrieren und auch besser schlafen. Manchmal sind es eben die geheimen Befürchtungen, die wir uns selbst gar nicht zugestehen. Ist es nicht ein Wunder, was der Körper uns erklärt, ganz genau und zuverlässig? Und welche wundervollen Mittel und Gefühle er uns dafür zur Verfügung stellt.

Im Übrigen bin ich sicher, dass viele Menschen in der Lage sind, diese Zeichen am menschlichen Körper zu erfühlen; wir haben es nur verlernt.

Der Fuß ist dir immer einen Schritt voraus

Unsere Füße werden unterschätzt. Oft sehen wir sie als unschöne Teile unseres Körpers an und auch hier liegt das Augenmerk doch eher auf Mangelerscheinungen. Wir bezeichnen unsere Füße als unschön, Stinkefüße, zu groß, zu klein, zu dick, zu viel Hornhaut; und stecken sie in mehr oder weniger wertvolle Hüllen. In alten Knigge-Büchern wird noch Wert auf korrektes und gepflegtes Schuhwerk gelegt. Die Schuhe sind ein wichtiges Merkmal, wie der Mensch als Ganzes gepflegt ist und was er für eine Rolle in der Gesellschaft einnimmt. Ungepflegte, ausgetretene Schuhe deuten unbewusst auf ein unordentliches Inneres hin.

Unsere Füße sind nach der Krabbelzeit unser ständiger Kontakt zum Boden, hier wird die Schwerkraft gespürt. Diese kleinen Auflageflächen tragen unsere Last täglich zuverlässig von einem Ort zum nächsten. Warst du schon einmal zur Fußreflexzonenmassage? Das ist ein interessantes Erlebnis, denn im Fuß sind nochmals alle Organe, Knochen und das Innere konkret abgebildet. Über Druck an den verschiedenen Zonen im Fuß können die oberen Regionen manipuliert werden.

Ein Beispiel: Massieren wir unsere Füße und finden dabei einen schmerzenden Punkt, kann ich in einer Tabelle nachsehen, zu welchem Organ dieses Gebiet gehört. Im heutigen Nachschlage-Zeitalter ist das gar kein Problem mehr. Und siehe da, du findest mit Sicherheit den Zusammenhang zwischen Fußreflexzone und deinem derzeitigen organischen Ungleichgewicht. Dann sollte ich meine Füße und die Schmerzpunkte regelmäßig liebevoll massieren. Zu Anfang ist der Druck etwas schmerzhaft, hier sollten wir liebevoll und vor allem sanft weitermassieren. Nach einigen Tagen der regelmäßigen Pflege lässt der Schmerz in diesem Bereich nach und mit Sicherheit reagiert das dazugehörige Organgebiet im Körper sehr positiv und wird sich beruhigen.

Stehen unsere Füße nicht in gesundem Ausmaß auf dem Boden, sind wir weniger stabil im Leben. Allein schon physisch und statisch hat die Fußstellung einen maßgeblichen Einfluss auf unsere Körperhaltung. Steht ein Fuß schief, geht diese Schiefstellung weiter bis zum Knie, dann reagiert die Hüfte und damit das Becken, die Wirbelsäule passt sich an und am Ende ist sogar die Kopfstellung schief.

Der Fuß ist dir immer einen Schritt voraus. Beispielsweise sind die Fersen funktionell und emotional mit unserem Beckenbereich eng verbunden. Somit sind sie auch in Verbindung mit unseren Gefühlen zum Wurzelbereich- oder Energiezentrum. Gleichwohl die Verbindung zur Mutter Erde. Wie gestalten sich deine Fersen? Hast du mit übermäßiger Hornhautbildung zu kämpfen? Musst du vielleicht deinen Beckenbereich besonders ummanteln und schützen oder verhüllen und verhärten? Kinder und Jugendliche haben noch ganz weiche Fersen. Wir beziehen unsere Hornhautbildung auf das Alter. Na ja, im Alter bilden die Füße Schwelen, sind ja auch schon viel benutzt. Es gibt nun zusätzlich die Möglichkeit nachzudenken, ob ich meinen Unterleib besonders schützen muss oder größeren Auftritt auf der Erde brauche.

Mein Körper, hier im Kapitel meine Füße reagieren auf meine innersten Wünsche und Notwendigkeiten.

Die sogenannte Fuß-Höhle repräsentiert unseren Darm. Wie im Bauchbereich findet sich über dem Darm und der Fußhöhle kein knöcherner Schutz, der Dünn- und Dickdarm sind relativ ausgeliefert gegenüber Angriffen von außen.

Massiere leicht deine Fußhöhle und erspüre, wo du eventuell Schmerzen beim Massieren hast. Hierbei geht es nicht darum, diese Schmerzen mit aller Gewalt herauszumassieren, sondern mit gefühlvollen, liebevollen Streichungen die Bereiche zunächst wahrzunehmen, einen Zusammenhang zum Körper zu erkennen und im Anschluss sorgfältig, einfühlsam und zärtlich eine sachte Massage einzuleiten. Dabei kümmerst du dich um deinen Körper und um dich.

Beispielsweise beim sogenannten *Hammerzeh* oder *Hallus valgus* steht der große Zeh eines Tages in eine völlig andere Richtung als zunächst vorgesehen. Der *Zeh nimmt einen anderen Kurs* auf, meine Lebens-Neigung nimmt eine andere Route.

Hierbei handelt die Veränderung der Stellung des Großzehs von meiner im Inneren gewünschten Überzeugung, meinen geplanten Weg anders gehen zu dürfen als bisher.

Hatte ich mein Leben ganz anders geplant, meine langfristigen Ziele wirklich verfolgt? Wie bin ich im Leben ausgerichtet? Ist der große Zeh auch hier einen Schritt voraus? Ziemlich deutlich zeigt er dir, dass du eigentlich eine andere Richtung vorgesehen hattest. Deine Mutter hatte eine völlig andere Vorstellung, wie du deinen Weg beschreiten mögest, und du selbst hast gegen ihren Widerstand eine andere Spur verfolgt. Später hast du irgendwie ein schlechtes Gewissen?

Denkst du darüber nach, alles hätte anders kommen können, hättest du auf Mutter oder andere Leute gehört? Hast du ein großes Bedauern, nicht den eigenen Weg beschritten zu haben, weil es aus verschiedensten Gründen nicht machbar war?

Du hinterlässt mit einem krummen Zeh eine krumme Spur im Sand. Das wiederum meint auch hier dein Körper sehr gut mit dir. Er weist dich darauf hin, dass hier etwas schiefgelaufen ist. Mit dem Zeichen deines Körpers bekommst du jetzt die Gelegenheit, über deinen Lebensweg nachzudenken. Schau dir deine Wünsche an und wie du sie wenigstens teilweise verwirklichen kannst. Natürlich kannst du auch einen Hammerzeh operieren und richten lassen. Warum kommt es nur nach einer operativen Korrektur wiederholt zu Schiefstellungen? Oft verinnerlichen wir unbewusst irgendwelche Glaubensmuster, wie ein korrektes Leben vor sich zu gehen hat. Wir bekamen von unseren Eltern Verhaltensregeln – und das ist sehr wichtig. Aber auch unsere Mütter mussten oft einen anderen Weg gehen, als sie sich vorgestellt hatten. Wir sprechen dann davon, dass der Halles valgus in der Familie liegt und vererbt ist. Nein, eine Zehenschiefstellung wird nicht über irgendwelche Zeh-Gene vererbt. Das Programm, dass man sich nach der Decke strecken muss, gefälligst einen geraden zielstrebigen Weg verfolgen und sich anpassen muss, führt dazu, dass wir wiederholt einen Weg gehen, der nicht zu unseren inneren Wünschen passt.

Habe ich dann aber doch eine andere Bahn genommen, kommt zuweilen ein schlechtes Gewissen in uns hoch. Verstandesmäßig ist uns klar, dass wir uns deshalb bei den Eltern nicht entschuldigen müssen. Und doch kommt von mütterlicher Seite immer einmal wieder ein kleiner Stich: „Hättest du damals auf mich gehört, würde es dir jetzt besser gehen." Unser Körper macht das auf Dauer nicht mit. Unser Zeh sagt ganz deutlich: „Ich möchte einen anderen Weg einschlagen, aber ich habe nicht den Mut, es ganz konkret in die Realität umzusetzen." Der große Zeh geht also schon einmal los, in die andere Richtung, der Fuß und Mensch läuft jedoch als Ganzes immer schön geradeaus in die von außen vorgegebene Richtung.

Aus dem Nähkästchen gibt es dazu folgende Beispiele:

Ein 16-jähriges Mädchen kommt wegen höllischer Schmerzen im Hammerzeh zu mir. Sie wuchs in einer sehr strengen kirchlichen Gemeinde auf. Kinder und Jugendliche durften nur innerhalb dieser Gemeinschaft Freundschaften schließen, man fuhr dazu in entsprechende Lager und lebte nach drakonischen Regeln. Liebschaften und am Ende Ehen wurden nur innerhalb dieser Gemeinde geduldet. Nun fühlt sich ein junger Mensch zunächst in dieser Geborgenheit der Gruppe sehr wohl und hinterfragt die Regeln mitnichten. Das ist so, fertig. Aber dann kommen irgendwann die Hormone zum Zug. Das Mädchen verliebt sich in einen Klassenkameraden, welcher aber nicht dieser kirchlichen Gemeinde angehört. *Was tun?*', denkt sich der Körper, und geht schon einmal heimlich einen anderen Weg. Die Familie wundert sich nun, warum das Mädchen in so jungen Jahren einen Hammerzeh entwickelt und fragt bei Orthopäden um Rat. Klar kann ein operativer Eingriff große Erleichterung bringen, die Schuhe passen auch wieder und alles ist gut. Ist das so? Auch nach der operativen Korrektur blieben die Schmerzen erhalten und wurden erneut unerträglich. Gehen wir nun den Weg des Verständnisses für unseren Körper und fragen nach dem wirklichen Grund der knöchernen Veränderung, wird uns klar, dass eine äußerliche Abänderung und „Fehlerbehebung" am Körper kaum hilfreich sind. In einer solchen autoritären Gemeinde ist es noch immer kaum möglich, eine andere Lebenshaltung für sich auszuleben. Ein Austritt bedeutet gleichsam den Ausschluss aus der Gemeinschaft, aus der Familie und dem bisherigen Freundeskreis. Das schafft ein junger Mensch nicht leicht.

Dazu reagiert dann unser Körper mit schmerzhaften Zeichen und wir können diese Hinweise aufnehmen oder einfach weitermachen und die Schuld auf eine falsche Operation oder andere vermeintliche Gründe schieben, wie zum Beispiel: Meine Großmutter hatte das auch schon. Da stellt sich dann die Frage, ob die Großmutter so glücklich in dieser Gemeinschaft war. Nicht die Erkrankung wird vererbt, sondern das Programm, über die eigenen Gefühle gehen zu müssen.

Ich fühle meine Fußsohlen nicht

In der Medizin gibt es verschiedenste neurologische Gründe, warum ein Mensch seine Füße nicht recht spürt; darauf möchten wir hier nicht eingehen. Schauen wir uns an, warum ich den Kontakt zur Schwerkraft, zur Verbindung zum jetzigen Leben verloren habe. Wozu möchte ich gar nicht erst fühlen, wo ich gerade hingehen muss, wie uneben oder aber völlig platt und uninteressant mein Weg gerade ist. Seit wann empfinde ich meine Route als nicht mehr erlebenswert? Seit wann tappe ich nur noch so vor mich hin? Ich laufe einfach weiter, egal, wie das funktioniert. Weil ich meine Füße nicht spüre, wird mir zu allem Überfluss noch schwindelig, denn ich schwindle und lüge mir eine gute Art zu leben vor. Dann benötige ich noch eine Gehhilfe, einen Stock, einen Krückstock, das erleichtert meine Unsicherheit. Somit brauche ich erst gar nicht auf mein Innerstes zu hören.

Sie macht einfach weiter, geht über ihre körperlichen Grenzen und läuft und läuft und läuft. Das nennt man dann neurologische Störung in den Extremitäten.

Wenn wir zum Weiterleben nicht spüren dürfen und wollen, *wohin unser Leben läuft*, machen wir unsere Füße gefühllos oder schmerzvoll.

Stelle dir bei Problemen in deinen Füßen folgende Fragen:

Welche Begleitung hast du noch im Leben? Gehe ich mit irgendeinem Rudelmitglied noch zusammen?

Möchte ich spüren, wohin ich gerade laufe? Läuft mein Leben aus dem Ruder? Kann ich überhaupt diesen Weg weiter beschreiten, ohne daran kaputtzugehen?

Darf ich nicht anhalten und muss einfach weiterstolpern, damit die Sache, der Job, die Familie überhaupt weiter funktioniert? Darf oder muss ich mein Leben beenden, ohne meine Sorgen und Pakete jemals losgeworden zu sein? Muss ich meine Geschichten und Erlebnisse noch irgendjemandem erzählen, damit es die Nachfahren noch begreifen, warum alles so gekommen ist? Gibt es Geheimnisse, die ich unbedingt noch teilen möchte, weil ich sie allein nicht mehr tragen kann?

Nicht allein die Fragen nach neurologischen Ursachen sind gewinnbringend, sondern die Fragen nach deinem jetzt zu lebenden und laufenden Weg. Such dir eine Wandergruppe, wenn du gern läufst, egal, ob es im Moment recht läuft oder nicht. Such dir eine Tanzgruppe oder einen Kochkurs. Finde zunächst deine *wirklichen Ziele* und praktische Lösungen, wie und was du erreichen möchtest. Wohin dein Weg führen soll, ist eine lebenswichtige Frage. Ein Tipp, der Weg in Gemeinschaft ist viel wertvoller als der Weg mit und an einer Krücke.

Die Fuß-Innenseite

Schmerzen an der Fußinnenseite gehen der Symptomatik Hammerzeh (Hallux Valgus) voraus. Wer solche Schmerzen schon mal hatte, weiß genau, von welcher Stelle ich spreche. Diese Schmerzen lokalisieren sich vom Grundgelenk des großen Zehs bis hin zur Ferse an der Innenseite des Fußes. Bei langandauernder Problematik entsteht dann der sogenannte Hammerzeh, der große Zeh weicht dann ab.

Bei welchen Handlungen setze ich diesen Bereich des Körpers verstärkt ein? Wenn wir als Kinder einen steilen Hügel hochkrabbeln, vielleicht beim Skifahren, dann müssen wir beide Füße nach außen stellen, um so im Grätenschritt auf den Berg zu kommen. Das heißt, ich darf dabei die Füße nicht gerade lassen, dann rutsche ich immer wieder runter. Dann ist der Winkel falsch. Also *drehe ich beide nach außen und kraxle diesen Berg mit den Fußinnenseiten nach oben.*

Ein anderes motorisches Beispiel ist das Klettern an einer Stange oder an einem Baum. Auch dabei brauche ich die Fußinnenseite, um mich abzustützen. Die Arme ziehen, die Füße schieben.

Die Problematik meiner Patientin waren Schmerzen im rechten Fuß (Thema Partner).

Ich stellte die Frage: „Was kann das bedeuten, welche Bewegungen zu diesem Fußbereich kommen dir in den Sinn?"

Wir gehen auf die Seite der liebevollen Betrachtung; was möchte mir mein Körper damit sagen? Was habe ich erreicht oder nicht erreicht? Was habe ich erlebt, damit mein Körper derartig reagiert. Wir beiden probierten also ganz praktisch aus, was wir mit der Fußinnenseite alles tun können und sind auf die Frage gekommen: „Wie bin ich als Kind einen Berg hochgelaufen?" Jetzt haben wir überlegt, was gibt es denn gerade für eine Situation, wo du *einen Berg hochläufst* und dich damit an dieser Stelle ganz besonders stabil und hart machen musst. Es ging um Folgendes:

Die Patientin ist in einer Partnerschaft mit einem Narzissten. Heute würden wir das On-off-Beziehung nennen. Das heißt, mal geht's, mal geht's nicht. Dann doch wieder. Immer wieder kraxelt sie diesen Berg der Liebe und Partnerschaft nach oben, bemüht sich um diese Ehe. Wenn sie ganz oben zu stehen glaubt, sich sicher fühlt und ihrem Mann ganz nah ist, kommt wieder irgendeine Situation, in welcher er sich ungehört fühlt. Er ist ein Narzisst. Dann beginnt das Dilemma von vorn und er möchte wieder einmal die Beziehung beenden. „Weißt du", sagt er dann, „wir können uns doch nicht sehen, ich habe was Wichtigeres zu tun und ich muss Geld verdienen, meine Arbeit macht mir so viel Spaß, das ist mir einfach sehr wichtig und du bist unwichtig." In dem Moment rutscht die Patientin im wahrsten Sinne des Wortes diesen Berg wieder runter und muss von Neuem beginnen, diesen Berg hochzukraxeln. Hier ist zu betonen, dass Menschen, welche mit Narzissten zusammenleben, diese Situationen immer wieder erleiden. Weil ein normal denkender Mensch diese Verhaltensweisen jedoch nicht nachvollziehen kann, wird er immerzu hoffen, dass der Narzisst doch irgendwann vertrauenswürdig wird. Passiert aber nicht, darüber schreibe ich im nächsten Buch, denn hier habe ich eigene massive Erfahrungen mit allen möglichen Symptomen machen müssen. In einer Beziehung mit einem Narzissten wirst du in sehr kurzer Zeit zum Wrack.

Was macht unser Körper? Er hilft uns dabei. Der sagt: „Okay, meine Liebe, wir brauchen hier ein besonders hartes Bindegewebe an der Fußinnenseite, damit du diesen Berg hochkommst." Bei Symptomen in Knochen und Geweben geht es immer um das Thema Selbstwerteinbruch. Der Körper reagiert klug und hilfreich. Fühlst du dich einmal eine Zeit lang sicher in dieser Beziehung und glaubst, du hast den Berggipfel erreicht, wird das Bindegewebe wieder weicher und die Schmerzen vergehen für eine Weile. Du glaubst, dein Ziel erreicht zu haben. Der Körper spürt, eine Verhärtung ist jetzt nicht mehr notwendig, und wird weich.

Gegensätzlich kommt es erneut zu Verhärtungen am Fuß, wenn du wieder eine neue Situation des Selbstwerteinbruchs erlebst. Wenn der Mann dann wieder sagt: „Du, ich habe dann doch keine Zeit", rutschst du diesen Berg wieder runter, der Körper baut Bindegewebe auf und verhärtet, damit du diesen Berg wieder neu und stark erklimmen kannst. Unser Körper meint es wie immer so gut mit seinem Menschen und bereitet dir liebevoll alle Voraussetzungen, die der Mensch für sein Leben benötigt.

Verändert sich die Bindegewebe-Struktur aufgrund der Lebenssituation immer wieder neu, dann spüren wir das als Schmerz und Symptom. Natürlich kommen wir im bisherigen Denken leider nicht auf die Idee, dass die Veränderung im Bindegewebe einen Vorteil darstellt, sondern wir erkennen nur den Schmerz am Fuß. Der eigentliche Schmerz und der Auslöser für den Schmerz am Fuß ist jedoch der Herzschmerz dieser im Beispiel genannten Frau. Auf Dauer hält es kein Herz aus, wenn es dauernd wieder weggestoßen wird.

Ohren

Unsere Ohren sind wichtige Organe für soziale Kompetenz und Kontakte. Redet einer Unsinn, drehen wir uns ab. Nach Meinung verschiedener Lehren gilt das rechte Ohr als Gefahren-Ohr, darum schlafen viele von uns gern auf der linken Seite ein, somit ist das rechte Ohr oben und hört eine drohende Gefahr beim Schlafen. Wer sehr laut schnarcht, vertreibt vermeintliche Angreifer aus dem Bett. In der äußeren Ohrmuschel ist unser Rückgrat repräsentiert. Sind die Ohrläppchen sehr klein und dünn ist die eigene Regenerationsfähigkeit zurzeit vermindert, hier hilft eine mehrfach tägliche Massage der Ohrläppchen. So wird Blut (und damit vermehrter Stoffwechsel) in das Ohrläppchen und in den gesamten Körper gebracht.

Immer wieder erlebe ich in der Praxis, dass Menschen über *Geräusche und Töne* in den Ohren klagen. Meistens wird es so beschrieben: „Mal ist das Pfeifen oder Brummen da, dann wieder nicht, wenn ich abgelenkt bin, geht es so, und manchmal ist das Nebengeräusch lästig und aufdringlich."

Meine Frage ist dann natürlich: „Was kannst du denn nicht mehr hören?" Tatsächlich kommt fast immer die spontane Antwort: „Da fällt mir nichts ein, es ist doch eigentlich alles okay."

Dann gibt es von mir eine kleine Aufgabe: Bitte beobachte in den nächsten Tagen, wann dir der Satz einfällt: „Ich kann es nicht mehr hören!"

Wenn du also unter Ohrengeräuschen leidest, dann stelle dir selbst die ehrliche Frage zur Aufgabe: Wann denkst du den konkreten Satz, dass du *es nicht mehr hören kannst*.

Das erkannte Ergebnis gilt es dann anschaulich zu beleuchten und konkrete Schritte zur Veränderung sofort einzuleiten.

Aufschieben gilt nicht. Entweder du bittest deinen Partner, diese Klagen zu unterlassen. Ganz liebevoll und bestimmt darfst du sagen: „Schatz, bitte, ich kann und mag es nicht mehr hören, es wird mir zu viel." Gleichzeitig muss allerdings von deiner Seite ein gezielter Themawechsel folgen. Es kann freilich passieren, dass plötzlich auffällt, dass ihr gar keine anderen Gesprächsthemen findet. Na dann, auf zu neuen Ufern und eine neue Platte auflegen, das Leben ist vielfältig und bunt, es gibt immer Alternativen. Verschiedene Themen und vor allem auch Lösungen für derzeitige Probleme zu finden, ist manches Mal ein Heraustreten aus der gewohnten Komfortzone. Handfeste Veränderungen im Leben bedeuten allerdings auch wirkungsvolles Handeln und vorübergehende Anstrengung. Eine Gegebenheit greifbar zu verändern, ist der Weg, Symptome sinnvoll zu beseitigen.

Ohrensausen – Tinnitus

Beim Ohrensausen oder Tinnitus darf ich mir den Grund für zusätzliche Geräusche im Kopf zur Brust oder vor die Augen nehmen. *Warum übertönt mein Körper ein Geräusch*, Gespräche oder Tumult? Sind es die ständigen Telefonanrufe von der Mutter? Sind es permanente Ansagen vom Chef? Kann ich meinen Partner nicht mehr meckern oder jammern hören?

Geläufig ist derzeit, dass Ohrengeräusche mit Stress in Zusammenhang stehen, doch was genau ist denn Stress? Dieses Unwort wird überall dauernd und leider völlig unreflektiert und bei jeder Gelegenheit eingesetzt. Wenn mir jemand erzählt, er hätte Stress, dann frage ich oft, wo denn das Wort vor zwanzig Jahren im Lehrbuch stand? Also stellen wir uns vor, wir hätten im Aufsatz in der Schule, den ganzen Inhalt einfach zusammengestrichen und schlicht einen Satz formuliert: Total stressig hier. Erinnern wir uns doch bitte an die vielen Adjektive, die es sonst noch gibt.

Bist du in Zeitnot oder überkommt dich Unordnung, oder sind deine Kinder frech oder ist dir jemand zu faul oder überholt er dich in seinem Ideenreichtum, kannst du nicht genug schlafen, isst du zu wenig, hast du konkreten Ärger mit den Kollegen und warum? Es gibt unzählige Formen von Fassungslosigkeit, Übermüdung, Entkräftung, Trauer, Leid, aber bitte, wir müssen es genau lokalisieren.

Wer das Ziel nicht kennt, kann den Weg nicht finden. Zu allererst also die konkrete Fehlerquelle suchen. Gut, Ehrlichkeit gehört hier zum wertvollsten Werkzeug. Wenn ich mir alles schönreden möchte, um nett und brav zu sein, dann wird das nichts und ich bleibe immer Opfer.

Oftmals gelingt es mit einem vertrauten Gesprächspartner deutlich leichter, sich selbst gegenüber ehrlicher sein zu können. Ein wahrer Freund hält dich auch aus, wenn er deine Schränke von innen kennt. Also hilft zu Anfang auszusortieren, was mir wirklich stinkt, na in dem Fall eher, was ich nicht mehr hören kann. Wo lüge ich mir selbst in die Tasche? Wo bin ich freundlich, obwohl eine ehrliche, klare und nicht so freundliche Ansage viel hilfreicher wäre?

Wo kommen mir viellicht die Familie oder Bekannte zu nahe und ich kann nicht Nein sagen?

Von wem höre ich dauend Nörgeln, obwohl ich das Ganze viel pragmatischer sehe und eigentlich keinen Grund zu nörgeln finde?

Wer liegt mir mit seinem Wünschen und Hoffnungen dauernd in den Ohren?

Und noch einen Schritt tiefer: Habe ich ein schlechtes Gewissen, dass ich das Gehörte nicht mehr hören kann? Bin ich dem Gegenüber vielleicht zu Dank verpflichtet oder ist da noch eine Rechnung offen, was mir unmöglich macht, eine klare Ansage aus dem Herzen zu bringen? Dann wird es interessant, denn genau dann springt unser Körper für uns ein.

Wie gesagt, der Körper ist der einzige Mensch, der dir gibt, was du wirklich, wirklich brauchst. Wenn du nicht übers Herz bringst, die Geräusche von außen abzumildern oder zu ignorieren, macht es dein lieber Körper für dich. Er macht dir Ohrensausen, Ohrengeräusche, Tinnitus, wie es gerade gefällt. Hauptsache, du musst den wirklichen Auslöser nicht mehr so deutlich hören. Wenn du Glück hast, kannst du damit das Telefonat mit der Mutter unterbrechen oder den Raum verlassen. Eben, dein lieber Körper hat nun alles zusammengestellt, damit du zum Nachdenken kommen musst.

Jetzt stellen wir uns vor, wir hätten viel eher die Möglichkeit, auf unseren Körper zu hören. Stellen wir uns vor, wir könnten mit Humor verstehen, was da gerade vor sich geht. Wir könnten ganz selbstverständlich beim ersten Ohrensausen innehalten und uns fragen, was da gerade schreit. Gleich zu Beginn eines Symptoms könnten wir nach dem Grund und der Funktion darin fragen, anstatt darauf zu schimpfen und alles zu tun, damit das Symptom verschwindet. Eigentlich und bei Lichte betrachtet, ist unsere anerzogene Denkweise ein Aberwitz. Wie kann ich denn auf eine

Überfunktion oder Unterfunktion des Körpers schimpfen, ohne zu fragen, was das Ganze denn für einen Zweck verfolgen könnte. Ein Symptom hat immer einen Zweck. Wir dürfen sofort wach werden und überlegen, was unser Körper damit erreicht und wozu das not-wendig ist. Wo dürften wir wendiger werden, umkehren, innehalten, ehrlich sein, flexibler sein, uns auch einmal steif und stur machen?

Die Schilddrüse

Grundsätzlich reguliert die Schilddrüse über Hormone unser Zeitempfinden und arbeitet autonom. Hören wir unserem Körper in seiner Sprache nicht zu, entwickeln wir Symptome.

Die Schilddrüse ist für die Bildung des Hormons TSH zuständig. Thyreoida ist ein *stimulierendes Hormon* (!) und wird über eine Abfrage im Blutspiegel von der Hirnanhangsdrüse (Hypophyse) gesteuert. Die Hypophyse regelt den Hormonspiegel des Körpers und regt bei Bedarf die Schilddrüse dazu an, ihre Arbeit zu machen.

Einfach und bildlich dargestellt: Über die Information der Qualität des Blutspiegels „weiß" die Hypophyse, wie sich dein Körper gerade chemisch fühlt. „Wie geht es heute so? Was wird zum Überleben alles benötigt?" Nach Bedarf erteilt die Hypophyse dann den Befehl, verschiedene Hormone zu bilden. Die Hypophyse reguliert somit chemisch die Bedürfnisse unseres Körpers und reagiert auf unterbewusste Fragen und Lage der Dinge wie beispielsweise: Brauche ich Zeit? Brauche ich Schnelligkeit? Brauche ich Verlangsamung? Über Mineralien kontrolliert und reguliert unser Körper den geeigneten und brauchbaren Blutspiegel, regelt unseren Herzrhythmus, unseren Blutdruck und das Wachstum.

Es geht immer um die bedarfsgerechte Regulierung und Anpassung für das Überleben unseres Körpers, dessen derzeitige wirkliche Bedürfnisse, Notwendigkeiten und Fakten.

Die Schilddrüsen-UNTER-Funktion = Ich will meine Zeit verlangsamen

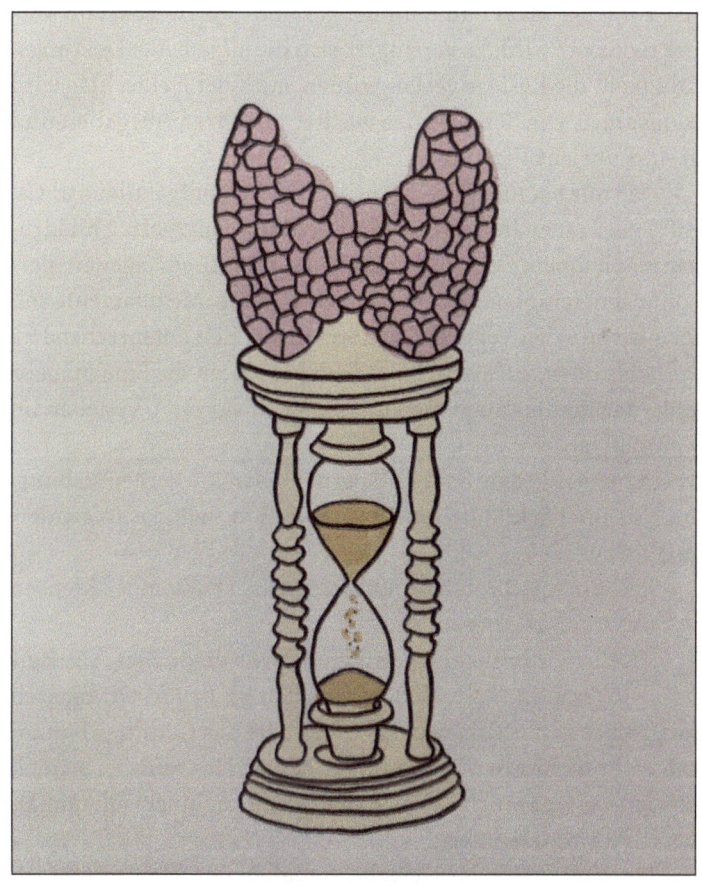

Schilddrüse als Sanduhr

Schulmedizinisch werden *„zu wenig"* Schilddrüsenhormone gebildet.

Die einhergehenden sogenannten Symptome sind folgende:

Müdigkeit, Antriebslosigkeit, durch Absinken der Stoffwechselleistung eine Gewichtszunahme, auch depressive Stimmung. Somit Aspekte der Entschleunigung und Ruhe. Fühle ich mich müde und schwer, bin ich natürlich automatisch langsamer als sonst. Ich brauche für meine Tätigkeiten mehr Zeit. Im Grunde ist damit schon das eigentliche Ziel des Körpers erreicht. Dies hat zur Folge, dass nunmehr der gesamte Stoffwechsel im Körper reduziert wird. Es verringert sich die allgemeine Leistungsfähigkeit, die Reflexe verlangsamen, auch der Herzschlag wird langsamer. Die Schilddrüse wächst mit ihren Aufgaben und stellt Ruhe zur Verfügung.

Was mir bei meinen Patientinnen leider aufgefallen ist: Ca. 80 % der Frauen in meiner Praxis nehmen dauerhaft Schilddrüsenmedikamente ein und schenken damit ihrem eigenen, persönlichen Zeitmanagement keine Beachtung. Medikamente sollen also nun den Versuch des Körpers, die Zeit entsprechend zu verlangsamen, auflösen. Eigentlich bräuchten die Frauen mehr Zeit, das Medikament macht sie aber fit für ein Überleben im Zeitmangel.

In meiner Praxis nutze ich gerne Bilder zur Verdeutlichung: Im Fall einer Schilddrüsen-Unterfunktion sieht das folgendermaßen aus.

Stell dir vor, da steht ein kleiner, wild schreiender Mensch vor uns und ruft uns zu:

„Hallo, wir brauchen dringend etwas mehr Zeit. Die Zeit vergeht gerade zu schnell. Ich habe den Eindruck, wir müssen langsamer laufen und arbeiten. Ich habe das Gefühl, ich komme nicht mehr mit. Mein Partner denkt, ich werde zu schnell alt. Ich weiß gar nicht, wo ich die Zeit hernehmen soll, um alles schaffen zu können!"

Jetzt holen wir das Gewehr, schießen den kleinen einfach tot und stellen dann einen braven, lenkbaren Jasager an diese Stelle, welcher jeden Befehl von unserem angelernten Denken willenlos ausführt.

Lieber Mensch, bitte immer schön als Ur-Mensch denken! Mein Körper stellt mir Mittel zur Verfügung, damit ich es leichter habe. Unser Körper reagiert auf unser Denken und produziert nicht grundlos und aus heiterem Himmel irgendetwas zu viel oder zu wenig, wie es in den Medien gern erzählt wird. In der normalen Medizin wird einfach davon ausgegangen, dass die Schilddrüse dann spinnt und mal eben nicht funktioniert, wie sie sollte.

In meiner Praxis erlebe ich dazu unterschiedliche Geschichten, die ich hier gerne erzählen möchte.

Die richtige Zeit für eine Schwangerschaft – Schilddrüsenunterfunktion.

Da gibt es ein junges Pärchen, was sich nach gemeinsamen Jahren nun ein Baby erhofft. Die Frau ist einige Jahre älter als ihr Mann und hat das drängende Bedürfnis, zeitnah und baldigst schwanger zu werden. Sie befürchtet, sie sei sonst zu alt, um noch Kinder zu bekommen. Der Ehemann allerdings ist noch jung genug und möchte sich gerne Zeit lassen. Was macht also der Körper dieser Frau? *Der Körper verlangsamt sie.* Sie möchte Zeit schinden. Der Körper dieser Frau hat das Bedürfnis, Zeit zu gewinnen und die Alterung zu verlangsamen. Eine ungewohnte Trägheit, andauernde Müdigkeit und auch eine Gewichtszunahme stellen sich ein. Somit ist der Körper im Stoffwechsel verlangsamt und nicht mehr so fix unterwegs, die Zeit vergeht im jetzt notwendigen *Bedürfnis des Körpers* im gemütlichen Tempo. Das nennen wir dann Schilddrüsenunterfunktion. Eigentlich ist es nichts weiter als der Drang des Körpers, Zeit zu gewinnen. Hier, damit die Frau ausreichend Zeit für eigene Kinder bekommt.

Im Kopf der Patientin spielen sich folgende Gedanken ab: *'Wie kann ich jung genug bleiben und noch lange die Fähigkeit, Kinder zu bekommen, erhalten?'* Weil der Kopf aber nicht imstande ist, eine Lösung zu produzieren, verlangsamt der Körper den Stoffwechsel mithilfe einer Unterfunktion der Schilddrüse. Hier wird jetzt nicht auf die Symptome des Körpers gehört und der wundervollen Strategie Beachtung geschenkt und obendrein mit Medikamenten der Hilferufende umgebracht. Vielleicht kommt ein nächstes Symptom zur Verlangsamung später hinzu. Unser Körper ist sehr geschickt, wenn er uns helfen möchte.

Denn im Kopf dieser Frau steht nach wie vor der Wunsch, ihre Zeit zu verlangsamen. Nun kann beispielsweise ein Unfall herbeigeführt werden. In diesem Fall ist der Körper dann zwangsweise verlangsamt und kommt auch nicht so schnell vorwärts. Keiner bemerkt, dass die beiden Symptome einen Zusammenhang bilden und ein ursprüngliches Ziel verfolgen: die Absicht und der Zweck ihrer Symptome sind die Verlangsamung der verstreichenden Zeit mit dem Ziel, jung zu bleiben um schwanger zu sein. In unserem bisherigen Denken wird das noch immer als krankhaft bezeichnet. Wenn ich aber einen anderen Blickwinkel einnehme und meinem Körper zuhören kann, ist es ein genialer Hinweis von meinem Inneren.

Erst jetzt, wenn wirklich der Hilferuf des Körpers begriffen wird, kann sich die Frau entsprechende wertvolle und zielgerichtete Gedanken machen. Jetzt kann sie mit ihrem Mann sprechen und ganz deutlich formulieren: „Hör mal, mein Schatz, ich habe Angst, dass ich demnächst zu alt werde, um noch gesunde Kinder zur Welt zu bringen. Ich möchte bitte, dass wir jetzt eine Einigung finden und baldigst ein Kind bekommen. Ich verstehe, dass du noch Zeit brauchst, aber ich selbst habe tatsächlich nicht unbegrenzte Zeit. Mir läuft die Zeit davon, es wird für mich immer schwerer schwanger zu werden und ich werde ganz selbstverständlich älter. Das ist nun einmal der menschliche Lauf der Dinge."

Damit kann die Frau ihre derzeitige Situation sprachlich äußern und ändern. Es entfallen folgerichtig Symptome. Die Methode, Angst vor dem Körper zu bekommen, wird bisher genutzt.

Ein anderes wunderbares Beispiel für den Wunsch nach Verlangsamung ist der Wunsch, das Rentenalter verschieben zu wollen.

Da steht ein Mann kurz vor seiner Pensionierung. Er möchte aber vor Eintritt des Rentenalters noch ein ganz wichtiges Projekt in der Firma beenden. Vor dem Austritt aus dem Unternehmen ist es ihm ein Anliegen, seine Arbeit hervorragend und abgeschlossen zu übergeben. Er plant, noch einen Freund in den Betrieb einzuschleusen und all seine begonnenen Projekte perfekt zu beenden. Betrachtet man seine Wünsche, fällt auf, dass dazu in Wirklichkeit ausreichend Zeit fehlt. Es ist kaum zu schaffen, alle Arbeiten in dem Zeitraum bis zum vorgegebenen Datum des Renteneintritts abzuschließen.

Was macht sein Körper nun? Er möchte die Zeit verlangsamen und Zeit gewinnen. Auch hier entsteht wieder eine Schilddrüsenunterfunktion mit dem sogenannten Kropf oder Struma (schulmedizinisch gesehen „falsches Gewebe").

Der nette Herr, kurz vor der Pensionierung stehend, schießt die Schilddrüse mittels operativer Entfernung tot, arbeitet fleißig bis in die Nacht weiter und denkt nicht über die Information seines Körpers nach. Wozu auch, denn jetzt hat er eingesehen, dass er einfach zusätzlich nachts arbeiten kann, somit ist alles zu schaffen. Allerdings fängt er an sich zu wundern, dass er dauernd hinfällt. Er stürzt öfters und zeitweise hat er einen unsicheren Gang. Jetzt ist es an der Zeit, zu einem Neurologen zu gehen. Dieser kann organisch nichts feststellen. Für den Mann bleibt die Gangunsicherheit ungeklärt und wundersam. Denn er hat immer noch nicht begriffen, dass hinter der Gangunsicherheit der Hilferuf und Wunsch seines Körpers steckt, langsamer laufen zu wollen. Der Mann liebt seine Arbeit. Hätte er die Idee, auch nachts zu arbeiten, früher aufgegriffen, wäre eine Schilddrüsenoperation vielleicht erspart geblieben. Oder er hätte ganz gezielt seine Firma um Verlängerung seiner Berufstätigkeit bitten können. Das alles ist später durch Einsicht und Not auch passiert, leider aber erst nach der Entfernung der Schilddrüse. Jetzt hat er einen verantwortungsvollen Folgejob und es gibt keine Schilddrüse mehr, die warnen kann, wenn es zu schnell geht. Alle kleinen Hinweise, wie seine Gangunsicherheit, werden oftmals nicht berücksichtigt und auf Organfehlfunktionen geschoben.

An einer weiteren Geschichte möchte ich dir nochmals zeigen, wie deutlich dein Körper eigentlich kommuniziert. Ich habe die Geschichte „Das Pokerface in Karriere und Familie" genannt.

Eine junge Frau in gehobener Position möchte Karriere und Familie unter einen Hut bringen. Ein Balanceakt, wie wir alle wissen.

Beides gemeinsam ist theoretisch denkbar, nur ist unsere Gesellschaft noch weit davon entfernt, eine beruhigende Machbarkeit zu ermöglichen. Diese Frau hat also ständig ein schlechtes Gewissen, entweder der Firma oder dem Kind gegenüber. Ihr lieber Körper versucht Zeit zu gewinnen und verlangsamt die Gute, sie wird müde, schlaff und leicht depressiv. Eigentlich eher kontraproduktiv, wenn sie zwei Jobs, nämlich Familie und Arbeit, hat. Somit wird fleißig die Schilddrüsenunterfunktion mit allen Mitteln der heutigen Medizin bekämpft. Jetzt ist sie wieder fit und froh, bringt vieles zustande. Was machen wir nun eigentlich, wenn der Körper sich erneut dem Thema zuwendet und einfach einen Herzfehler erarbeitet, um die wirklichen Herzschmerzen anzuzeigen? Einen Beinbruch kreiert, damit sie nicht mehr so schnell laufen kann oder eine Blasenentzündung, um ihre Reviere besser abgrenzen zu können?

Diese „Symptome" werden dann nacheinander einzeln bekämpft. Dank der heutigen Medizin können wir fast alles reparieren.

Die Schilddrüsen-ÜBER-Funktion = Ich muss schneller sein

Die Schilddrüsenüberfunktion fällt durch folgende Merkmale im Körper auf, die wir Symptome nennen:

Herzklopfen, Unruhe, Nervosität, Zittern, erhöhter Blutdruck, Aggressivität, vermehrter Durst, Gewichtsverlust, Rastlosigkeit.

In den Medien steht geschrieben: Die Schilddrüse *stellt mehr Hormone frei*, als der Körper braucht.

Glauben wir immer noch, dass der Körper doof ist, dass der Körper einfach mal so macht, was er denkt, nur weil er Lust darauf hat? Keiner fragt nach den wirklichen Ursachen!

Wenn unser Körper das notwendige Verlangen hat, wegzurennen, zu fliehen oder sich zu wehren, wird er alles tun, um die dazugehörigen *erforderlichen Ressourcen* zu aktivieren.

Mit einer Schilddrüsenüberfunktion haben wir viele Dinge *gleichzeitig in Kampfstellung*. Das ist praktisch und hilfreich.

Die Überfunktion der Schilddrüse steht, wie im nachfolgend erlebten Fall beschrieben für die Notwendigkeit: *Ich muss einfach schneller sein, dann entfliehe ich der täglichen Kritik.*

Eine Ehefrau mit einem behinderten Kind wird immer wieder von ihrem Ehemann darauf hingewiesen, dass sie allein für die Ursache der Behinderung ihres gemeinsamen Kindes zuständig wäre. Sie habe dadurch freilich auch dafür zu sorgen, dass dieses Kind umfassend versorgt ist. Gleichzeitig soll die Gute ihre Ehepflichten sauber erfüllen und natürlich auch noch dankbar sein, dass der Ehemann sie behält. Eigentlich möchte diese Frau fliehen, sie zittert regelrecht vor ihrem Mann, ist dadurch auf Dauer unterschwellig aggressiv, weil der Schmerz dieser Demütigung zutiefst durchdringend für ihren Körper ist. All die Angst wird fein säuberlich unterdrückt und nun kommt ihr Körper mithilfe seiner Schilddrüse ins Spiel und zeigt ihr über die Symptome, was der Körper dieser Frau wirklich braucht. Sie braucht *Aggressionen*, um dem Mann einmal deutlich die Meinung sagen zu können. Sie (also der Körper) braucht *Schnelligkeit*, um in dieser schutzlosen Situation bei Gelegenheit flink entkommen zu können. Und siehe da, die Mutter braucht auch noch Gewichtsverlust. Damit sorgt ihr Körper dafür, dass die Mutter mit einem leichten Körperbau mit Schmackes gemeinsam mit dem Nachwuchs das derzeitige Rudel bei drohender Gefahr verlassen und fliehen kann.

Wir Menschen reagieren heute aber anders. Wir gehen zum Arzt, der stellt eine Überfunktion der Schilddrüse fest, behandelt diese erfolgreich medikamentös und schon stimmt der Blutspiegel wieder. Dumm nur, dass die Patientin jetzt ein Symptom nach dem anderen entwickelt, Schmerzen zu ihrem Alltag gehören und diese jetzt wieder mit neuen Medikamenten und Operationen gelindert werden.

Überfunktionen von Schilddrüsen basieren sehr häufig darauf, dass ich mich in *vermeintlicher oder realer Gefahr* befinde.

Augen

Hier möchte ich nicht zu ausschweifend werden, denn dass die Nahsicht für die nahe Zukunft oder das Jetzt und die Fernsicht für die weitere Zukunft steht, ist allgemein bekannt. Derzeit ist die Laseroperation schon fast zum Alltag eines Menschen im mittleren Alterssegment geworden. Na ja, komisch nur, dass sich danach die dazugehörigen Themen nicht auch gleich ablösen.;-) Interessant finde ich allerdings, dass Menschen gar nicht erst auf die Idee kommen, dass ein Augenschleier tatsächlich auch einfach nur an einer neuen Kosmetik liegen kann, hier möchte ich gern noch einmal um Aufmerksamkeit bitten, auch ein Augenleiden kann ganz einfache Ursachen haben. Dass Augenringe für nervliche Überlastung stehen, wissen wir. Dunkle Augenringe sind immer ein überdimensionaler Hilferuf des Körpers, hier braucht der Mensch dringend Erholung, Schlaf, gute Nahrung und Sorgenablösung. Die Augen sind der Spiegel der Seele, sagt man; und tatsächlich sind die Organe auch in der Iris repräsentiert, genauso wie in Fuß- oder Handreflexzonen, im Ohr und dem Humunkulus im Gehirn. Am Blick unseres Gegenübers sehen wir seine Stimmung.

Wenn ich in die Entfernung eher verschwommen sehe, dann darf ich ruhig mal hingucken, wie sieht meine Entfernung, also die Zukunft aus? Wie *absehbar* ist mein zukünftiges Leben in dieser Gemeinschaft? Wie weit ist es noch, bis ich sicher im Leben bin? Will ich da genau hingucken? Will ich da jede Einzelheit sehen? Kann ich das überhaupt sehen? Ist das überhaupt aus der jetzigen *Situation betrachtet* machbar? Irgendwelche genauen Ziele möchte ich abstecken, werde ich diese Wünsche und Vorstellungen erreichen? Sind meine Ziele realistisch oder mache ich mir da was vor? Sehe ich eher verschwommen in meine Richtung? Mein Wunsch ist schön, wenn ich aber genau hingucke und das scharf sehe, dann müsste ich noch viele verschiedene Dinge erledigen und regeln. Kann ich mir das bildlich vorstellen?

Somit ist doch mein Körper schlau und sagt sich: „Ich lass das mal ein bisschen verschwommen, ich werde dann schon sehen, wenn ich hinkomme und wenn ich nahe bin, an dieser Zukunft, die ja eigentlich jeden Tag stattfindet, dann werde ich das schon sehen."

Wenn ich meine Vergangenheit und derzeitige Lebensform eher nicht so klarsehen möchte, dann brauche ich halt eine Lesebrille um das Jetzt mithilfe einer Brille besser sehen zu können. Im Jetzt greife ich immer wieder auf die Vergangenheit zurück. Selbst beim Lesen. Also, ich kann nur lesen, weil ich das in der Vergangenheit gelernt habe.

Okay, so viel zur Nah- und Fernsicht – wobei ich denke, es ist vielen von uns schon bewusst.

Es gibt Menschen, da gehen die beiden Augen ein wenig auseinander.

War es vielleicht so, dass ein Auge nach links und ein Auge nach rechts blickt? Ein bisschen wie bei einem Chamäleon. Das eine Auge sucht, wo es herkommt und das andere Auge guckt, wo es hingeht. Es macht den Eindruck, als würden manche mit beiden Augen in verschiedene Richtungen blicken. Auch diese Symptomatik lässt sich mit einer Familiensituation in Verbindung bringen. Linke Seite, rechte Seite; wir wissen, die linke Seite steht für Mutter und Kinder, allgemeine Nestgeschichten und die rechte Seite steht für Partner und für Arbeit. Wenn ich beide Aspekte nicht gut zusammenführen kann, weil ich mich vielleicht in der Arbeit viel wohler fühle als in der Familie, wo es nur immer Zoff, Rangelei und Zwiespältigkeit gibt, ist es für mich als Mensch wirklich geschickter, ich trenne das gut und unbewusst voneinander. Ich gucke mir das eine an und ich gucke mir das andere an. Beide Rollen bekomme ich nicht zusammen. Das sind dann diese Symptomatiken, die schulmedizinisch unerklärbar sind. Ein Augentest bestimmt den Wert der Sehschwäche oder es ist sogar nichts feststellbar. Hier wird festgestellt, dass nach den Messwerten die Augen völlig in Ordnung sind. Wir können auch noch den Augendruck messen; dieser ist vielleicht auch noch in Ordnung. Im Leben und Körper gibt es manchmal Geschichten, die per Skala nicht nachvollziehbar oder nicht dokumentierbar sind und trotzdem hat der Patient den Eindruck, hier stimme etwas nicht. Meine Augen machen ein Problem. In dem Moment, wenn wir uns das Thema gemeinsam betrachten und erkennen was deine Augen für dich machen, brauche ich keine Angst mehr vor dem Körper und Symptomatik zu haben. Ich trenne die Diagnosen ein bisschen voneinander und sehe liebevoll zu meinem Körper. Ein Auge guckt in die Richtung der Familie, das andere guckt in die Richtung Zukunftsangst. Um beides liebevoll anzusehen, braucht mein Körper derzeit vielleicht die beiden Augen getrennt.

Auch die Faltenbildung um die Augen herum spricht Bände. Es gibt Lachfältchen und Kritikfalten, hier spielt die Lebenseinstellung eben eine prägende Rolle. Schön finde ich den Ausdruck: Dienstleistungsfältchen, das sind die gezierten, aufgesetzten gequälten Fältchen im Gesichts- und Augenbereich. Wir sehen sowieso nur mit dem Herzen gut.

Die Haut und Allergien

Liesa und der Tritt in den Hintern – Hautekzem
Unsere Haut ist unser Abgrenzungsorgan und Schutzmantel.
   Liesa ist ein Paradebeispiel für Abgrenzungs-konflikte, welche über die Haut angezeigt werden. Sie führt mit ihrem Ehemann eine On-off-Beziehung. Obwohl sie erst seit drei Jahren

verheiratet sind, wird die Ehe ständig vom Mann in Frage gestellt. Liesa ist eher konservativ eingestellt und möchte, trotz aller Streitigkeiten, die Ehe nicht aufgeben. Nach jedem Streit beteuert sie, dass doch jeder Ärger irgendwie auszuräumen ist und dass man sich nur Mühe geben muss. Nach einer heftigen Ehekrise schmeißt der Mann sie aus der gemeinsamen Wohnung. Sie ist schockiert, so weit sind bisher die Streitigkeiten nie gekommen. Sie fühlt sich *in den Hintern getreten,* wie eine Aussässige behandelt und ist sprachlos. Dieses Mal gibt es nach ihrer Meinung keine Versöhnung. Gleich am nächsten Morgen stellt sie beim Duschen fest, dass sie direkt über der Poritze ein faustgroßes Haut-Ekzem (griechisch aufwallen, aufkochen) entwickelt hat. Die Haut ist hart und stumpf, juckt und schmerzt bei Berührung. Liesa kennt sonst nie irgendwelche Hautreaktionen und ist sehr verwundert, dass sie „aus heiterem Himmel" ein Ekzem bekommt (sie sich macht).

Ich frage die junge Frau, was denn gestern im Alltag so geschehen ist, es muss doch einen Grund für diese Hautreaktion geben. Sie schildert mir den Ehestreit und dass sie sich gefühlt hat, als hätte ihr Mann sie mit dem Fuß in den Hintern getreten und damit aus der Wohnung verfrachtet. Ich lenke ihre Aufmerksamkeit auf die Tatsache, dass sie sich in den Hintern getreten fühlte und dachte, dass sie behandelt wird wie ein räudiger Hund.

Ich sah ihr den Schock der Situation noch immer an, sie war nicht einmal in Lage, ihren Schmerz heraus zu weinen.

Also erklärte ich Liesa, dass ihr Körper es wieder einmal sehr gut mit ihr meint und sie schützt. Wenn sie sich getreten fühlt, ist es besser, *der Körper baut für künftige Attacken einen Schutz auf.* Ihr Körper reagiert perfekt, er macht eine harte Stelle, ein Ekzem zum Schutz vor weiterem Schmerz. Ein Ekzem entsteht schulmedizinisch aus unerklärlichen Gründen, wird umschrieben als: nicht-infektiöse, juckende Haut mit Einrissen, Bläschen und Juckreiz. Als Liesa die geniale Taktik ihres Körpers begriff, konnte die Haut innerhalb weniger Tage ausheilen. Sie hatte sich dazu auch erinnert, dass ihr Vater oftmals über Menschen lästerte und dazu den Spruch formulierte, diese Leute müsse man in den Hintern treten. Liesa hatte also zusätzlich eine alte Disposition zu diesem Thema und ihr Körper erinnert sich an die Gefahr. Sie konnte nun ihrem Körper danken und verstehen. Damit ist ein Symptom nicht mehr notwendig.

Wenn du also einmal ein Ekzem bekommst, lohnt es sich, die Körperregion näher anzusehen und diesen Bereich am Körper auf seine Funktion zu hinterfragen. Habe ich also ein Ekzem am Ellenbogen, geht es um die Verstärkung der gewollten Abgrenzung und Verteidigung gegenüber einem anderen Menschen. Wenn ich jemandem mit dem Ellenbogen attackiere, auch nur in Gedanken, dann stoße ich ihn aus meinem Nahbereich. Die sprichwörtliche Ellenbogengesellschaft formuliert das deutlich. Reagiert unsere Haut mit Symptomen, erzählt unser Köper von einer Krise, die direkt ohne Schutz ins Innere geht. Wir fühlten uns entblößt und unser Grenzen wurden schockierend übergangen.

Durchfall und Unverträglichkeiten

‚Ich lasse alles über mich ergehen, mir doch egal, geht mich alles nichts an. Soll doch alles an mir vorbeifließen, irgendwann fühle ich mich bestimmt richtig in dieser Lebenssituation‘, denken wir und machen Durchfall. Ein erhöhter Spiegel des Stresshormons Cortisol bewirkt, dass sämtliche körperlichen Funktionen, auch die Verdauung, beschleunigt werden.

Unser Gehirn hat im Beispiel Durchfall eine gefährliche Situation, in welcher ich mich bedroht fühle, wieder erkannt und reagiert sofort auf mein jetziges Leben mit entsprechender körperlicher, chemischer und hormoneller Aktion. Cortisol wird in Gefahrensituationen vom Körper dringend benötigt. In der Kurzversion bilden Stresshormone den Angstdurchfall.

Hast du Angst, verloren zu gehen, aus der Gruppe ausgeschlossen zu werden, weil du nicht gut genug bist?

Solche und ähnliche Fragen stellen wir uns bewusst oder unbewusst beispielsweise vor Prüfungen oder einem Bewerbungsgespräch, bei dem wir den ersehnten Job wirklich dringend brauchen. Diese kurzfristigen „Ich mache mir gleich in die Hose vor Angst"-Situationen kennen die meisten von uns. Wie ist es aber bei immer wiederkehrenden Durchfallattacken? Schulmedizinisch wird das dann kurzgefasst Morbus Crohn genannt, so hat das Ganze einen Namen und der Arzt und Patient sind beruhigt. Leider ist es noch unwissenschaftlich, die Symptome beim richtigen Namen zu nennen, was heißen würde: Diese Person hat immer wiederkehrende Ängste, sicherlich noch verborgener Ursachen. Genau hier wäre der Anfang, eine wirkliche Ursachenforschung einzuleiten. Immer wenn es Stress gibt, reagiert diese Person mit Durchfall. Die Mediziner sprechen hier von Morbus-Crohn-Schüben.

Ist es nicht komisch, dass es für die meisten beruhigend ist, wenn eine Diagnose mit lateinischem Namen der Ursache damit eine andere Wendung gibt? Mit einer festgelegten Diagnose muss ich einfach nicht weiterfragen, ist so, basta.

Jetzt habe ich eine Erklärung und einen Namen für all die *Schwierigkeiten mit meinem Bauchgefühl*. Es wird gesagt, die Ursache sei unbekannt, vor allem sei auch nichts dagegen zu tun. Es werden Diäten eingehalten, Lebensmittelunverträglichkeiten erkannt und festgelegt. Und wenn der sogenannte Schub da ist, muss ich noch nicht einmal zur Arbeit, denn ich bin krankgeschrieben, weil ich ja nicht anders kann. Dadurch kann ich mich in meine geborgene Höhle, an einen sicheren Ort zurückziehen, mein Bett hüten und die Welt lässt mich in Ruhe.

Gehen wir doch einmal der Unverträglichkeit von Lebensmitteln zunächst tiefer auf den Grund:

An was erinnern dich Nüsse spontan? Nüsse werden aus Urzeiten mit der Winterzeit und später mit der Weihnachtszeit in Verbindung gebracht. Was hast du für Erinnerungen an Weihnachten? Wie war hier die Familien- und damit die Rudelzusammengehörigkeit gestaltet? Ließest du diese Weihnachten über dich ergehen? Irgendwann sind die Feiertage vorbei und die unguten Gefühle gegenüber deiner Familie sind dann auch vorbei. Gab es Ängste vor dem Weihnachtsmann oder vor den strengen Ritualen in der Kirche oder beim Weihnachtsessen? Die Frage bei Unverträglichkeiten ist immer ganz einfach: Was verträgst du nicht gut beim Gedanken an frühere Situationen mit diesem Stoff, Lebensmittel oder Früchten. Welche Erinnerungen aus der Kindheit kommen in Bezug auf dieses Lebensmittel hoch?

Milchunverträglichkeit lässt auf die Unverträglichkeit gegenüber deiner Mutter schließen. Die Mutter überfüttert dich mit ihrer ständigen Kontrolle, sie lässt dir keinen Raum für eigene Ideen, sie weiß alles besser und nur ihre „Milch und Zuwendung" ist in ihrem Weltbild gut für dich. Du hängst ewig an der Mutterbrust, an der langen Leine. Welche Erinnerung verbindest du mit Milch, musstest du Milch holen gehen oder Milch austrinken, obwohl du es nicht mochtest? Milch stellt die urtümliche Verbindung zur Muttermilch her.

Um die enge Verbindung auflösen zu können, machst du dir eine Milchunverträglichkeit. Somit kannst du rein körperlich die Abneigung gegen deine Mutter erleben, ohne ihr freilich die wahre Meinung sagen zu müssen, denn das gehört sich nicht in unserer Welt. Mit deinem Körper machst du dir eine Lösung, denn dein Körper arbeitet immer für dich. Erinnern wir uns an den Satz der Mutter: „Hast du brav aufgegessen?"

Essen wurde oft mit *brav sein* verbunden. Du musstest über deine Grenzen und Wünsche hinaus aufessen, bis der Teller leer war, das Bild auf dem Tellerboden zu sehen war.

Erinnerst du dich an konkrete Gewürze oder Gemüse, die du als Kind nicht mochtest? Auch Jahre später riechst du diese Zutaten sofort und immer noch entsteht ein Ekel. So funktioniert Unverträglichkeit, nur eben in gesteigertem und vor allem unbewusstem Maße. Wenn ich die Unverträglichkeit an eine Erinnerung im Zusammenhang mit Essen nicht vor mir selbst zugeben kann, dann macht es eben mein Körper für mich, somit bin ich fein raus und muss mit dieser Erinnerung nicht mehr konfrontiert werden. Ich schlucke diese Erinnerung einfach nicht mehr, ich vertrage sie auch nicht mehr, ich brauche nicht genau hinzusehen, welche ekelerregenden Gedanken ich an eine kindliche Situation habe.

Welchen Gedanken, die du kaum ertragen kannst, kommen bei Unverträglichkeiten zu verschiedenen Lebensmitteln hoch?

Krankheit als Familienzusammenführung

Jede Krankheit ist heilbar, aber nicht jeder Patient.

Krankheit, Gebrechen und Einschränkungen in der Selbstfürsorge könnten natürlich auch als effektives Mittel für eine gewünschte Familienzusammenführung genutzt werden. Hierfür kennt und weiß jeder eine Geschichte von den nächsten Angehörigen oder Freunden.

Da gibt es beispielsweise die alleinstehende Tante, die durch ihre Arthrose erhofft, dass der Neffe nun regelmäßig kommt und ihre Einkäufe erledigt.

Was soll ich sagen? Meistens funktioniert der Hebel einer Erkrankung sehr gut.

Ein Beispiel:

Eine Patientin meldete sich zur Beratung in meiner Praxis an. Eigentlich ist sie eine taffe Frau. Sie war Alleinerziehende für zwei Kinder, ein Mädchen und einen Jungen, die inzwischen junge Erwachsene sind. Sie war immer gefordert, alles zusammenzuhalten und zu organisieren.

Alleinerziehende leben leider oft in einer ständigen Wolke aus Scham- und Schuldgefühlen. In jeder Lebenssituation muss allein entschieden werden. Keine Sorge kann geteilt werden und auch heute schwingt leider so ein Beigeschmack im Denken der Menschen mit, als hätte sie ihren Mann nicht halten können und wäre schließlich selbst schuld am Alleinsein.

Die Kinder meiner Patientin gehen inzwischen ihre eigenen Wege und irgendwie verzanken sich beide mit ihrer Mutter. Der Kontakt bricht ab und alle möglichen Versöhnungsversuche scheitern.

Ein Kontaktabbruch kommt übrigens häufig bei alleinerziehenden Müttern vor. Ganz unbewusst machen die Kinder einen Elternteil für ihr eigenes angebliches Versagen verantwortlich. Das Gefühl, von einem Elternteil verlassen worden zu sein, ist sehr schmerzhaft und die Kinder versuchen, durch eine Zuweisung von Schuld ihre Ängste und Nöte zu verarbeiten.

Es gibt also viele Aufs und Abs. Sich nicht melden wechselt sich mit Kontaktversuchen von beiden Seiten ab. Die Mutter leidet, die Kinder leiden ebenfalls, der Karren ist verfahren.

Die Tochter dieser Familie erschafft sich jetzt nach eigenen Trennungsgeschichten von ihrem derzeitigen Partner eine Lösung über Krankheit.

Diagnostiziert wird bereits nach vier Tagen Durchfall, dass diese Darm-Erkrankung chronisch wäre. Was passiert also jetzt? Alle drei Familienmitglieder wissen um den zerstörerischen Schmerz durch Trennung von geliebten Menschen und natürlich einer Krankheit. Der Sohn schreibt nun einen lieben Brief an seine Schwester, die beiden sprachen vorher nicht miteinander. Der Inhalt des Schreibens ist rührend mitfühlend, er macht sich nun Sorgen um seine Schwester. Es kommt zur Annäherung zwischen beiden Geschwistern.

Dann kommt er sofort zu Besuch und gleich zwei Wochen später trifft sich die ganze Familie mit Mann und Maus. Jetzt können sich alle Familienmitglieder in aller Ruhe und Breite über die Krankheit unterhalten. Gesprächsstoff gibt es nun dank Darmerkrankung ausreichend. Familienstreitigkeiten werden in ihrer Unterhaltung ausgelassen, auch die Gründe für den vergangenen Zank werden umschifft. Den Durchfall der jungen Frau als Hilferuf ihres Körpers zu sehen, kam gar nicht infrage. Schließlich wäre Morbus Crohn eine feststehende Krankheit, die eben aus heiterem Himmel kommen kann und die Ursache wird ausgeblendet. In dieser Familie wurde die Krankheit als bestens geeignetes Konversationsmittel verwandt. Der Körper des Mädchens wollte über Durchfall und sogenannte Unverträglichkeiten ihr Umfeld vom Kummer entgiften. Ihre Angst vor dem Verlorengehen kompensieren, eine Spur hinterlegen. Sie hängt sehr an ihrer Mutter und würde am liebsten ewig in der Geborgenheit und dem Schutz der Mutter sein. Der Vater dieser Familie ging schließlich vor Jahren eigene Wege und ließ die Familie im Stich. Die Mutter war von da an der zuverlässige Halt der Familie. Die damals jungen Kinder hatten aber in ihrer Zartheit für sich gespeichert, dass in stressigen Zeiten einer einfach weggeht. Über die Angst und Unsicherheit wurde damals nicht gesprochen. Das Thema Angst und Schuld war für alle zu schmerzhaft. Wir Menschen suchen zunächst immer einen Schuldigen, so lassen sich unsere Nöte im Moment besser verdauen. Das innewohnende Gefühl der riesigen Trauer und der Angst vor dem Verlassenwerden konnte damals nicht angesehen werden. Die drei Übrigen wollten verständlicherweise diese (falsche) Scham und leider auch ihre Schuldgefühle nicht sprachlich äußern, weil alle glaubten, das mache die Trauer nur noch größer.

Dummerweise haben die Sitzengebliebenen immer Schuldgefühle. Wir wissen, dass sich Kinder immer schuldig fühlen, wenn sich ihre Eltern trennen.

Durchfall ist die Botschaft unseres Körpers, dass ich Angst habe, mein Rudel könnte mich aus den Augen verlieren. In dieser Familie bestand somit die Gefahr, sich endgültig aus den Augen zu verlieren. Leider sind wir Menschen so programmiert, dass wir nicht die Angst in der Krankheit erkennen, sondern wir stürzen uns allein auf die Merkmale der Erkrankung. Keiner der Beteiligten spricht wirklich an, was hinter dem Angstthema steckt. Man trifft sich innerhalb der Familie und bespricht die vermeintliche Ursache dieser Darmerkrankung und die empfohlenen Diäten.

Durch diesen unreflektierten Umgang kann eine Erkrankung kein Ende finden, denn in allen Gesprächen der Familienmitglieder wird sich einzig und allein auf das Krankheitsbild und die Symptome bezogen.

Wäre die Familie nun in der Lage, offen und klar auszusprechen, dass dieser Darmerkrankung eine tiefe Angst zugrunde liegt, könnte es zu einer Heilung kommen. Auf die Befürchtung, dass durch verschiedene Meinungen und Lebenseinstellungen die Familie gänzlich auseinanderbrechen könnte, reagiert der Körper sachlich. Würde die Erkrankung geheilt werden, könnte sie nicht mehr zur Familienzusammenführung benutzt werden. Für gemeinsame Treffen gibt es natürlich auch bessere Gründe. Ein guter Weg wäre hier, sich um die eigenen Ängste zu kümmern. Schön wäre, wenn sich diese Familie versichern könnte, dass auch bei zeitweiser Unterbrechung des Kontaktes der Familienzusammenhalt bestehen bleibt. Auch unterschiedliche Lebenseinstellungen dürften nicht dazu führen, den grundsätzlichen Zusammenhalt zu beenden. Auch wenn die Kontakte mit der Zeit etwas seltener werden, ist es schön, dass man als Erwachsener bei Bedarf in der Familie ein geborgenes Nest findet. Keiner geht ganz weg.

Bei **Heuschnupfen** gehen wir ebenfalls in die Erinnerung an unsere Kinderzeit zurück. Was fällt dir ein, wenn du den Namen Heu oder Gras und blühende Bäume hörst? Welche Bilder kommen dir spontan, welche Gerüche und welche Situationen kommen dir zuerst in den Sinn? Hast du im Heu vielleicht deinen ersten unschönen Sex erlebt? Hast du im Heu mit unsympathischen Kindern gespielt, ist dir einmal etwas in die Nase gefahren, was du mit Heu in Verbindung bringen kannst? Hast du da ein verletztes Tierchen gesehen, was dir fast das Herz gebrochen hat? Hat dich die Heuschrecke erschreckt? Bist du unter einem blühenden Baum weinend gesessen oder mit dem Fahrrad an einen Baum gefahren? Haben deine Eltern geschimpft, wenn Grasflecken auf deiner Kleidung waren oder hast du einmal Weidekätzchen abgebrochen und bist dafür bestraft worden und hast dich ganz doll dafür geschämt? Hat man dich einmal in der Frühlingssonne gedemütigt, bist von anderen Kindern ausgelacht worden? Hast du einmal eine schlechte Schulnote mit einem gepflückten Wiesenstrauß für die Mutter besser machen wollen? Es ist so wertvoll, sich alle Erinnerungen in Verbindung mit dem sogenannten Allergikum abzurufen. Schnell wirst du einen Zusammenhang finden und dir wird klar, dass dein Körper mit dem sogenannten Heuschnupfen nur die Erinnerung ablehnt. Du schützt dich unbewusst, dir kommen die Tränen, du hast die Nase voll; und indem du nicht mit dem Auslöser konfrontiert wirst, brauchst du auch die Ursache nicht mehr anzusehen. Dein Körper meint es wie immer gut mit dir. Die Einschränkungen im Frühjahr nimmst du hin, schließlich heißt es jetzt Heuschnupfen und dagegen kann man nach Volksglauben wenig tun, außer der Vermeidung mit der auslösenden Situation, sprich der Wiese oder Bäume.

Ein Beispiel:

Annegret leidet unter Morbus Crohn und erzählt mir ihre Geschichte. Als Kind kam sie sehr früh in eine Betreuung zur Tante. Die Mutter musste arbeiten, der Vater war selten da, er war meist auf Montage. Er ging intensiv fremd, was die Mutter wusste, aber ertrug, weil sie dachte, sie müsse ja irgendwie die Familie trotzdem zusammenhalten. Annegret spürte aber in ihrer kindlichen Feinfühligkeit die Ängste der Mutter, dass sie irgendwann nicht mehr stabil genug sein könnte, diese Familiensituation zu ertragen. Damals war eine geschiedene Ehefrau noch nicht gerade selbstbewusst, denn die Gesellschaft machte diesen Frauen klar: Du hast es nicht geschafft, die Familie zusammenzuhalten und deinem Ehemann eine gute Frau zu sein. Irgendwie schwebte bei geschiedenen Frauen das Stigma in der Luft, sie seien mangelhaft und nicht gut genug.

Das kleine Mädchen Annegret nahm alles wahr, zum Teil über die kleinen Bemerkungen seitens der Mutter, die Wortspitzen des Vaters und die ungute familiäre Stimmung im Allgemeinen an besonderen Tagen wie Weihnachten, Ostern und Geburtstagen.

An solchen Ereignistagen musste die Familie, inklusive Oma und Tante, an einem Tisch sitzen und so tun, als wäre alles okay. Die Situationen am Tisch eskalierten regelmäßig und das Mädchen hatte innerlich immer Angst, dass nun der Vater endgültig geht, die Mutter weint, die Tante die Betreuung ablehnt. Somit ist im Kind eine Angst gespeichert, die Angst, Lebensmittel einzunehmen und dabei das Ergebnis nicht zu vertragen, denn die Familie verträgt sich auch nicht.

Heute, als erwachsene Frau, ist ihre eigene Situation zwar anders, aber aufgrund alter Erinnerungen ist die Stimmung beim Essen irgendwie immer komisch. Mal verweigern die Kinder ihr Essen, mal schmeckt es nicht, mal ist es für die Familie zu spät oder zu früh, mal wollen die Familienmitglieder etwas ganz Eigenes probieren. Annegrets Familie schafft es in den meisten Fällen, beim Essen am Tisch eine komische gespannte, unverträgliche Situation zu kreieren.

Später reagiert Annegret, wie wir alle bei gespeicherten Erinnerungen, wie ein Pawlowscher Hund. Sie erinnern sich an den Verhaltensforscher mit folgendem Versuch. Der Wissenschaftler gab seinen Versuchs-Hunden Futter und läutete dazu immer ein Glöckchen. Nach einiger Zeit läutete er das Glöckchen und, auch ohne dass Futter in der Nähe war, lief den Hunden das Wasser im Maul zusammen, sie hatten gespeichert und einprogrammiert, das bei diesem Geräusch das ersehnte Futter da war und schon wurde der benötigten Speichelfluss in Gang gesetzt.

Genauso reagieren wir Menschen. In unserer Kindheit wurde das Familienessen mit unguten Gefühlen in Zusammenhang gebracht. Später bringen wir ungute, gespannte Gefühle mit Essen zusammen und nennen das dann Unverträglichkeit, Allergie oder Darmerkrankung.

Da stellt sich doch die Frage, warum eine Darmerkrankung benannt und gleichfalls die Ursache als unbekannt benannt wird. Wenn wir den Vorgang der Nahrungsaufnahme einmal ganz einfach und aus instinktivem Blickwinkel betrachten, wird es einfach. Wir schlucken einen Brocken, haben dabei ein Angstgefühl, der Magen verdaut das Ganze noch, weil durch Hunger die notwendigen Magensäfte bereitgestellt wurden. Schon im Magen wird dem Lebewesen klar, hier stimmt etwas nicht, die Beute wurde in Angst heruntergeschlungen, jetzt ist sie drin. Entsprechend stimmt die chemische Zusammensetzung schon im Magen nicht mehr, wir nennen es der Einfachheit wegen: Der Brocken ist versaut. Nun rutscht es in den Darm. Seine Aufgabe ist im Groben, das Gute und Brauchbare für sich auszusortieren und das Unnötige herauszuschleusen. Nun ist aber der gesamte Inhalt durch die „falsche" Chemie unbrauchbar, also ist der Darm schlau und verabschiedet sich ganz fix vom gesamten Inhalt, das nennen wir dann Durchfall. Vom Körper ist die Lösung perfekt, nur leider verstehen wir wieder einmal seine deutliche und logische Sprache falsch und verurteilen seine Funktion. Hauptsache, wir haben eine Diagnose, da können wir plötzlich nichts mehr für unsere Unverträglichkeit, schließlich wurde nun seitens der Schulmedizin festgestellt, dass es eine Diagnose gibt, Ursache unbekannt und eine Diät hilft ein bisschen. Was bedeutet dann Diät? In einem speziellen Essverhalten wird mein Inneres nicht an alte Situationen erinnert, irgendwie ist alles anders, ich esse andere Dinge als meine Familie, vielleicht sogar zu anderen Zeiten, weil ich nun viele kleine Mahlzeiten einnehme und außerdem stehe ich nun mit meinen Unverträglichkeiten immer im Mittelpunkt, muss nicht mehr Angst haben, denn nun sorge ich für mich ganz allein. Annegret setzt sich sogar allein in die Küche zum Essen. Aber der Pawlowsche Effekt bleibt erhalten: Essen ist nicht zu vertragen.

Wie wir weiter oben erfahren haben, kann ich meine Gedanken aber neu programmieren. Ich kann meiner Unverträglichkeit zunächst auf die Spur kommen und dann beim Essen die Realitätsprüfung benutzen. Ich stelle mir bewusst die Frage, ob beim jetzigen Essen eine ungute Situation besteht, ich kann meine Nahrung bewusst betrachten und in Ruhe und Gelassenheit, aber sehr achtsam meine Mahlzeit genießen. Wir wissen auch aus eigener Erfahrung, dass es auch bei einer Erkrankung Zeiten gibt, in denen wir uns gesund fühlen, in nervigen Situationen entstehen plötzlich Schübe.

Jetzt ist gerade Coronazeit und was passiert? Menschen reagieren mit Krankheiten auf die ewige Angstverbreitung. Alte Erinnerungen werden wachgerufen und die Programme laufen unbewusst einfach ab.

Der Magen schluckt die Brocken

Zur Einleitung dieses Themas stellen wir uns folgende Szene vor. Ein Rudel hungriger Tiere kommt endlich an eine Beute. Alle stürzen sich auf das Fleisch und versuchen, für sich schnell einen Teil der Beute abzureißen, um satt zu werden. Weil sie lange nichts zu fressen bekamen, schnappte sich jedes Tier den größtmöglichen Happen, den es in der Rage bekommen konnte.

Ein Tier riss sich einen so großen Brocken ab, dass es sein kleiner Magen gar nicht verdauen konnte. Aber der Hunger ließ das Tier den Brocken schnell schlucken, damit die anderen Tiere es ihm nicht wieder wegnehmen konnten und er dann wieder mit Hunger und leerem Magen übrig bleibt. Unser Beispieltier verschlingt also den großen Brocken, rennt weg und ist zunächst beruhigt und satt. Der Magen selbst ist aber völlig überfordert, diese große Menge an Fleisch kann nicht verdaut und verstoffwechselt werden. Also bildet der Magen eine übergroße Menge an Säure, um eine Lösung anzusteuern. Der Körper des Tieres möchte leben und spürt, dass die Portion schlicht zu groß ist. Also wird ein Würgereiz ausgelöst, damit das Tier nicht verendet. Wenn ein Teil der verschluckten Beute wieder aus dem Magen und Körper herausgebrochen wurde, kann das Tier überleben.

Wir Menschen kennen das Völlegefühl, wenn wir zu viel gegessen haben, weil es so lecker und gemütlich war. Wir schlucken diese Portion aber vernunftgesteuert. Die Vernunft und das Gehirn streiken jedoch, wenn wir *Brocken einer ganz anderen Art* geschluckt haben.

Wir reagieren auch körperlich mit unserem Magen, wenn wir einen zu großen Brocken *ge-hört und erlebt* haben. Wenn wir über alle Maße hinaus beleidigt wurden, wenn wir ein zu großes Problem herunterschlucken mussten, obwohl es für uns unerträglich ist. Diesen Batzen muss ich nun schnell herunterwürgen, obwohl sich alles in mir sträubt.

Wenn mich zum Beispiel mein Chef vor versammelter Mannschaft herunterputzt und ich diese Beleidigung schlucken muss, weil ich den Job brauche. Wenn wir mit unserem Partner einen Streit hatten, bei dem ich eine übergroße Schuld zugewiesen bekomme, die ich zunächst schlucken muss, aber im Inneren damit nicht zurechtkomme. Nicht umsonst heißt es umgangssprachlich:

„Das ist ein großer Brocken und das liegt mir im Magen."

Eine weitere Begebenheit veranschaulicht diesen Vorgang.

Sehr unerwartet starb der Ehemann einer Frau. Sie waren beide Anfang fünfzig und hatten sich erst vor Kurzem kennengelernt und geheiratet. Es war eine wunderschöne Beziehung, die Ehe war sehr glücklich und harmonisch, sie hatten große und schöne Zukunftspläne und freuten sich auf ihre gemeinsame Zeit. Nach dem Tod des Mannes war die Frau mehrere Monate im Schock, die Trauer war unermesslich. Leider kann ich auch bei diesem Thema mitsprechen, weil auch ich vor vielen Jahren meinen geliebten Lebensgefährten durch eine schwere Krankheit verlor. Es entsteht eine unaufhaltbare Leere, eine Lethargie und eigentlich möchte sie selbst auch nicht mehr am Leben teilnehmen.

Die Frau war nun wieder alleine und fühlte sich verlassen, alleine und völlig illusionsfrei. Nach einem reichlichen Jahr erzählte sie mir, dass sie nun beschlossen hatte, den Ehering auszuziehen, um damit ein Zeichen setzen zu können, dass das Leben nun irgendwie weitergehen kann. Den Ehering abzulegen, bedeutet für sie eine Anerkennung der Tatsache, dass sie nun wieder single ist.

Wir sprachen lange über diese traurige Erfahrung.

Am nächsten Tag rief sie mich an und bat um Hilfe, denn sie hätte die ganze Nacht gebrochen und der Magen fühle sich an wie eine einzige Schmerzblase.

Weder Wärmekissen noch der sonst so hilfreiche Tee brachten Linderung. Sie war richtig krank.

Weil ich die außenstehende Beobachterin war, konnte ich die Ursache der Magenschmerzen dann schnell beschreiben.

Sie hatte ihren Ehering abgelegt, obwohl sich alles in ihr dagegen sträubte. Es war so schmerzhaft, alle Zukunftspläne aus ihrer Ehe ablegen zu müssen. Diese Handlung war kopfgesteuert, einfach, um irgendetwas tun zu können, damit ihr Leben vermeintlich weitergehen kann. Die Trauer ist noch längst nicht im Herzen abgeschlossen, wird sie auch nie werden. Ein geliebter Mensch bleibt für ewig in unserem Herzen und hinterlässt Spuren.

Die Handlung, den Ehering abzulegen, war zum ersten Mal nach der Hochzeit eine Absichtserklärung, welche aber *aus dem Kopf, nicht aus dem Herzen* und dem *Bauchgefühl* kam.

Somit hatte sie einen Brocken geschluckt, den sie gar nicht körperlich verdauen konnte. Natürlich kotzt der Magen die Handlung und damit den zu großen Brocken wieder aus. Für den Körper bleibt gar nichts anderes übrig, als den zu großen *Trauerbrocken* wieder loszuwerden. Dieser Batzen gelangt gar nicht erst weiter in den Darm, er muss schleunigst wieder raus.

Wir fanden zunächst eine Lösung, indem ich ihr riet, den Ehering nicht in eine Schachtel zu legen, sondern an einer Kette um den Hals zu tragen. Somit sind der Ring und der damit verbundene Mensch am Herzen und nicht weg vom Körper. Damit kann sie nun erst einmal Erleichterung empfinden, der Magen beruhigte sich. Eine Trauer ist damit nicht abgeschlossen. Wir dürfen auch lange trauern. Von wegen: „Jetzt musst du nur weiterleben und die Zeit heilt alle Wunden"; so schnell ist das körperlich nicht erledigt.

Verstopfung:
Ich möchte nicht oder anders gesehen werden

Der Wombat-Kot
Mit unserem Stuhlgang markieren wir unser Revier. Unser Körper hat noch nicht verinnerlicht, dass wir zur Toilette gehen, um uns zu erleichtern. Für unseren Körper steht noch immer fest:

Ich setze eine Marke mit meinem Geruch und zwar so, dass es andere Tiere auch erkennen.

Zunächst ein ganz niedliches Beispiel: Ein Wombat hat würfelförmigen Stuhlgang. Sein Lebensbereich befindet sich in bergigen Gegenden mit zuweilen sehr steilen Abhängen. Wenn also der Kot rund und kugelförmig wäre, würden eventuell die Grenzkügelchen den Berg herunterrollen und somit die von ihm vorgegebenen und abgesteckten Grenzen verrutschen. Der arme Wombat könnte sich also nicht darauf verlassen, dass seine festgelegten Markierungspunkte auch von anderen Tieren als solche anerkannt werden, weil diese dann dauernd weg wären.

Die Natur ist schlau und schafft Abhilfe. Sind die Kotbrocken würfelförmig, bleiben sie liegen; und die Sache ist unverrückbar, die Grenzen gesichert, das eigene Revier abgesteckt.

Nun bilden wir Menschen uns ein, dass wir der Natur weniger nahe sind, und bringen unseren Kot an einen bestimmten Ort, ins WC. Das weiß unser Körper aber nicht und begrenzt fleißig unser Revier in der Hoffnung, wir Menschen wüssten, wo unsere Grenzpunkte abgelegt sind.

Auch wir Menschen markieren unser Gebiet ganz natürlich und haben einen Rhythmus, eventuell einen Tagesmarsch, andere koten zweimal täglich, dann ist das eigene Bedürfnis nach Abgrenzung etwas größer.

Oder wir markieren eben nur ganz selten in Form von Verstopfung, weil wir gar nicht wissen, wo unser Revier beginnt und wo es aufhört. Auch hier spielt wie immer der unbewusste und evolutionäre Rudelgedanke eine strategische Rolle.

Wenn mir mein Rudel, also die Familie oder das berufliche Umfeld keine Möglichkeit einräumt, meine eigenen Gebiete und Grenzen klar abzustecken, verkneife ich mir das Setzen von Grenzpunkten. Zu meinem eigenen Schutz bestehe ich dann nicht auf meine Grenzen, sondern füge mich in die Gebiete Fremder ein.

Wenn ich körperlich und gedanklich unsicher bin, *wo genau ich das Gebiet der anderen Rudelmitglieder störe* und *versehentlich eindringe*, könnte ich damit am Ende verletzt werden. Körperlich setzte ich sicherheitshalber ganz wenige Markierungspunkte.

Gedanklich und innerlich habe ich Angst, aus dem Rudel ausgestoßen zu werden. Ist jedoch mein Gebiet realistisch zu klein abgesteckt, kann ich damit nicht ausreichend für mich sorgen. Was also macht unser Körper für uns? Er markiert sicherheitshalber nur alle paar Tage und oft unter Schmerzen, denn die Markierung ist mit Angst verbunden. Manche Menschen können im Urlaub oder bei Gästen nicht groß auf die Toilette gehen. Das liegt daran, dass sie sich nicht zugestehen oder getrauen, eigene Marken zu setzen, rein körperlich natürlich.

Familienbetrieb

In einem lang gut gehenden Familienbetrieb wird die Gründergeneration langsam zu alt, um das Geschäft allein weiter betreiben zu können. Der Sohn war schon als Kind immer mit in der Firma, die Angestellten kannten den Sohn von klein auf. Mit dreißig Jahren wurde der Sohn zum Geschäftsführer seiner elterlichen Firma. Die Angestellten sprachen den Sohn weiter mit dem gewohnten „Du" an, er seinerseits hatte verinnerlicht, Erwachsene mit „Sie" ansprechen zu müssen und so blieb die Gewohnheit lange Zeit erhalten, dass der Geschäftsführer mit dem Vornamen angesprochen wurde, er aber seine Angestellten mit Sie und dem Nachnamen ansprach.

Die Aufgaben vom jetzigen Geschäftsführer waren nicht klar abgrenzbar, mal wollte der Vater noch Privates vom Sohn erledigt wissen, mal korrigierte er Verträge, die der Sohn bereits abgeschlossen hatte. Mal wollte die Mutter eine Abgrenzung gegen den Vater und der Sohn musste das juristisch lösen, mal ging es um Erbschaftsrechte und Finanzverwaltung. Der Sohn wusste aber nie so recht, wie weit seine Kompetenzen anerkannt werden, er wollte es natürlich allen recht machen, als Sohn auch dankbar sein. Seine Eltern hatten Großes aufgebaut und anderseits wusste er nie, was er auch einmal gegen den Willen seiner Eltern durchsetzen kann.

Der Körper reagiert auf diese Unsicherheit doch logisch. Der Mann litt permanent unter Verstopfung. Sein Körper setzt keine sichtbaren Grenzen, das könnte, so denkt er innerlich, nach hinten losgehen. Er hat Angst, als Geschäftsführer entlassen zu werden. Die Eltern haben in letzter Konsequenz das Sagen und seine volle Achtung, ihre Grenzen gelten noch immer als die wichtigeren.

Nun kann sich der Sohn weiter Gedanken machen, ob der Darm krank ist und er sich falsch ernährt. Er geht von Arzt zu Arzt und kann medizinisch keine Ursache finden.

Sinnvoller ist, er lernt seinen Körper zunächst einmal kennen und lieben.

Sein liebevoller Körper macht für diesen Mann genau das, was der Mann benötigt. Eine seltene Grenzpunktmarkierung hilft dem Mann, sich irgendwie durch das Dilemma zu schleusen.

Wenn nun die Erkenntnis und die Verbindung zur körperlichen Reaktion angekommen ist, brauchen wir zunächst keine Angst zu haben, dass an meinem Körper irgendetwas falsch oder gar erkrankt ist.

Nun sollte aber als Dankeschön für den Körper eine Reaktion folgen. Es wäre nun von Vorteil und zum Guten für den Körper, dass dieser Mensch ab jetzt in seiner Realität, im jetzigen Leben und Umfeld klare Grenzen festzulegen beginnt.

Zettel und Stift wirken hier Wunder. Was möchte ich wirklich allein entscheiden, was dürfen die Eltern mitentscheiden. Wo soll die Firma hingeführt werden, was darf aus Alten beibehalten werden. Wo sind private und geschäftliche Dinge zu trennen?

Sind die Prioritäten und damit die Grenzen festgelegt, kann sich der Körper entspannt zurücklehnen und seinen Stuhlgang ablegen, wo es passend für seinen Menschen ist.

Mutters und meine Grenzen

Eine Mutter kommt mit ihrer fünfjährigen Adoptivtochter Anna in die Praxis. Sie erzählt, dass Anna schon im Säuglingsalter in die Familie kam. Die kleine Fünfjährige schaffte es nicht, die Toilette zu benutzen, sondern trug noch immer Windeln, nur in die Windel konnte sie ihren Stuhlgang ablegen und das auch nur selten, also nach einigen Tagen.

Die leibliche Mutter war drogenabhängig und nicht in der Lage, für ihr Kind zu sorgen. Nun wissen wir bereits, dass ein Säugling schon sehr viele Erfahrungen und Programme im Bauch ihrer Mutter aufnimmt, um im späteren Leben ausreichend vor Gefahren gerüstet zu sein. In ihrer gesamten Embryonalzeit hatte die Mutter des Mädchens nur den einzigen Gedanken: ‚Ich darf nicht gesehen werden.'

Sie war nun drogenabhängig und wurde Mutter. Sie freute sich auf ihr Kind. Der werdenden Mutter war bewusst, wenn ihre Abhängigkeit und ihre derzeitige Lebensweise erkannt und verraten werden, bekommt sie ihr Kleines entzogen. Also versteckte sich die Schwangere und versuchte, nicht erkannt zu werden. Das klitzekleine Wesen Anna hatte nun in ihrem Inneren gespeichert, dass es notwendig ist, sich *klein zu machen, nicht gesehen zu werden und vor allem nicht zu zeigen, wo und wie man wohnt, also sein eigenes Gebiet hat.*

Naturgemäß kam das Baby zu früh und sehr untergewichtig zur Welt. Eine kurze Zeit durfte sie bei der Mutter bleiben, aber das Jugendamt erkannte die Misere der Drogenabhängigkeit und Unfähigkeit der Mutter, ihr Baby verantwortungsbewusst zu versorgen. Anna kam somit in ihre Pflegefamilie, die sie kurze Zeit darauf adoptierte. Im Inneren des Babys war das Programm manifestiert, nicht gesehen werden zu dürfen. Erst mit dem „Problem", dass Anna offensichtlich mit ihrem Stuhlgang nicht „normal" ist, kam es dazu, dass sich die Adoptivmutter Hilfe suchte.

Zu mir kam die Mutter zunächst allein und erzählte mir die Geschichten ihrer Tochter und der Ursprungsfamilien. Wir konnten die Ursache der körperlichen Reaktionsmuster ihrer Tochter erkennen.

Zum nächsten Termin brachte sie Anna mit. Das Mädchen hatte mit fünf Jahren bereits eine Weisheit in den Augen und ihrer Ausstrahlung, die mich erstaunen ließ. Die Kleine erzählte so frei und offen vom Kindergarten und dem Leben, dass es mich überraschte. Gleichzeitig war sie in ihrem Alter bereits so verständig, dass wir ihr erklären konnten, warum sie noch immer in die Windel machen muss und die Toilette für sie irgendwie ein komisches unsicheres Ding darstellt. Ich erzählte ihr von den Tieren und dem wunderbaren Trick, dass sich unsere Tiere mit dem Pipi und Kacka ihre Wohngebiete abstecken. Dann sind sie sicher und die anderen Tiere dürfen diesen gesteckten Zaun nicht übertreten. Das wissen natürlich alle Tiere und alle halten sich an die Regeln, denn jedes Tier hat seinen eigenen Zaun und Raum und so können alle friedlich miteinander leben.

Anna verstand sofort die praktische Seite am Kacka. Nun erklärten wir ihr, dass auch wir Menschen und Anna ganz natürlich unsere Grenzen setzen und zeigen dürfen. Denn Anna ist sehr wichtig für ihre Familie und im Kindergarten. Jeder freut sich, wenn sie kommt, da gibt es keinen Grund, sich zu verstecken zu müssen.

Ihrer Mutter erklärte ich, dass sie in den kommenden Tagen und Wochen großen Wert auf ihre Sprache legen darf. Oft sagte jetzt die Mutter zu ihrer Tochter, dass es so schön ist, *sie zu sehen*, dass sie so froh ist, dass sie da ist. Die Mutter war innerlich sowieso sehr glücklich über ihre Familie und nun konnte sie es gegenüber Anna immer wieder laut aussprechen.

Schon sofort nach unserem Gespräch und der Erkenntnis der Mutter, warum Anna mit ihrem Körper auf alte Gebrauchsmuster zugreifen musste, konnte das Kind entspannen und regelmäßig zur Toilette gehen. Die Toilette war nun ein interessanter, friedlicher Ort, die Windeln brauchte sie nicht mehr.

Blasensymptomatik: die eigene Rolle im Revier

Ein über fünfzigjähriger Patient kommt wegen ständiger Blasenschwäche zu mir. Er hat keine Schmerzen, nur das ärgerliche häufige Zur-Toilette-Müssen ist lästig und auffällig. Tagsüber und auch nachts muss er jede Stunde zur Toilette.

Seit drei Jahren lebt er mit Frau und vier Kindern in einer Patchworkfamilie im Eigenheim. Beide Ehepartner haben ihre eigenen beiden Kinder im pubertären Alter mitgebracht.

Das vorrangige Thema im Leben dieses Mannes ist seine Not, seine eigene Rolle in der Sippe, im Rudel zu finden und sich zu behaupten. Im Gegensatz zum Durchfall handelt es sich bei der Blasen-Symptomatik um die *Hierarchie in der Familie oder im Team.* Bei Durchfall markiere ich ebenfalls mein Gebiet, habe aber Angst, verloren zu gehen.

Als Familie im neuen Haus müssen nun sechs Menschen, die sich eigentlich erst beschnuppern und akzeptieren müssen, trotz unterschiedlicher Wünsche und Vorstellungen zusammenleben. Drei von der einen Seite und drei von der anderen Seite.

Wie das Leben so spielt, mögen die Kinder des Vaters die Ersatzmutter und die Söhne der Frau diesen Mann nicht sonderlich. Die Jungen vergleichen den Ersatzvater ununterbrochen mit dem vermissten eigenen Vater. Somit akzeptieren sie seine Rolle als Familienoberhaupt überhaupt nicht.

Die erwachsenen Partner lieben sich, alles schön und gut, man hat sich eben spät noch kennengelernt und nach verschiedenen Schicksalen haben die beiden nun zusammengefunden, sich ein gemeinsames neues Nest aufgebaut und alles ganz toll und gemütlich hergerichtet.

In den Ursprungsfamilien gab es Gewohnheiten und Charakterzüge, die Rangordnung war selbstverständlich durch die Eltern und Geschwisterreihenfolge gewachsen. In der jetzigen Familie wird eine evolutionär benötigte Rangordnung täglich neu erkämpft.

Der Patient ist als Vater der Familie jetzt eigentlich im evolutionären Sinne das Rudeloberhaupt. Diese Tatsache wird jedoch täglich vernichtet und boykottiert.

Das Urinieren ist eine evolutionär körperlich gesteuerte Angelegenheit. Mit unserem Urin markieren wir über den Geruch die eigene Rolle im Revier. Mit was sonst sollten wir ohne Sprache einen Platz sichern? Unser Körperinneres weiß in seiner

Überlebensstrategie nichts von Zäunen und Toiletten. Der Körper stellt in seiner Sprache sicher, dass seinem Menschen die innewohnende Rolle zugestanden wird. Zwei Alpha-Tierchen gibt es in keinem Rudel und keiner Sippe. Die Ehefrau müsste dann gleichzeitig daran erinnert werden, ihrem jetzigen Ehemann die Rolle als Oberhaupt einzuräumen. Beide könnten dabei profitieren und die Kinder bekämen wieder Stabilität mit auf ihren Weg.

Bei Hunden ist das Markieren nur so deutlich sichtbar, weil wir im Alltag diese Haustiere am häufigsten sehen. Ein Hund hinterlässt über den Geruch seines Urins Botschaften und steckt sein Gebiet und Rollenverständnis ab. Wir Menschen merken kopfgesteuert nicht, dass wir Reviere und Familienrollen markieren, weil wir eben nicht in jede Ecke der Wohnung Pipi machen, sondern immer artig auf die Toilette gehen. Damit kommen wir in unserem Denken über Krankheiten und Symptome nicht auf den Zusammenhang, dass wir vielleicht in verschiedenen Regionen, Gebieten oder Zimmern unseres Hauses eigentlich Pipi machen wollen würden.

Ebenso im Team der Arbeitsstelle. Sind dort ständige Machtkämpfe und Rangeleien an der Tagesordnung, müssen wir körperlich agieren. Oft mit Blasenentzündungen.

Auch dort werden unbewusst eigene Positionen und Schlüsselfunktionen abgesteckt. Mit dem Körperlichen zeigen wir über Symptome, wenn es zu diesem Sachverhalt große Konflikte gibt. Wir sind von unserer Lebensform geprägte Rudelwesen und ein Rudel benötigt eine gesunde Rangordnung. Da hilft der Verstand wenig.

Gleichzeitig und zusätzlich hat dieser Patient, wie er so schön formuliert, Probleme mit den Augen. „Was haben Sie denn mit den Augen?" „Ja, ich kann Ihnen das nicht sagen, irgendwas funktioniert da nicht."

Okay, also es ist uns nun schon allen mal zu Ohren gekommen, dass die Augen tatsächlich sehr viel damit zu tun haben:

„Wie sehe ich eine Situation, wie sehe ich meine Vergangenheit, wie sehe ich meine Zukunft?" Siehe Augenkapitel.

Zur Auflösung und ganzheitlich betrachtet widmen wir uns erst einmal dem drängenden Thema im jetzigen Leben. Wir nehmen unvoreingenommen das Leben und die jetzige Lebenssituation objektiv und interessiert wahr.

Im nächsten Schritt werden wir über unser Bewusst-SEIN die gegenwärtige Symptomatik sofort anders betrachten können und damit einer Heilung Platz freiräumen. Wenn mein Körper verstanden hat, dass mein Mensch jetzt bewusst nach Lösungen sucht, braucht das Problem nicht mehr mithilfe von Körpersprache allein ausgedrückt zu werden. Jetzt kann sich der Körper entspannen und der Mensch im derzeitigen Leben seine Thematiken bearbeiten.

Dann müssen wir uns auch einer zusätzlichen Frage stellen: Muss ich immer alles sofort wegtherapieren? Wir sind so erzogen und im Moment ist der allgemeingültige Tenor, dass wir zu jeder Zeit absolut fit sein müssen. Du musst schön sein, du musst fleißig sein, du musst dein Potential entwickeln und überhaupt, du kannst noch besser sein und noch toller und noch fleißiger! Verbesserung ist in heutigen Zeiten die Grundhaltung des menschlichen Daseins. Multitasking, alles geht, alles ist gut und was du nicht brauchst, wirfst du einfach weg, kannst ja später Neues kaufen.

Aber unser Körper funktioniert eben nicht nach der heutigen Zeit. Unser Körper funktioniert noch in einer Zeit von vor mehreren Tausend Jahren. Wir sind noch immer nicht körperlich angepasst und eingestellt auf die technische Schnelllebigkeit der Zeit.

Bis vor 150 Jahren gab es noch keinen Strom für alle. Das heißt, wir Menschen mussten vor Sonnenuntergang beispielsweise gekocht und gegessen haben, weil es danach dunkel war. Wir hatten noch ein Feuer und die Arbeiten mussten im Tag-Nacht-

Rhythmus gestaltet sein. Heutzutage ist das alles völlig anders, denn mit der Stromversorgung und das künstliche Licht verändern wir komplett unseren Körper-Rhythmus. Wir denken, dass Sommer- und Winterzeit einfach umschaltbar ist. Es wird so getan, als würden wir uns per Schnipp in dieser einen Stunde auch mit dem Körper umstellen. Hiebei wundert sich keiner mehr, dass wir da zunächst einmal Zeit brauchen uns wieder umzugewöhnen. Diese eine Stunde geht noch relativ schnell anzupassen. Aber im normalen Leben führen wir einen komplett anderen Lebensrhythmus als den biologischen Rhythmus, welcher uns eigentlich im wahrsten Sinne des Wortes noch in den Knochen steckt.

Und genau da will ich nochmal hin. Es muss auch nicht immer alles sofort wegtherapiert werden, es muss nicht immer sofort eine Tablette genommen werden. Ich könnte versuchen, mit einem liebevollen Auge auf das Körperinnere zu lauschen. Wenn ich meinem Körper vertraue, dass dieses Symptom jetzt sogar benötigt wird, kann die Angst vor unerklärlicher Krankheit verschwinden.

Männlichkeit in der Familie

Es gibt keine Zufälle. Eine Patientin erzählte mir eine Geschichte, die zum Thema passt.

Nachdem der Vater einer Familie beerdigt wurde, sagte die Mutter zum vierzehnjährigen Sohn: „So, jetzt bist du der Mann im Haus." Einige Tage später wurde der vierzehnjährige Sohn mit der Diagnose Hodenhochstand ins Krankenhaus eingeliefert. Diese „Erkrankung" sollte natürlich schnellstmöglich operiert werden, weil sonst die Fortpflanzungsfähigkeit massiv eingeschränkt ist und bleibt.

Was ist hier unbewusst gelaufen? Der Sohn ist mit vierzehn Jahren einfach nicht bereit für die falsche Rolle, als der *Mann neben seiner Mutter* im Haus zu stehen. Er reagiert also körperlich instinktiv, indem er sich seine Männlichkeit selbst versteckt und nach innen zieht, sich dem Äußeren entzieht. Nun können wir den Weg gehen und operieren lassen und wir könnten aber auch den Weg gehen, diese Situation näher zu beleuchten und vor allem zu bereinigen. Wir brauchen kein Studium, wenn wir unserem Körper zuhören, ansehen und verstehen wollen. Ein Sohn ist nicht der Mann im Haus neben seiner Mutter, sondern ein Jugendlicher ist der Sohn der Mutter. Seine eigene Männlichkeit und seine männliche Rolle als Mann im Haus wird er mit seiner eigenen Freundin oder späteren Frau bewerkstelligen können. Nicht in dieser unnatürlichen Konstellation mit seiner Mutter. Hierzu möchte ich das körperliche Bild von „Arsch in der Hose" einflechten. Ja, das ist ein unschönes Wort, wird jedoch oft bemüht. Beobachten Sie einmal Männer und Frauen im Hinblick auf ihr Hinterteil. Wenn der Hintern total flach ist und im Grunde gar nicht zum Rest des Körpers zu passen scheint, ist der Charakter ähnlich. Wenig Durchsetzungsvermögen und Verantwortungsgefühl. Ich benötige Arsch in der Hose, um voranzukommen, meinen Stand und Sitz zu markieren, mich fortzubewegen und fortzupflanzen, denn der Hintern ist vor allem Bein- und Beckenmuskulatur.

Wie komme ich als Therapeutin zur Diagnostik? Hier am Beispiel von Cranio-Sacral-Therapie

Nachdem ich selbst 2006 eine Cranio-Sacral-Behandlung bekam, entschloss ich mich sofort, eine Ausbildung dieser Behandlungsform zu absolvieren. Ich fand keine Worte zur Erklärung, was alles in meinem Körper passierte. Für mich war klar, dass diese Körper- und Traumabehandlung den Ursachen einer „Unstimmigkeit" im Körper auf den Grund geht und die Heilung an der Wurzel packt.

Ich bin so dankbar für meinen wunderbaren Lehrer Helmut Kinon, der erste und einzige Mensch, der bis dahin an mich glaubte und immer sagte: „Carola, was du fühlst, ist richtig." Ich weiß noch, zu Beginn der Ausbildung ging es darum, den cranio-sacralen Rhythmus, also den Puls des Liquors (Gehirnflüssigkeit) zu fühlen. Der zu Behandelnde lag auf der Behandlungsliege, der Übungspartner hielt die Hände unter den Kopf des Liegenden, um diesen Puls zu fühlen. Ich war auch ganz dolle neugierig und wissbegierig bei der Sache. Ich habe gefühlt und gespürt und erkannte so bei mir: ‚Also ich fühle gerade alles Mögliche. Nämlich, dass der ‚Patient' unglücklich ist, dass der Übungspartner vielleicht eine große Leber hat, dass der Knochen am linken Fuß überhaupt nicht gut sitzt und dass dieser Mensch derzeit jemanden pflegt und ein Trauma in der Kindheit hatte oder einmal vom Wickeltisch gefallen war.' Solche Bilder gingen mir durch den Kopf, aber ich habe wirklich keinen cranio-sacralen Rhythmus gespürt. Alle Mitschüler beschrieben, wie toll der Rhythmus ist und wie fein das ist und ich dachte: ‚Puh, oh, ich bin ja wohl eher der Panzer, ich spüre das nicht.' Und wie gesagt, noch einmal voller Hochachtung vor meinem Lehrer. Er sagte: „Carola, weißt du, du spürst das richtig." Ich darf sagen, dass ich erst zwei Jahre später diesen Puls gefühlt habe, obwohl ich täglich damit gearbeitet habe. Ich hatte dann eben andere Sachen gespürt. Und die halfen meinen Patienten. Inzwischen darf ich sagen, jawoll, ich stehe dazu, dass ich auch andere Sachen spüre, einfach viele Zellinformationen aus dem Körper bekomme. Ich habe keine Lust mehr, mich dafür zu entschuldigen. Ich weiß, dass in der Menschheit immer noch dieser Aberglaube, diese Angst steckt: „O Gott, Hexe, und was sieht sie alles? Sieht sie vielleicht alle meine Geheimnisse (wie früher der Pastor) und oh, oh, dann geht es um Verrat und es geht um Angst und es geht um Scharlatanerie."

Es ist keine Hexerei, jeder kann spüren, fühlen und sehen, wir brauchen nur den Willen oder das Interesse dafür.

Cranium ist das lateinische Wort für Schädel,

Sacrum das lateinische Wort für Kreuzbein.

Begründet wurde diese Therapie vom Arzt William Garner Sutherland (1873–1954), er war Schüler von Andrew Tailer Still (1828–1917), dem Begründer der Osteopathie.

Dr. Uppletger entwickelte die Therapie in eine Richtung der funktionellen Wahrnehmung, also vorwiegend struktureller Natur, auf Knochen und Gewebe.

Sutherland spricht von der Biodynamik im Cranio-Sacralen System, dem Primär-Respiratorischen Mechanismus, dem „Breath of Life", Atem des Lebens, welcher allen anderen Körpersystemen übergeordnet ist.

Es hat sich im Übrigen gezeigt, dass dieser Puls erst einige Zeit (bis zu zwei Stunden) nach dem körperlichen Tod aufhört zu schlagen.

Wir sprechen von einer übergeordneten Intelligenz; dieser Lebens-Atem ist vergleichbar mit der Anbindung des Körpers an seine Selbstheilungskräfte.

Cranio-Sacral weist also auf die funktionelle Einheit zwischen beiden hin. Schädel und Kreuzbein sind über die Wirbelsäule miteinander verbunden. Um Gehirn, Rückenmark und Nervensystem zu schützen und zu versorgen, sind sie mit Gehirnflüssigkeit (lat. Liquor) in einer Art Wasserbett umhüllt. Dieser Liquor befindet sich in einem „Schlauchsystem", den Membranen in Form einer Kaulquappe.

Sutherland bemerkte, dass diese Flüssigkeit rhythmisch pulsiert, etwa sechs- bis zwölfmal pro Minute, also deutlich verschieden zu Atemrhythmus und Blutpuls. Besonders deutlich spürbar ist dieses Pulsieren am Kopf und Steißbein. Hier sind diese Membranen verankert, deshalb der etwas verwirrende Name dieser Behandlung.

An sich selbst zu spüren ist das recht gut, wenn wir einmal eine zu kleine Mütze oder engen Helm aufsetzen, dann kann der Kopf nicht größer werden und „atmen". Dadurch wird uns sehr schnell übel.

Unser Schädel vergrößert und verkleinert sich also mehrmals pro Minute. Die sogenannten Schädelnähte sind nicht, wie ursprünglich behauptet, fest verbunden, sondern sind gelenkartig miteinander verzahnt und beweglich.

Sind diese einzelnen Strukturen am Schädel durch Traumen wie Stürze, Geburt oder Infektionen verrutscht, kann der Liquor nicht frei fließen, was zu Einschränkungen im gesamten Körpersystem führen kann. Unsere Schädelknochen sind ständig in Bewegung. Hierbei handelt es sich um Bewegungssequenzen von unter einem Millimeter.

In der Therapie werden diese Funktionsstörungen erfühlt und dem Körper Lösungsmöglichkeiten angeboten. Mittels ganz sanftem Druck und kleinsten langsamen Veränderungen an der Struktur im Körper und am Kopf, balanciert sich der Körper selbst in seinen ursprünglichen, gesunden Zustand aus, ein Reset.

Dank jahrelanger Erfahrung ist diese Bewegung am gesamten Körper spürbar. Die Cranio-Sacrale Therapie findet ihren Platz zwischen energetischen und manuellen Behandlungsformen, hier behandeln wir gleichzeitig. Korrigierend manuell auf der strukturellen Ebene und auch energetisch bzw. emotional.

Mit diesem Rhythmus, ca. sechsmal pro Minute, beugt und streckt sich unsere gesamte Körper-Komposition. Hier befindet sich ein lebenswichtiges vitales System und wird als Grund-Atem des Körpers bezeichnet. Nicht nur der Bereich zwischen

Schädel (Cranium) und Kreuzbein (Sacrum) bewegt sich, sondern sogar der ganze Körper befindet sich durch die Wellen des Cranio-Sacralen Rhythmus in einer gesamten Bewegung des Öffnens und Schließens.

Wo das nicht so recht funktioniert, werden durch bestimmte Handgriffe Korrekturimpulse gesetzt. Für jeden emotionalen Zustand gibt es ein körperliches Gegenstück. Unsere körperlichen Anzeichen sind eine Hilfestellung für uns Menschen, um zunächst einmal weitermachen zu können. Mir persönlich, gefällt das Bild der Engstirnigkeit, hier wird der emotionale und funktionelle Zusammenhang sehr schön deutlich.

Oder unser Entgiftungsorgan, die Leber. Sie entgiftet eben nicht nur unser Blut, sondern genauso gut die vielen Gifte in unseren Beziehungen, Lebensumständen und Sorgen.

Das bedeutet, dass es hier nicht um Korrekturen von bestimmten Beschwerden geht, sondern um die Auflösung eingeprägter gefühlvoller Blockaden. Wir Menschen kommen nach der Behandlung in unser ureigenes Gleichgewicht. Ein Neubeginn für Leib und Seele.

Wir können gezielt an speziellen Arealen im Körper arbeiten, so zum Beispiel an Knochen und Geweben, am Hormonsystem, am viszeralen System, den inneren Organen, dem Bauch, dem Gehirn, Ohren – eben jedes Puzzleteil im Körper.

Dieses wiederum hat zur Folge, dass auf die neu gewonnene andere Ausstrahlung, also innerliche und äußerliche Atmosphäre, das Umfeld nachfolgend reagiert. So kommt es oft zu kleinen oder großen Umbrüchen im Leben, die zunächst gar nicht mit der Behandlung in Zusammenhang gebracht werden. Allein durch die neue echte Strahlkraft und Anziehung verändern sich Umstände, es ergeben sich Lösungen für Probleme, die eventuell jahrelang im Raum standen.

Die Behandlung ist sanft und einfühlsam, kein Krachen und Knicken, sondern fünf Gramm Druck.

Grundlegendes Prinzip meiner Behandlung ist die Achtsamkeit gegenüber jedem Menschen, seinem Körper und seinen Grenzen.

„Was die Zukunft anbelangt, haben wir nicht die Aufgabe, sie vorherzusagen, sondern sie zu ermöglichen." – Antonie de St. Exupe'ry.

Viele Erlebnisse, Erfahrungen, Sorgen, Wünsche, Hoffnungen, Freuden und Trauer, aber auch Stürze oder Sprachlosigkeiten speichern wir im Körper sozusagen als Habachtzeichen ab.

Das geht wirklich sehr lange gut, denn unser Körper tut im wahrsten Sinne alles Menschenmögliche, um unser Überleben zu sichern. Dazu passen wir uns häufig im Alltag unserer Umwelt wie ein Chamäleon an. Eines Tages aber ist uns alles zu viel, dann ist das Fass am Überlaufen und wir geraten aus den Fugen, außer Rand und Band. In diesem Fall kommt es zu Symptomen, je nach Thema der Sorgen oder Konfliktes oder eines schlechten Gewissens. Unser Körper ist dann in speziellen Regionen bereit zu erkranken.

Allerdings nicht, um uns zu quälen oder noch eins draufzusetzen, so wie wir es leider häufig betrachten, sondern um uns zu rütteln, zur Ruhe kommen zu lassen; oder eben um auf das entsprechende Thema zu blicken.

Zu diesem Zeitpunkt ist es hilfreich, eben nicht nur eine Pille einzuwerfen und mal eben weiterzumachen, sondern meinem Vertrauten, dem Körper aufmerksam zu lauschen.

Was möchte der Körper mitteilen? Eine Erklärung, welche wir mit dem Herzen verstehen, und eine Orientierung, was wir selbst tun können, um mit unserem Freund, dem Körper wieder ein prima Verhältnis zu erreichen, ist Heilung von innen.

Landläufig wird uns eingeredet, wir stürben irgendwann an irgendeiner Erkrankung, bekämen Altersdemenz, Rheuma oder Arthrose – das ist der Schwachsinn der modernen heutigen Zeit, um einen inzwischen riesigen Wirtschaftszweig in Schwung zu halten.

Worin liegt ein intelligentes Argument, warum wir automatisch im Alter krank werden sollen? Dafür gibt es keinen Grund.

Auch hier gilt, wenn ich Behauptungen lange genug wiederhole, dann mutieren sie zur Wahrheit.

Verantwortung heißt Antwort geben, in diesem Fall auf die Botschaften deines Körpers.

Wir haben die Kraft, wie eine Blume aus dem Asphalt zu wachsen, jede Gelegenheit können wir in Wachstum verwandeln und für Gesundheit, Freude, Humor, Leichtigkeit und Spaß am Leben zu nutzen.

Manchmal benötigt es ein bisschen Hilfe, um den Spalt im Asphalt zu finden.

Wirklich heilen und gesund sein ist ein unlukratives Geschäft, denn wer gesund ist, gibt kein Geld für Medikamente aus. Das Feld an Produkten und Präparaten, die nur Symptome bekämpfen, ohne auf die Ursachen einzugehen, ist endlos, ebenso die Möglichkeiten und Strategien, daran zu verdienen.

Übungen für dich zu Hause

Die Erlaubnis zum aktiven Ausruhen

Aktives Ausruhen erscheint schon fast als Widerspruch in sich selbst. Was denn nun? Aktiv sein? Oder doch lieber erst eine halbe Stunde Mittagsschlaf machen? Ich möchte dich, lieber Leser, zum aktiven Ausruhen animieren. Aktives Ausruhen gibt dir die Möglichkeit, sich mit dir bewusst in Einklang zu bringen und Kraft für den erschöpfenden Alltag dort draußen, dem wir uns nicht entziehen können, zu gewinnen.

Ich meine mit diesem Ausdruck, dass ich mir *AKTIV*, wach und lebendig *erlaube*, nichts zu tun. Schon das kleine Wort *aktiv* impliziert in uns automatisch, dass wir nun gleich etwas tun und machen müssen. Meine Patienten reagieren beim Ausdruck „aktives Ausruhen" zunächst immer gleich und denken sofort an tüchtiges Spazieren, Gartenarbeit oder Working. Nein, mein „Aktiv" heißt, dass hierbei die einzige Tätigkeit ist, mir bewusst die Erlaubnis zu geben, auszuruhen. Die eigene Berechtigung und Einwilligung zum Ausruhen beinhalten, dass ich nicht nebenbei oder danach ein schlechtes Gewissen habe. Noch nicht einmal korrekte Achtsamkeit oder Schlafenmüssen sind angesagt. Nur und ausschließlich meine eigene Zeit jetzt absichtlich zum Entspannen und Pausieren für mich zu benutzen. Genau so, wie ich es im Moment für richtig erachte und brauche. Der wirklich erholsame Aspekt ist dabei, dass ich mir wirklich das Recht zum Nichts-tun-Müssen gebe und mir irgendwelche Gewissensbisse verbiete.

Beispiele aus meinem Alltag:
Frau Holle wäre enttäuscht von mir. Ich sitze regungslos am Küchentisch, die Spülmaschine ist fertig und könnte ausgeräumt werden. Aber ich bleibe regungslos einfach sitzen. Die

Kinder sind im Bett, keines mault, Stille, nichts soll beachtet und gelobt werden. Keine Fragen, kein Essenmachen, keiner diskutiert über Fernsehprogramme. Herrliche Ruhe. Gleichzeitig habe ich ein schlechtes Gewissen, denn: Was du heute kannst besorgen, das verschiebe nicht auf morgen; so haben wir es gelernt. Genau hier dürfen wir uns die aktive Erlaubnis geben, eine Zeit zum Ausruhen zu benutzen. Was du heute kannst ausruhen, das verschiebe nicht auf morgen. Auch Abspannen und Verschnaufen bilden eine Gesundheitsvorsorge, ein Bedürfnis unseres Körpers und Kopfes.

In der heutigen Zeit, sind wir permanent unter Auswahlstress. Du kennst vielleicht die netten Wahloptionen beim Bäcker:

Kunde: „Ein Brot, bitte." Bäcker: „Ja, Dinkel, Vollkorn, Roggen, Weizen, was hätten Sie gerne?"

Kunde: „Brot, ja, mhh, schnell ein Roggenmischbrot."

Bäcker: „Klein oder groß? Geschnitten oder ungeschnitten? Bemehlt oder glänzend?"

Kunde: „Einfach nur ein Brot, denke ich – ich habe 8 Stunden Arbeit hinter mir und ich habe Hunger. Auch die Kinder möchten sicher Süßes, aber was? Also einfach Berliner."

Bäcker: „Gefüllt oder ungefüllt? Mit welcher Füllung, heute Vanille? Im Angebot sind gerade 5 Stück zusammen."

Ich hätte große Lust zu sagen: „Wie früher! Berliner mit Marmelade gefüllt." Das ist doch der Witz dabei! Und ich habe jetzt keine Lust zum Auswählen.

Eben dieser Auswahl- und Sortierzwang in der Grenzenlosigkeit macht unseren Körper müde. Natürlich können wir stolz unseren Luxus genießen, für unseren Steinzeitkörper aber bringt der tägliche Überfluss ein Fass zum Überlaufen.

Noch ein Beispiel:

Eigentlich müsste ich dringend noch ein Telefon kaufen. Meines stottert, warum auch immer. Für mein Dafürhalten ist das eine Energiesache, die mit meinem Befinden in Resonanz steht. Wie die Batterie im Auto oben. Nur so viel, wir haben eine Ausstrahlung, die wir bisher noch grobschlächtig unterschätzen.

Der Gedanke, ein Telefon zu kaufen – und das auch noch wie immer in Eile –, lässt mich mit allen Fasern meines Körpers stocken. Welche Firma, welche Programme und was die denn alles können heutzutage. Der junge dynamische Verkäufer, unglaublich freundlich, aber doch mit dem mitleidigen Blick, der da sagt: „Na, ob die Alte das wohl verstehen wird? Da machen wir mal ganz langsam." Ein Telefon oder was auch immer ist schnell gekauft, wenn ich stark genug bin, mich der Auswahl zu stellen.

Oder ... An einem Mittwoch wollte ich noch schnell nachsehen, was im Reisebüro angeboten wird. Als Alleinerziehende bin ich finanziell etwas eingeschränkt mit zwei Kindern. Okay, die Idee war wohl unüberlegt, denn früher ohne Kinder buchte ich ausschließlich last minute, was die Auswahl erheblich erleichterte.

Vorher ergatterte ich noch fix Bioschlappen im Angebot. Der Reisebürobesitzer beriet mich halbherzig. Mein Sohn saß ungeduldig neben mir. Als ich aus dem Touristik-Center zum Auto ging, fiel mir auf, dass ich zwei verschiedene Schuhe anhatte. Einen neuen und einen alten. Beide waren wohl gleich bequem. Mein Sohn war wirklich peinlich berührt, dass ich so laut auf der Straße über mich selbst lachen konnte, und drängte mich, doch schnell ins Auto einzusteigen. Ehrlich gesagt, als Reisebüroverkäufer hätte ich gesagt: „Gute Frau, Sie haben Urlaub dringend nötig. Für Sie habe ich da was ganz Besonderes." Ich wäre eine dankbare Kundin gewesen.

So aber habe ich vier Kataloge im Gepäck. Ich verschiebe die Auswahl mit der Hoffnung, ich hätte dann irgendwann mal mehr Zeit, mich mit dem ganzen Thema zu befassen. Mein Selbstvertrauen leidet, mein Körper fühlt sich schwach und gestresst.

Interessanterweise reagieren bei allen Dingen alle Zellen des Körpers mit. Jede Zelle hört, fühlt mit uns, ist froh oder genervt. Oder manchmal auch aufgeregt. Wir kennen den Ausspruch: „Da bebt der ganze Körper." Er bebt nicht nur, er fühlt alles mit. Er hört alles mit. Gespräche, Einkäufe, leichte oder weniger erfreuliche Diskussionen.

Dein Körper hört, was du sagst.

Sehen wir uns das Lachen an. Ich höre oder sehe eine lustige Begebenheit und muss sofort lachen. Ich kann es auch nicht unterdrücken. Das hat jeder von uns schon versuchen müssen. Unterdrückst du dein Lachen in einer peinlichen Situation, wird das immer schräg.

Glücklicherweise hat die Pharmaindustrie das Lachen noch nicht zum Symptom erklärt. In der Freude sehen wir doch, hoffentlich mehrfach täglich, dass der Körper sofort reagiert. Weinen, Hand wegziehen, wenn es heiß oder gefährlich ist, beim Stolpern ausbalancieren, Mitgefühl in traurigen Situationen, Freude, Mut, Stolz, Glück, Neid – alles sind Körperreaktionen, die sofort in einer Situation eintreten.

Warum in aller Welt hat die Menschheit erklärt, dass sogenannte Funktionsausfälle von Organen oder Körperteilen NICHT eine Reaktion des Körpers auf eine Situation sind, sondern werden Krankheit genannt?

Vor über tausend Jahren begannen die Mediziner, Tote zu sezieren. Grandioses Wissen wurde damit gesammelt, Erklärungen gefunden.

Ich kann mich aber des Eindrucks nicht erwehren, dass es seit damals nicht wirklich vorwärts geht. Bis jetzt – und gerade jetzt wird der Körper in Fachgebiete unterteilt. Das Gesamtsystem wird strikt ausgeklammert.

Stellen wir einfach einmal fest: Wir sind für diese Zeit evolutionär einfach noch nicht ganz angepasst.

Wie eingangs beschrieben, war vor vier Generationen der Lebensrhythmus noch ein vollkommen anderer. Es ist ein Irrglaube, wenn wir annehmen, dass wir nach Tausenden Jahren der Entwicklung und des Menschwerdens, Schritt halten können mit der gesellschaftlichen und technischen Beschleunigung um uns herum. Schon immer mussten sich Menschen heranhalten und auch schwer arbeiten, um Nahrung und Behausung in ausreichender Fülle zusammenzubekommen. Jetzt aber wird durch die maschinelle und hochtechnische Unterstützung durch Maschinen die Machbarkeit im Tagesablauf mindestens verzehnfacht. Zusätzlich strömen sekündlich neue Informationen in uns hinein; und dafür sind wir nicht gebaut.

Also müssen wir schlau sein und die Technik nutzbringend einsetzen. Gleichzeitig haben wir auch die Aufgabe, unserem Biokörper Pausen zur Entwicklung und Beruhigung zu schenken.

Eine Meditationsübung

Zunächst ist es wichtig, dir täglich eine Zeit der Besinnung zu erlauben. Manchmal ist es vorteilhaft, sich eine bestimmte Tageszeit einzuplanen und dazu auch gleich eine Zeitspanne, sagen wir 20 Minuten für den Anfang. Du legst dich bequem in einem sehr ruhigen Zimmer nieder.

Jetzt fragst du deinen Körper ganz direkt, wie es ihm geht. Ich verspreche dir, du bekommst eine Antwort. Manchmal über Gedanken oder vielleicht über ein Körpergefühl von Wärme, Kälte oder vielleicht eine Anspannung oder ein Kribbeln.

Nimm dieses Gefühl einmal ganz in Ruhe wahr, du musst nichts bewerten oder beurteilen, nur zuhören und hineinfühlen.

Vielleicht kannst du dem Köper oder einem reagierenden Teil eine Farbe geben, die dir spontan in den Sinn kommt. Sieh dir das in Ruhe an. Dann frage deinen Körper, welche Farbe sich besser anfühlen würde. Auch hier bekommst du eine Antwort. Nun verändere die Farbe und fühle wieder, wie sich dein Körper jetzt anfühlt.

Breite diese schöne neue Farbe im ganzen Körper aus und genieße. Ohne Urteil, nur genießen.

Wie gehst du in dein Unterbewusstsein?

Atme ganz tief in deinen Unterbauch. Dazu legst du die freie Hand mit dem Daumen auf deinen Bauchnabel. Atme tief ein, sodass sich deine Hand bewegt, als ob du einen Luftballon im Unterbauch aufbläst. Dann puste ganz fest aus dem Mund aus, als würdest du einen Stöpsel ziehen. Dieses Atmen darfst du langsam und oft bis zu 4 Minuten wiederholen. Somit bist du jetzt im tieffrequenten Bereich und kannst leicht auf dein Unterbewusstsein zugreifen.

Dann frage dein Unterbewusstsein, was dir deine Erkrankung oder dein jetziges Problem sagen möchte. Du siehst vielleicht ein Bild oder bekommst eine Erinnerung aus deiner Kindheit. Dann bleib dabei und sieh genau hin, in welchem Zimmer du bist; wie alt bist du, was erlebst du gerade?

Dein Unterbewusstsein gibt dir Auskunft, da kannst du dich darauf verlassen. Wenn wir einen Konflikt aus der Kindheit verdrängt haben, ist dieser nicht gelöscht, sondern nur ins limbische System gewandert. In tiefer Entspannung durch bewusstes Atmen kommst du an diese Teile deines Unterbewusstseins und bekommst sichere Ergebnisse und Antworten.

Wenn du dieses Erlebnis erkannt und gefühlt hast, kannst du jetzt und im Heute gezielt anders reagieren als damals. Ist es dir, als müsstest du schreien, dann schrei. Hast du das Gefühl, du müsstest wegrennen, dann kannst du in Gedanken oder wirklich rennen. Alles, was du jetzt an der vergangenen Situation verbesserst, wird ein für alle Mal aus deinem Körper verschwinden. Schreibe die Geschichte um, so wie sie jetzt für dich passt, denn jetzt bist du groß und kannst so reagieren, wie es für dich eine Erleichterung bringt. Jetzt und für immer. Allerdings tauchen diese nun inzwischen neuen Erkenntnisse immer einmal wieder auf und du wirst sozusagen von deinem Körper geprüft, ob du es nun wirklich ernst meinst und du dich wirklich auch im Alltag von alten bisher unbewussten Mustern und Verhaltensweisen lösen möchtest. Nun, meine Lieben, braucht es Disziplin. Wenn du wirklich heil sein möchtest, vielleicht eine Erkrankung über Jahre schon mit dir rumschleppst, dann darf dein Körper, der dich immerhin bis hierher gebracht hat, auch ein bisschen längere Ausdauer als 4 Minuten oder 10 Minuten erhalten. Du hast die Kraft und die Macht, dich täglich weiterzuentwickeln und ein klein wenig gezielt für deine Gesundheit einzusetzen. Denn nach einigen Wochen bekommst du den Beweis, dass es funktioniert!

Zur Erleichterung deiner Vision von Gesundheit nutze die letzten 10 Minuten vor dem Einschlafen. Male dir gedanklich deine neue Version für ein gesundes und zufriedenes Leben in allen Farben und Bildern aus. Stell dir vor, du bist jetzt schon gesund und in dem von dir gewünschten Zustand. Vielleicht möchtest du auch endlich einmal wirklich geliebt werden, in Frieden und Geborgenheit deine Tage verbringen, dann stell dir vor, was es alles dafür benötigt und stell dir ein Traumbild vor. Dieses Traumbild nimmst du mit in den Schlaf und dein Unterbewusstsein arbeitet für dich. Bedanke dich vor dem Schlafengehen noch einmal für die schönen Dinge, die dir heute passiert sind, da gibt es immer kleine und große Dinge, für die wir wirklich dankbar sein können. Halte dir eine freundliche Stimmung aufrecht. Manchmal hilft es, wenn du gerade nicht so gut drauf bist, dir einfach leise und beständig das Wort „Freude" vorzusagen. Dein Hirn nimmt diese Botschaft persönlich und schüttet sofort entsprechende Botenstoffe aus und schwupp, bist du schon besser drauf.

Fragemöglichkeiten zu einem Körpergespräch

- Was fühlt mein Körper jetzt?
- Dein Körper kennt die Ursache deines Leidens, was sagt dein Körper gerade?
- Wo fühle ich mich im Körper wohl, locker, sicher?
- Warum bist du hier und denkst grade nach?

- Hast du Angst, dass deine Probleme wegrennen, wenn du sie loslässt? Dass deine Ängste dann größer und grausamer werden, wenn sie in Freiheit leben?
- Magst du es wirklich riskieren, deine Ängste loszulassen und die Kontrolle darüber zu verlieren?
- Jetzt sieh dir deine Sorgen erst einmal an, forsche, woher sie kommen. Dann gib deine Besorgnis an den Verursacher zurück.
- Was möchte ich wirklich jetzt ab sofort verändern? Was möchte ich hier und heute erreichen? Was möchte ich heute mithilfe meines Körpers unternehmen?
- Wo im Körper hast du neue, stärkende Gefühle, wenn du in schönen, liebevollen Erinnerungen schwelgst? Genieße ausgiebig gute Gefühle im Körper und erinnere diese guten Körpergefühle, bis du sie jederzeit abrufen kannst.
- Was ist alles möglich, wenn ich vollkommen gesund bin?
- Und willst du wirklich, in der Tiefe deines Herzens, wieder aktiv und gesund sein?
- Werde ich mir auch als gesunder Mensch Zeiten zum Ausruhen und für meine Hobbys nehmen?
- Habe ich Angst, dass wenn ich gesund bin, wieder in einem Hamsterrad lande?

Festige neue, wohltuende Gefühle nun täglich, wenn möglich mehrfach mitten im Alltag ... bis du es in Sekundenschnelle *erinnerst*.

Laufe täglich mit dem Gedanken, dass dich der Boden unter dir trägt und hält.

Gern kannst du häufig dein neues Körpergefühl beim Laufen, Ausruhen, an der Bushaltestelle oder während der Küchenarbeit heranzoomen.

Währenddessen du pikante Lebenssituationen erlebst, hole dir deine Stärke aus deinem Körper.

Der Kopf ist Vergangenheit, dein Körper ist deine Zukunft.

Also neuen Satz installieren: Ich werde jetzt handeln, damit ich nicht mehr behandelt werden muss.

Dein Körper ist der einzige Mensch, der dir gibt, was du wirklich brauchst.

Es gibt nur Richtig; dass irgendetwas falsch sein könnte, wurde dir anerzogen.

Zeiten der Not sind Prüfsteine deiner Selbstliebe, schenke dir also Zuwendung und Herzlichkeit.

Stell dir vor, dein Körper ist ein eigenes Wesen. Dein Körper fühlt, ob er geliebt und angenommen ist oder nicht. Ein Körperbewusstsein, das sich nicht geachtet und unwert fühlt, geht ein, wie eine ungepflegte Pflanze. Ein Kind, das dauernd beschimpft wird und als unrichtig bezeichnet wird, glaubt das eines Tages. Auch dein Körper glaubt dir mit den Jahren, dass er unwert ist.

Jetzt ist die Zeit gekommen, deinem Körper in Liebe zu betrachten, ihm zu danken für all die Wunder, die er vollbringen kann. Mit deiner Liebe und Fürsorge könnt ihr beide eine wundervolle, liebevolle Welt betrachten.

Die Liste

Schreib dir eine kleine Liste mit drei Spalten:

- Probleme aus der Erkrankung
- Gewinn aus der Erkrankung
- Ziele, wenn ich gesund bin

Für die Ziele ist es wichtig, wirklich wichtige Ziele zu benennen. Frage dich, ob du wirklich am richtigen Arbeitsplatz oder in der richtigen Partnerschaft bist, und formuliere tatsächlich herzliche Wünsche und Ziele. Siehe dir dazu die Liste aus dem Krankheitsgewinn an. Was du dort durch Zuwendung bekommst, kannst du in deinen neuen Zielen für absolute Gesundheit völlig neu erschließen.

Der Boden trägt und hält dich

Bisher ist unsere übliche Denkweise, dass wir allein durch die Schwerkraft auf dem Boden laufen, stehen und sitzen. Manchmal hinterlassen wir Spuren und Abdrücke.

Nun drehe dein Gefühl einfach um: Spüre, dass du vom Boden getragen wirst, der Untergrund, die Erde, kommt dir sozusagen entgegen. Wenn du nicht vom Untergrund gehalten werden würdest, könntest du ins Bodenlose hinabfallen. Aber der Erdboden trägt und hält dich. Genau so, wie du bist, ohne Wenn und Aber. Genieße dieses Gehaltensein öfter am Tag. Es sieht kein anderer Mensch, wie du gerade denkst, während du läufst oder stehst. Die Gedanken sind frei.

Dein Spiegelbild

Begrüße dich morgens und tagsüber mit einem liebevollen Lächeln im Spiegel. Oft sehen wir nur die Mängel im Spiegel. Ab jetzt konzentriere dich auf die schönen und liebenswerten Anteile in und an dir. Jeder Mensch hat einen Teil, den er gern feiern darf. Begrüße dich so, wie du anderen lieben Menschen „guten Morgen" sagen würdest. Begrüße dich selbst, wie du deine Kinder oder den Liebsten begrüßt. Sage dir liebevolle Worte und sei nett zu dir. Wenn du am Anfang noch ungeübt bist, dann wisse, dass dein wahres Ich wirklich vollkommen ist und du gar kein Recht hast, auf diesen perfekten Menschen mürrisch zu sein.

Deinen eigenen Säugling halten

Kannst du dir vorstellen, wie du selbst als frischgeborenes Baby ausgesehen hast? Vielleicht schrumpelig und dünn, vielleicht mit einem proportional sehr großen Kopf oder mit Glatze oder wenig Haaren. Vielleicht warst du bildhübsch. Wie auch immer dein Anfang war, du warst komplett auf Hilfe, Geborgenheit und Halt angewiesen.

Nun nimm dieses kleine Wesen fest in deine Arme und halte dieses Baby. Vielleicht möchtest du dazu auch einen Teddy oder ein Kissen in den Arm nehmen. Gib dem Säugling das Versprechen, dass du immer für es da bist, egal, was auch immer passiert. Du wirst es immer halten und vollkommen lieben. Du findest es wunderschön und möchtest niemals ein anderes Baby jetzt in deinen Armen halten. Diese Übung gibt dir Selbstvertrauen und Geborgenheit, denn du weißt, es gibt jemanden, der auf dich aufpasst.

Für ausführliche und wunderschöne Übungen empfehle ich das Buch „Die Heilung des Inneren Kindes" von Susanne Hühn.

Schlussfolgerung und Zusammenfassung

WOZU bin ich krank, ist die wichtigste Frage. Eine Erkrankung ist immer eine Überlebensstrategie, die uns warnt und vor größerem Schaden bewahren möchte.
Welches Organ oder welche Struktur meines Körpers ist genau betroffen?

Erkenne, um welches Thema es sich wirklich handelt. Meist denken wir, dass wir ein anderes (zunächst offensichtlicheres) Thema haben, doch die entsprechende Körperregion bzw. die Funktion des Organs zeigen dir die Essenz deiner derzeitigen Konfliktsituation.

Welche Handlung kann ich mit dieser Region durchführen oder kann ich jetzt NICHT durch das Symptom ausüben? Also was kann ich jetzt nicht mehr tun?

Welche Alltagssituation funktioniert jetzt durch mein Symptom nicht mehr oder anders?

Wobei brauche ich jetzt Hilfe und von wem?

Welche Erleichterungen erreichen mein Körper und meine Gesamtsituation mit meiner Erkrankung?

Welche Handlungen und Arbeiten stehen im Leben damit in Verbindung?

Was passiert mir im Leben immer wieder?

Wen betrifft diese Erkrankung genau? Arbeit, Partner, Kinder, welches Rudel?

Kann ich anders über einen Konflikt denken? Oder verändere ich aktiv und tatkräftig diese Situation und ändere die Sichtweise?

Beispiel: Ich lächle den Chef an, weil ich am Monatsende mein Geld bekomme, ich übersehe die vermeintlichen Fehler in einer Beziehungssituation und sehe die Sachen mit Humor.

Handeln ist daraus folgend die Grundlage für Genesung. Ich ändere konkret und praktisch die betreffenden konfliktbelagerten Lebensbereiche.

Beispiel: Ich tausche praktisch die Arbeitsstelle und damit den Chef, löse mich aus einer Beziehung vom Partner oder Freund und Freundin, Kumpel, Familie; oder bespreche mein Leid. Bringe meine Tochter oder meinen Sohn zum Einhalten von Grenzen.

Ernähre mich anders; lebe, um zu leben und zu erleben.

Ich suche mir Hilfe und Unterstützung, mein Leben wieder in runde Bahnen zu bringen.

Habe ich mein Problem erkannt, kann ich gezielt handeln; und das macht gesund.

Mit dem Ergründen meiner Erkrankung kann ich die Genesung beschleunigen und unterstützen.

Tipps aus der Umgangssprache und ihrer wichtigen Bedeutung:

Mir schnürt es den Hals zu – hier geht es um die Angst zu überleben, hier tritt jemand in mein Überlebensfeld.

Der ist mir auf den Fuß getreten. Auf dem Fußrücken geht es um das Thema einer Trennung von einer Person oder Situation, denn wenn mir einer auf dem Fuß steht, kann ich nicht fliehen.

Da drücke ich ein Auge zu. Ich sehe nur mit dem Gefühlsauge oder mit dem Geschäftsauge.

Wir niesen, wenn wir einen Gedanken denken, den wir am besten noch nicht einmal denken sollten, weil wir dabei ein schlechtes Gewissen haben.

Beispiel: Ich denke gerade etwas Unschönes über meinen Partner oder Gesprächspartner und möchte den Gedanken schnell loswerden, weil ich mich dafür schäme. Beobachte einmal aufmerksam, wann du niest.

Wir kratzen uns am Kopf, wenn wir angestrengt nachdenken.
Schlagen die Beine übereinander und verschränken die Arme, wenn wir etwas nicht an uns heranlassen möchten.
Umschließen unbewusst unseren Daumen mit der anderen Hand, wenn wir Schutz brauchen, denn der Daumen repräsentiert unsere ganze Person.

Dass uns die Spucke im Mund zusammenläuft, wenn wir an eine Zitrone denken, ist uns völlig klar, nur die tausend anderen kleinen Reaktionen des Körpers sind uns noch nicht geläufig.

Unser Körper zeigt uns liebevoll das, was wir denken, was wir fühlen; er ist uns ein Hinweisschild für die derzeitige und langfristige Lebenssituationen.

Langfristige Konflikte führen zu Symptomen, meine zusätzliche Info ist, dass aber obendrein ein schlechtes Gewissen dazukommen muss.
Der Gedanke, dass ich selbst Mitschuld bin an einer verzwickten Situation, dass ich anders hätte müssen reagieren, dass ich dem anderen gegenüber falsch gehandelt habe, löst Krankheit aus.

Na dann, auf ein Neues.
Viel Spaß mit deinem neuen Lebenspartner, deinem Körper, der dich über alles liebt.

Die Autorin steht in Tradition von:

Dr. Sabbah, Jean Seraphin
Bruce H. Lipton, Ph.D.
Gregg Braden
Angela Frauenkron-Hoffmann
Dr. Jirina Prekop
Hugh Milne
Franz Renggli
Helmut Kinon
Omrael Norbert Muigg

Quellen

[1] Werde übernatürlich, Dr. Joe Dispenza.

[2] Friedemann Schrenk, Ottmar Kullmer und Timothy Bromage: The Earliest Putative Homo Fossils. Kapitel 9 in: Winfried Henke und Ian Tattersall: Handbook of Paleoanthropology. Springer Verlag, Berlin und Heidelberg 2007, S. 1611–1631.

[3] Adolph Freiherr Knigge: Über den Umgang mit Menschen, 5. Aufl., 1808.

[4] wortwerkstatt, Topp-Verlag. „Die Heilung des Inneren Kindes" von Susanne Hühn, Schirmer Verlag.

Bewerten
Sie dieses Buch
auf unserer
Homepage!

w w w . n o v u m v e r l a g . c o m

EIN HERZ FÜR AUTOREN A HEART FOR AUTHORS À L'ÉCOUTE DES AUTEURS MIA KAPΔIA ΓΙΑ ΣΥΓΓΡ
HJÄRTA FÖR FÖRFATTARE UN CORAZÓN POR LOS AUTORES YAZARLARIMIZA GÖNÜL VERELIM SZÍV
CUORE PER AUTORI ET HJERTE FOR FORFATTERE EEN HART VOOR SCHRIJVERS TEMOS OS AUTOR
HERZÖINKÉRT SERCE DLA AUTORÓW EIN HERZ FÜR AUTOREN A HEART FOR AUTHORS À L'ÉCOUT
CORAÇÃO ВСЕЙ ДУШОЙ К АВТОРАМ ETT HJÄRTA FÖR FÖRFATTARE Á LA ESCUCHA DE LOS AUTOR
EURS MIA KAPΔIA ΓΙΑ ΣΥΓΓΡΑΦΕΙΣ UN CUORE PER AUTORI ET HJERTE FOR FORFATTERE EEN H
YAZARLARIMIZ ... ... HERZÖINKÉRT SERCE DLA AUTORÓW EIN HERZ FÜR
FÜR SCHRIJ ... ... CORAÇÃO ВСЕЙ ДУШОЙ К АВТОРАМ ETT HJÄRTA FÖR

Die Autorin

Carola Ramsauer, geboren 1964, war in ihrer Kindheit und Jugend häufig schwer krank. Erst in ihrem 19. Lebensjahr endete ihre „Krankenhauskarriere" als Patientin. 1990 erlernte sie den Beruf der Ergotherapeutin. Danach absolvierte sie zusätzliche Ausbildungen zur Cranio-Sakral- Therapeutin, in Körperpsychotherapie und Traumatherapie, Pränatalarbeit, im biologischen Dekodieren. Seit 2019 ist sie zertifizierte Heilpraktikerin. Drei Jahre lang war sie Honorardozentin für Orthopädie und Seminarleiterin in Cranio-Sakral-Therapie. Derzeit leitet sie Workshops zum Thema „Reise in die eigene Geburt und Schwangerschaft". Als Hand- und Körpertherapeutin arbeitet sie seit 25 Jahren in einer eigenen Praxis. Carola Ramsauer ist durch ihre Arbeit mit vielen Tausend Menschen davon überzeugt, dass Heilung sofort von innen heraus beginnt – wenn wir die Sprache des Körpers verstehen und damit die wirklichen Ursachen von Symptomen aus dem Weg räumen können.

novum VERLAG FÜR NEUAUTOREN

Der Verlag

*Wer aufhört
besser zu werden,
hat aufgehört
gut zu sein!*

Basierend auf diesem Motto ist es dem novum Verlag ein Anliegen, neue Manuskripte aufzuspüren, zu veröffentlichen und deren Autoren langfristig zu fördern. Mittlerweile gilt der 1997 gegründete und mehrfach prämierte Verlag als Spezialist für Neuautoren in Deutschland, Österreich und der Schweiz.

Für jedes neue Manuskript wird innerhalb weniger Wochen eine kostenfreie, unverbindliche Lektorats-Prüfung erstellt.

Weitere Informationen zum Verlag und seinen Büchern finden Sie im Internet unter:

www.novumverlag.com